KB099072

**언론
자유의 역설과 저널리즘의
딜레마**

'이 책은 한국언론진흥재단의 정부광고 수수료를 지원받아 출간되었습니다.'

언론자유의 역설과 저널리즘의 딜레마

© 정준희, 이정훈, 송현주, 김영욱, 채영길

초판 1쇄 발행 2022년 12월 29일
초판 4쇄 발행 2023년 5월 17일

지은이 정준희, 이정훈, 송현주, 김영욱, 채영길
펴낸이 박지혜

기획·편집 박지혜 **마케팅** 윤해승, 장동철, 윤두열, 양준철 **경영 지원** 황지욱
디자인 mmato
제작 삼조인쇄

펴낸곳 (주)멀리깊이
출판등록 2020년 6월 1일 제406-2020-000057호
주소 03997 서울특별시 마포구 월드컵로20길 41-7, 1층
전자우편 murly@humancube.kr
편집 070-4234-3241 **마케팅** 02-2039-9463 **팩스** 02-2039-9460
인스타그램 @murly_books
페이스북 @murlybooks

ISBN 979-11-91439-27-4 03330

* (주)멀리깊이는 (주)휴먼큐브의 출판유닛입니다.

언론
자유의 역설과 저널리즘의
딜레마

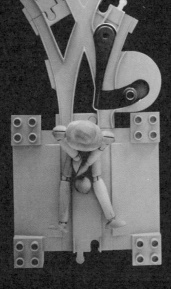

한국언론정보학회

정준희

이정훈

송현주

김영욱

채영길

지음

컬리컬이

탄탈로스의 형벌, 혹은 물난리 속의 마실 물 같은 언론자유

정준희

그해 뜨거웠던 여름: 세상의 중심에서 언론자유를 외치다

기억하는지 모르겠지만, 2021년 여름은 뜨거웠다. 정치권도, 관련 학계와 단체도, 그리고 언론도. 공포와 분노를 자양분으로 삼는 일부 혹은 다수 언론과 정치에 언제 뜨겁지 않은 계절이 있었겠느냐마는, 이른바 '징벌적 손해배상' 청구를 가능케 하는 조항이 담긴 언론중재법 개정안을 두고는 사뭇 더 이례적으로 달아올랐다. 두고두고 자신들의 행위에 영향을 미칠 수 있는 법 개정 사안이었으니, 어찌 보면 당연한 일이다. 이들 언론은, 그리고 그에 대해 '제각각의 이유로' 동조했던 정치권 일각은, 언론자유 침해를 주된 반대 이유로 내걸었다. '언론재갈법'이라는 강력한 언사까지 등장했다.

그에 반해 시민 의견은 다른 방향으로 뜨거웠다. 여러 가지 여론 조사가 시점을 달리한 채 진행되기도 했고, 그때마다 조금씩 수치는 달랐다. 그러나 전체적인 저울의 방향은 분명히 한쪽으로 기울어 있었는데, 상당수가 언론중재법 개정안에 찬성하면서 이 법의 도입으로 언론 신뢰도의 개선 등 긍정적 효과가 뒤따를 것이란 기대감을 보였다. 그해 여름의 열기가 추석을 지나면서까지도 여전히 후끈하게 남아 있던 10월, 한국언론진흥재단 미디어연구센터가 발간한 〈2021년 미디어 및 언론 관련 논란 이슈들에 대한 국민인식〉 보고서에 따르면, 20~60대 시민 1,000명 가운데, 언론중재법 개정안에 찬성 의사를 표한 비율은 76.4%에 달했다. 또 법안 자체에 대한 찬반을 떠나, 이런 방향으로 법 개정이 이뤄질 경우 언론 신뢰도 향상 등 우리나라 언론 발전에 큰 영향을 미칠 것이라는 응답은 그보다도 더 높은 81.9%로 치달았다. "양 진영으로 갈려 있어서 늘 사회적 합의를 이루기 어렵다."던 그 시민들로부터 이례적인 수준의 기대감이 나타나고 있었다.

그렇다면 동일 이슈에 대한 언론인의 반응은 어땠을까? 언론중재법 개정안 관련 논쟁이 한창 무르익던 7월 27일에서 8월 2일 사이, 한국기자협회의 의뢰에 따라 기자 1,000명을 대상으로 수행된 온라인 설문의 결과를 보자. 언론중재법 개정안에 반대 의사를 표명했던 비율은 절반을 약간 넘긴 50.1%였다. 찬성하는 비율은 34.3%. 확실히 찬성보다 반대가 많다. 언론중재법 개정에 반대하는 의견을 낸 기자들은 그 이유로 '위축효과'를 꼽았다. 한편 이도 저도 아닌 '보통'이라고 답한 비율이 15.6%였는데, 솔직히 '뭐가 보통이라는 걸까?' 싶기는 했지만, 어떻든 찬성하기도 그렇다고 반대하기도 어려움을 느낀 상당수가 있었다는 이야기이다. 찬반을 명확하게 하기 위해, 이 중간 선택지를 없앤 앞의 시민 대상 여론조사에서, 만약 중간 선택지를 주었다면 '보통'이라고 답한 시민이 늘어났을까? 또 이번엔 거꾸로 기자들에게서 '보통'이라는 중간 선택지를 없앴다면, 이들은 찬성이나 반대 가운데 어느 쪽으로 자리를 잡았을까?

시민들의 압도적인 찬성은 "언론계의 강한 반대 여론과는 대조적"이라고 어느 기자는 말했다. 찬성률 70~80%에 이르는 국민 여론. 그리고 반대율 50%에 달하는 기자 여론. 그래, 간극이 느껴지기는 하는데, 아무리 봐도 그렇게나 '대조적'이라고 할 만한 것 같지는 않다. 무엇보다 기자 집단 50.1%의 반대 의사는 정말 '강한 반대 여론'이긴 했던 걸까? 언론에 대한 신뢰가 바닥에 처한 조건을 어떻게든 시민과 피해자의 시각에서 성찰해보고자 했던 언론인의 비율이 34.3%에 그쳤다는 데에서 다소간 아쉬움이 남지만, 자신들의 이해관계가 건드려지거나 비판의 칼날이 향할 때마다 기자 집단이 보이던 유별난 반발감을 고려해 보면 사실 딱 절반에 이른 반대 의사는 그렇게까지 강하게 느껴지지는 않는다. 더욱이 언론자유를 심각히 위협하는 '언론재갈법'이라고까지 부르는 그 억센 어조에 값할 만큼 기자들의 반대 의사가 강하게 나타나고 있었다고는 도저히 말하지 못하겠다. 그렇게나 강했다는 반대의 목소리는 실제 언론인들의 '반감'과 '공감' 가운데 반감만을, 그것도 실제 이상으로 증폭시키는 회로를 타고 의도적으로 퍼져나왔다고 판단할 수밖에 없다.

당시 언론중재법 개정안이 '실제로' 언론자유를 억압할 가능성, 또

역으로 언론으로 인해 발생하는 피해에 대한 '실효적' 구제 및 이를 통한 신뢰성 증진 효과가 나타날 가능성 각각에 대한 평가는 하지 않겠다. 뻔히 결과가 예상되고 그것이 목표했던 바와 일치하는 경우도 있지만, 표방된 목표와 내포된 목표가 다르고 결과 역시 그와 다른 경우도 있다. 이 사안은 전자보다는 후자에 가깝다. 그 정도로 위험을 걸 만한 일인지, 실제로 문제가 발생하면 그것을 교정할 수단이 있는지 따져봐야 할 것이나, 어쨌든 '해보지 않고서는' 알 수 없는 일이다.

그보다 더 중요하고 현실적인 건 이때 확인된 간극의 '함의'를 들여다보는 일이다. 시민 다수는 현재의 언론에 문제가 많다고 보고 있었고 그것을 해결하기 위해서는 언론이 야기한 피해에 상응하는 대가를 치르게 해야 한다고 판단했다. 그것이 현재 언론 문제의 모든 것을 해결해주지는 못할지언정 악화일로를 걷는 우리 언론 현실에 작은 반전의 계기라도 마련할 수 있지 않겠느냐고 기대했음직하다. 하지만 언론인의 적어도 절반가량은(최소한 가장 합리적이고 온당한 우려의 관점에서만 본다면) 그것이 행정권력과 자본권력 및 종교 등 기타의 강한 권력 자원을 갖고 있는 쪽이 자신에 대한 감시와 비판을 무력화할 수 있게 할 수단이 될 것을 심각히 우려했다. 이는 결국 자유로운 취재와 보도를 가로막는 장애물이 될 것이라는 생각이다. 그릇된 언론행위에 대한 교정이냐, 언론자유냐? 그것이 문제로다.

아니, 정말 그것이 문제였을까? 시민들이 '언론자유를 희생시켜서라도' 피해 구제를 강화해야 한다고 생각하거나, 반대로 언론인들이 '피해 등 그릇된 언론행위로 인한 사회적 문제를 감수하고서라도' 최대한의 언론자유를 보장해야 한다는 입장이라고 단순화할 수는 없다. 적어도 양식 있는 시민이라면 그리고 언론인이라면 이 둘 사이에서 선택을 강요받는 상황을 반가워하지 않을 것이다. 우리 시대의 언론 문제를 진지하게 고민하는 언론인이라면 '그릇된 언론행위로 인한 피해를 적극적으로 구제함으로써, 피해자에게는 그 피해에 상응하는 보상을 마련해주고 언론에는 그릇된 언론행위를 교정 및 예방할 기준과 동기를 제공하는 방법은 무엇일까?'라고 묻고 시민과 함께 고민해야 한다. 그런 후에야, 그를 위해 마련된 법제도가 '혹시라도' 언론자유를 심각히 침해하거나 부작용을 일으킬 가능성은 없는지 검토하는 과정으로 나아갈 수 있다. 그러나 언론은, 적어도 집단으로서의 언론은, 그렇게 하지 않았다. 언론자유 개념을 전가의 보도인양 치켜들었고, 언론 문제에 대한 제도적 해결을 모색하기 위한 국면을 '언론자유 옹호' 대 '언론자유 침탈'이 대립하는 허구적 전장으로 만들었다.

물론 여기에는 나름의 이유가 없지 않다. 국회에서 다수 의석을 차지한 더불어민주당이 이른바 '징벌적(그러나 정작 징벌성은 약하면서 법제도적 장치로서는 다분히 허술한) 손해배상제'가 현실의 언론 문제를 해결하는 키가 될 수 있을 거라며 몰아간 분위기에 편승한 면이 있다. 그리고 나서 그 정치적 동력을 '언론 일반에 대한 적대감'에서 찾으려 했다. 여기에도 이해할 만한 구석이 없지는 않다. 언론 다수가 당시 문재인정부와 더불어민주당에 적대적인 보도를 마치(종종 뉴스

가치보다는 정치적 잡음을 만들기 위해 계산된) 파상 폭격을 가하듯 행했고, 이에 분노한 지지층이 언론개혁의 기치 아래 결집하게 했다. 게다가 이런 분노는 흔히 말하는 특정 진영에 국한된 게 아니었다. 각자 다른 이유에서 생성된 것이기는 했지만, 시민 다수가 언론 다수에 상당한 거부감을 갖고 있었던 까닭에 '모종의 변화가 필요하다'는 데 어느 정도 동의하는 분위기가 만들어져 있었다. 관련 산업 규모의 미미함에 비해 법제도적 미묘함은 너무 크기 일쑤인 언론법 사안은 입법자들이 적극적으로 손을 대려 하지 않게 마련인데, 이처럼 폭넓은 정치적 에너지가 응축되어 있었다는 건 이례적인 일임은 분명하다. 그렇다면 제도 개선을 추진했던 측이 더 일찍부터 더 전략적으로 사회적 합의를 형성하고, 이를 토대로 이해당사자들의 적극적 공감 혹은 소극적 묵인을 이끌어낼 필요가 있었다.

그런데, 위에 적은 마지막 글귀는 '도덕적'으로 올바를 뿐 현실에서는, 특히 대한민국의 현실에서는 실천력을 갖지 못한다. 만약 당시 더불어민주당이 시민 다수의 여론을 반영하여 언론집단을 설득하는 절차를 잘 만들어갔다면, 그리고 시간을 두어 입법적 철저함을 기했더라면 정말 사정이 달랐을까? 이 또한 입증이 어려운 역사적 가정에 해당하는 것이라 함부로 말할 순 없겠지만, 별로 그랬을 것 같지는 않다. 개선이건 개악이건 대개의 법제도는 합의된 여론에 의해서가 아니라 무관심에 의해서 스리슬쩍, 그리고 여론을 중시하기보다는 무시하는 성향을 가진 특정 권력의 밀어붙임에 의해서 시끌벅적, 도입되고 변경된다.

사실 징벌적 손해배상제 도입을 염두에 둔 논의가 시작된 시점부터 마침내 언론중재법 개정안이 제도개선 수단으로서 선택될 때까지만 해도, 언론은 이를 크게 문제 삼지 않았다. 짐작되는 이유는 둘 중 하나이다. 설마 실제 입법에까지 이르진 못할 거라고 방심했거나, 자신들에 대한 너무 큰 분노 앞에서 체념했거나. 어느 쪽이 되었건, 적극적 공감까진 아니더라도 소극적 묵인 쪽으로 기울었던 셈이다. 하지만 차기 대선을 향해 정치권이 분주히 움직이고, 언론 역시 그저 차기 대권의 향방을 두고 치열하게 속셈을 하던 시점이 되자, 다소간 소강상태에 있던 시사이슈가 이 사안으로부터 새로운 열기를 공급받아 작은 소용돌이를 만들기 시작했다. (아마도 이런 법제도에 어떤 의미가 있는지도 모르고, 사실 '이길 만한' 대선 주자를 만들기 위해 정신이 팔려 있느라) 딱히 관심도 없었을 당시 야당 국민의힘이 나서서는 미약했던 열대성 저기압에 습기까지 듬뿍 더했다. 그전만 해도 뜨뜻미지근했던 사안에 별안간 진형을 갖춘 장기판이 마련됐다. 이 달아오른 반상盤上으로 말들이 결집했다.

그때도, 그리고 지금 다시 복기해보아도, 기원이나 지향하는 바가 퍽 다른 말들이 결집하고 그게 또 효과적인 행마行馬로 이어졌다는 게 놀라운 일인데, 이들의 발목을 묶어 기묘한 이인삼각을 가능하게 했던 구호가 언필칭 '언론자유'이다. 정치적 출신성분으로 보나 민주화 이후의 구체적 행보로 보나 언론자유의 가치와 철학과는 거리가 먼 정당이, 민주화 이전 정치의 권위주의적 탄압에 저항하면서 동원됐던 애매한 자유주의를 성찰 없이 전유한 언론단체와 시민

단체, 그리고 이들의 동상이몽적 구호에 '젠체하며pompously' 호응했던 학계 일부와 결합하여, 언론자유를 억압하려는 세력 대 언론자유를 지키려는 세력 사이의 상당 부분 허구적인 대립구도를 창출했다. 해당 개선안에 내포된 법리상의 부분적 결함과 취지상의 정당성 사이에서 '진중하게authentically' 심려(心慮이자 深慮)하지 않을 수 없었던 학계와 언론계 일각의 고민은 앞선 이들이 의제적으로 선점(擬制的先占; 먼저 차지했으나 국제법상 실효성이 없는 영토 점거)한 가상적 대립 구도안으로 급속히 휘발되어버렸다. 국제 인권단체와 언론인단체 등이 그들로서는 그럴 만한 우려를 표명하자 허구적 대립은 마치 실질적 대립인 것처럼, 그리고 의제적 선점은 실효적 점유로 바뀌고 말았다. 한편으로는 자칫 현실화될지 모를, 한 번도 감당해본 적이 없던 종류의 사회적 책임에 불안해하고, 다른 한편으로는 정치적 반대 동력이 필요하기도 했던 언론 다수는 이런 구도를 증폭시키는 일만 하면 되었다. 음흉한 이해당사자가 아니라 마치 순정한 자유투사인 것처럼. 그들은 짐짓 훈계하듯, 서로 다른 이해와 목적을 품고, 언론자유를 외쳤다. 그 순간 세상의 중심은 그곳에 있는 듯했다.

또 다른 그해, 혼란했던 가을: 세상의 중심에서 밀려나 언론자유를 부르짖다

언론중재법 개정안은 2021년 9월 29일 국회 본회의 문턱에서 멈쳤다. 국회 특별위원회를 구성해 연말까지 여야 합의를 추진한다는 명분이었다. 그로부터 반년이 넘게 흘러 해마저 바뀐 2022년 5월 24일, 국회 언론미디어제도개선 특별위원회는 '특별'하게 한 것 없이 활동을 종료했다. 개정 법안 철회 후 '자율규제기구'를 설치하는 것만이 살 길이라고 주장하던 언론단체들 역시 법개정안에 대한 반대 의지를 규합했던 것 외에 구체적인 성과를 이뤄낸 바는 없었다. 그토록 중시했던 언론자유에 상응하는 사회적 책임에 관련해서 긍정적으로 구축해낸 대안 역시 보이지 않는다. 알만한 이들은 알고 있었다. 그토록 뜨거웠던 열기는 계절이 몇 번 바뀌면 소리 소문 없이 냉각되고 말 거라는 걸.

그 사이에, 윤석열정부가 들어섰다. 국민의힘은 여당이 됐다. 새 대통령은 2022년 3월 9일 취임사로 시작해서, 기회가 날 때마다 줄곧 '자유'를 외쳤다. 바야흐로 세상의 중심 가운데에서도 최고의 중심을 차지한 그가 외치는 자유에 (그와 동행하고 싶었던) 언론 역시 가슴이 벅차올랐을 법하다. 하지만 그 자유는 적어도 모든 언론이나 언론 종사자들을 대상으로 한 것은 아니었던 듯하다. 언론중재법 개정안 반대 투쟁을 사실상 주도했던 전국언론노조를 (그 반대에 정치적 동력을 부여해주었던) 새 대통령과 그의 정당은 수시로 폄훼했다. 사실 이 또한 알 만한 이들은 다 알고 있었듯, 이들은 집권 후에 갑자기 언론노조에 대한 태도를 바꾼 것도 아니었다. 언론노조에 장악된 '노영방송'에 불과하다며 공영방송과 언론노조를 통으로 적대시하는 데 주저함이 없었던 정당이 국민의힘이다. 또 "못된 짓의 첨병

중 첨병이 언론노조"라는 직격 비난을 후보 시절부터 서슴지 않았던 게 윤 대통령 본인이다. 검사 시절의 그가 불법대출 브로커에 대한 수사를 무마해줬다는 육성 증언이 담긴 소위 '김만배 음성 파일'이 〈뉴스타파〉에 의해 공개된 직후인 2022년 3월 6일, 윤 후보는 "말도 안 되는 허위보도 일삼고, 국민 속이고, 거짓 공작으로 세뇌"해 온 "대한민국 언론인들"을 질타했다. 이에 질세라 국민의힘은 대통령 선거 투표일 직전인 3월 8일, 언론노조가 더불어민주당의 "친위대"이자 "이재명 후보 선거운동본부"라면서 "국민의 명으로 해산을 피할 수 없을 것"이라는 극언까지 서슴지 않았다. 이들이 말하는 '자유'는 〈뉴스타파〉와 같은 언론은 누려서는 안 되는 것이고, 자신들의 눈 밖에 난 언론노동자 조직에게는 허락할 수 없는 성질의 것임은 분명해 보였다.

이처럼 집권 전부터 이미 예비되었던 배신을 끝내 당해야 했던 게 비단 특정 언론 혹은 일부 언론 종사자일 뿐이랴. 이 글 뒤에 이어질 이정훈과 송현주의 서술을 통해 더 구체적으로 다뤄질 테지만, 본디 언론자유는, 특히 우리 헌법 차원에서는, 시민의 자유 확장과 민주주의의 원활한 작동을 위해 복무하는 언론 일반의 자유임과 동시에, 말(言)과 의견(論)의 자유 즉 '표현의 자유'를 포괄하는 개념이다. 좀 더 정확히 말하자면, 개개인의 자유로운 표현을 보장하는 것이 본원적 목적이고, 이를 위해 봉사하는 민주적 언론기관에 일종의 수단적 자유를 보장해준 것이다. 즉 구한말과 일제강점기에 창간됐던 우리 언론이 일찍이 표방했던 바처럼, '민중의 표현기관'을 자임하는 자들에게 주어진 '대행자로서의 자유'인 셈이다. 따라서 언론기관의 자유는 시민의 표현의 자유를 위한 필요조건일 뿐 충분조건은 아니다. 누가 딱히 절절히 요청한 것도 아닌데, 그렇게나 자주, 열정적으로 자유를 부르짖었던 윤석열 대통령에게, 불행히도, 바로 이런 '목적으로서'의 표현의 자유나, '수단으로서'의 언론기관의 자유에 대한 열정과 신념은 매우 흐릿해 보인다.

후보 시절의 윤 대통령과 야당 시절의 국민의힘이 〈뉴스타파〉와 언론노조를 두고 발언한 바는 비록 정상적인 민주 정치의 대행자에게 기대하기 어려운 수준의 것이었고 무엇보다 자신들이 그렇게나 강조하는 자유'주의'에 정확히 배치되는 것이긴 했지만, 그렇다고 직접적인 행정 행위에 이른 것까진 아니기 때문에 아주 벌거벗은 형태의 언론자유 침해는 아니었다고 할 수 있다. 하지만 집권 후 이들이 보인 행보는 점점 더 언론기관의 자유와 시민적 표현의 자유를 구체적으로 침범하는 쪽으로 이동해왔다.

시민의 표현자유 침해에 연관해서는 이른바 '윤석열차' 논란으로 통칭됐던 웃지 못 할 사건이 대표적이다. 바야흐로 윤석열정부 첫 국정감사에 돌입해 있던 2022년 10월 초, 부천국제만화축제 전국학생만화공모전 금상 수상작을 두고 문화체육관광부가 엄중 경고에 나선 게다. 정부 조치를 편들기 위해 '심사자의 정치 편향성'과 '고등학생의 정치 풍자' 문제를 딴죽 걸고 나섰던 국민의힘은, 여론의 냉소를 느꼈는지, 한발 물러서서 기껏 한다는 게 표절 시비로 프레임을 옮기는 거였다. 물론 대통령 자신이 아니라 정부·여당의 입에서 나온 발언과 행동이기는 하지만, 그렇다고 자신이 최종 책임을 지는 정부와 자신이 속한 정당의 언행을 대통령 본인이 나서서 굳이 교정 혹은 철회하려 하지 않았으니, 적어도 암묵적 동의를 했거나 의도적으로 방치 혹은 조장한 것과 다를 바 없다. 정치 풍자 프로그램 〈SNL 코리아〉에 출연했던 윤석열 당시 국민의힘 대선 경선 후보가, "자유로운 정치 풍자는 권리"라고 힘주어 말했던 것에 비해 보면, 그리고 비슷한 시기에 페이스북 게시물로 "자유민주주의의 근간은 표현의 자유에 있습니다."라고 내심 강렬한 한 문장으로 포스팅했던 것으로 비추어 보면, 불과 몇 개월 사이에 신념이 바뀐 것인가 싶다. 대통령 자리를 몇 발자국 앞에 둔 후보로서 못할 말이 어디 있겠느냐마는, 그리도 신속히 태도를 바꾸는 건, 말 한 마디에도 책임이 실리는 공직 후보자는 물론, 아무런 권력을 지니지도 못한 보통 사람들에게 쉽게 용납될 수 있는 일은 아닐 터이다. 따라서 이건 신념을 바꾼 것조차 아니라, 애초부터 그런 신념을 갖고 있지 않았기 때문이라고 볼 수밖에 없다.

언론기관의 자유에 대한 구체적 침해 측면에서 가장 극명한 단면을 보여줬던 건 이른바 "날리면" 파문으로부터 비롯되었다. 2022년 9월 22일(미국 현지 시간 9월 21일) 유엔 총회 참석차 뉴욕에 들른 윤석열 대통령이 글로벌펀드 제7차 재정공약회의 자리에서 바이든 미국 대통령과 잠시 환담을 마치고 돌아선 장면이 시발점이었다. 윤 대통령이 박진 외교부장관과 김성한 안보실장 쪽을 바라보며 "국회에서 이 새끼들이 승인 안 해주면 바이든은 쪽팔려서 어떡하나?"라고 말하는 모습이 카메라에 포착됐다. 전후 맥락상, 비속어로 지칭된 국회는 미 의회를 가리키는 것으로 보였고, 또 다른 비속어로 표현된 머쓱함의 주체는 바이든 대통령인 것이 여러모로 명확했다. 당황했던 대통령실은 이 장면이 보도되지 않았으면 한다는 '바람'을 당시 기자단에게 전달했지만, 이런 희대의 '핫 마이크(hot mic; 공개를 의도하지 않았으나 마이크에 걸려버린 실언)'를 언론이 그냥 덮고 넘어갈 리 만무했다. 엠바고가 풀린 후 MBC 보도를 필두로 모든 주요 언론이 이 장면을 내보냈다. 기자단이 공동으로 확보한 음성과 영상이었고, 이에 대한 보도는 각 언론사의 편집부가 판단할 일이었다. 그러자 참으로 기묘한 일이 발생했다. 보도 이후 열 시간이 넘도록 아무런 대응이 없던 대통령실이 별안간 입장을 바꾼 것이다. 음성전문가의 판독 결과 당시 발언은 "바이든은"이 아니라 "날리면"이었다며, 그릇된 보도에 엄중히 책임을 묻겠다는 것이었다. 애당초 얼마나 전문적인 역량이 있어야만 판독이 가능할 정도의 난제였는지도 모를 일이지만, 상당수의 귀와는 영 다른 귀에 부여된 막강한 권위에도 불구하고 그 전문가가 누구인지는 "영업 비밀"이라 밝힐 수 없다고 했다.

이 문제의 핵심은 '이름을 밝힐 수 없는 전문가의 권위 있는 판독'과 '그에 동의할 수 없는 대다수 언론 및 보통 사람들의 청력' 사이에 발생한 차이에 있지 않다. 대통령과 정부·여당의 아무런 근거 없는 공격 일변도의 자세에 이 사태의 근원이 있다. 당일 자신이 했던 발언에 대해 대통령 스스로는 공식적으로 아무런 대답을 하지 않았다. 기껏해야 대통령실 '전언'으로, '바이든'이 아니라 '날리면'이라한 것은 맞고 비속어가 들어간 부분은 기억하기 어렵다고 '하더라'는 이야기만 흘러나왔을 뿐이다. 그러면서도, 대다수의 언론과 대다수의 일반인들의 귀에 들렸던 것과는 다른 주장을 펼치며, 대동소이한 보도를 했던 수많은 언론 가운데에서도 유독 MBC만을 '가짜뉴스 유포자'로 걸고 나섰다. 혹여 자신이 명확히 기억하는 그 말과 언론에 의해 보도된 그 말이 다르다고 하더라도(실은 이조차 백 보가 아닌 만 보쯤은 양보해야 그나마 성립될까 말까 한 가정인데) 대통령실에서 할 수 있었던 대응이란, '상당수에 그렇게 들릴 수 있음'을 인정하고, 도저히 부정하기 어려운 욕설에 대해서만큼은 사과하면서, 정중하게 '양해와 함께 정정을 요청'하는 정도가 아닐까? 비유컨대, 소리와 냄새가 역력한 방귀를(과히 유쾌하지 않은 냄새까지는 미처 지울 수도 없었는지), 트림 소리쯤으로 탈바꿈시키고 나서, 다른 이들의 귀와 코를 부정한 채, 그동안 눈엣가시였던 맨 앞 열의 목격자 하나를 지목하여 헛소문의 유포자라며 고래고래 소리를 질러대는 것과 뭐가 다른 일일까? 어차피 평소 버릇대로 주변 시선 개의치 않고 방귀 좀 뀐 것 가지고, 혹은(이 또한 만 보 양보해서) 속이 불편해 올라온 트림 하나 못 참은 것을 두고, 동네 이장 자리를 당장 내놓으라 요구하는 것도 아닌데 말이다.

이해할 수 없는 일이 생기고 나면, 더 이해할 수 없는 일들이 더께처럼 들러붙게 마련이듯, 희대의 '날리면' 사건은 이런 정도로 마무리되지 않은 채 더 구체적인 행동으로 이어졌다. 그로부터 한 달 남짓한 시간이 흐른 2022년 11월 9일, 대통령실은 인도네시아 발리에서 개최될 예정이던 G20 정상회의 참석을 위해 마련된 대통령 전용기에 MBC 취재진의 탑승을 허용하지 않겠다고 발표했다. 출국 하루 전날에 일어난 일이다. "MBC의 외교 관련 왜곡·편파 보도가 반복되어온 점을 고려하여 취재 편의를 제공하지 않기로 했다."는 설명이었다. 대통령 전용기에 마련된 기자단 좌석이 특정 언론사에 '편의'를 제공하기 위함이 아니라, 자신의 비용을 대고 참석하는 언론기관에게 '취재의 자유'를 보장하기 위함이라는 사실을 이들은 정녕 모르고 있었단 말인가? 게다가 이들은 언론 보도 '내용'에 대한 적법성 판단은 행정기관이 자의로 내려서는 안 되며, 더더군다나 사법부가 내린 판결이 아닌 자신의 결정에 따라 해당 언론기관에 불이익을 안기는 행정행위를 해서는 더욱더 안 된다는 사실을 알지 못한 것일까? 단언컨대, 바로 이런 것을 두고 '권력의 자의(恣意)에 의한 언론자유 침해'라고 부르는 것이다.

그래서일까. 언론계의 반응도 비교적 신속하고 명확했다. 대통령기에 탑승 예정이던 기자단에서는 특별총회를 거쳐 대통령실의 결정 철회를 요구했다. 한국기자협회, 방송기자연합회, 한국영상기자협회, 한국여성기자협회, 한국PD연합회, 전국언론노동조합, 한국방송기술인연합회 등 언론 관련 현업단체를 거의 망라한 긴급 공동성명이 발표됐다. 바로 다음날인 11월 10일의 일이다. 심지어, 여간해서는 당대 정부와 대립각을 형성하지 않는, 유력 일간지와 뉴스통신 발행인들로 구성된 한국신문협회도 11월 11일에 탑승 불허 조치 철회를 요구했다. 언론자유 침해 문제가 도마에 오르던 1년 전 수준을 넘어서는 국제적인 반향도 있었다. 한국 주재 외신기자들의 모임인 서울외신기자클럽이 11월 10일에, 가장 포괄적인 국제 언론인 조직인 국제기자연맹(IFJ)이 11월 16일에 대통령실의 조치에 대한 비판적 성명을 발표했다. 1년 전과 다른 점이 있다면, 대통령실도 그리고 여당도 이에 꿈쩍하지 않고, 자신의 새로운 아니, 이미 예정되어왔던 '선별적 자유'에 대한 신념을 밀어붙였다는 것이다.

그 신념을 행동으로 옮기는 실천력은 실로 놀라운 수준이었다. 대통령은 오가는 전용기 안에서 통상 행해지던 약식 기자회견이나 브리핑도 하지 않았다. 4박 6일간의 순방 과정에서, 사진기자도 펜기자도 모두 접근을 금한 채 사후 보도자료를 배포하는 것으로 취재를 대체한 일정도 적지 않았다. 이를 두고 대통령실은 '전속 취재'라는, 논리적으로든 실천적으로든 성립 불가능한 단어까지 사용했다. 이 와중에도 귀국 비행편에서는 특정 언론사 기자만을 따로 불러 환담하는 시간을 가졌다. 기자라는 공적인 신분을 지닌 그들도 그 순간만큼은 대통령과 친한 사인에 불과했다. 대통령 전용기는 또 한 번 그렇게 대통령이 자신의 의지에 따라 편의를 제공하거나 말거나, 친분을 과시하거나 말거나 할 수 있는 사유물이 됐다. 그리고 마침내, 해외순방에서 돌아온 11월 18일 아침 "MBC에 대한 전용기 탑승 배제는 선택적 언론관이 아닌가?"라며 묻는 기자들에게 "국가 안보의 핵심축인 동맹관계를 사실과 다른 가짜뉴스로 이간질하려는 악의적인 행태를 보였기 때문"이라면서 "대통령의 헌법 수호 책임의 일환으로" 취한 "부득이한 조치"라고 답했다. 대통령 전용기의 사적 성격도, 자신에 관련된 가짜뉴스와 그것의 악의성도 모두 대통령이 내린 판단이다. 그리고 MBC에 대한 배제 조치는 헌법 수호 차원에서 내려졌다고 주장된다. 대통령 전용기 공간과 그에 탑승하는 기자들의 공사(公私) 구분, 또 언론 보도 내용의 허위성, 나아가 불법성에 대한 판단 권한을, 그리고 그에 입각한 행정행위의 권한을 대체 누가 대통령에게 주었단 말인가?

　사실상 대통령은 그 순간 스스로 법을 만들고, 그 법에 따른 사법적 판단을 내려, 자신이 만든 법에 입각한 행정행위를 수행한 셈이다. 정녕 그게 헌법이 부여한 대통령의 권한이자 책임이라고 본다면, 그건 헌법과 언론자유의 근간에 대한 대통령의 이해에 심각한 오류가 있음을, 나아가 대통령이 스스로를 초(헌)법적 주체로 보고 있음을 입증할 뿐이다. 이에 가장 가까운 형태의 헌법학과 정치이론을 주창한 이가 바로 칼 슈미트Carl Schmitt인데, 주지하듯 그는 나치의 지도자der Führer를 절대적 주권자sovereign로서의 초법적 지위를 지닌 인물로서 정당화하는 데 크게 기여했다. 윤 대통령이 수시로 강조하는 법질서와 헌법은, 다행인지 불행인지 몰라도, 슈미트 수준으로 잘 짜인 이론과 철학을 내포하기보다는 아직까진 즉흥적이고 선별적인 레토릭에 가깝다. 이러한 비체계성은 역설적인 안도감을 품게 하지만, 초법적 주권자 의식의 특질이라 할 만한 자의성arbitrariness과 이를 뒷받침하는 결단주의decisionism적 신념을 공유하고 있다는 점에서는 또 다른 두려움을 배가시킨다. 슈미트(Schmitt, 1934)는 나치 당원이 된 후 이렇게 말했다. "지도자는 위험의 시기에 최고판관the supreme judge으로서 지도력을 발휘하여 즉각 법을 창안함으로써, 최악의 법률 남용에 맞서 법을 수호한다The Führer protects the law."

윤석열 대통령은 집권 전후의 비교적 짧은 시간 동안, 표현의 자유로부터 언론기관의 자유에 이르는 거의 모든 층위를 아울러, 언론자유를 실질적으로 부정하는 발언과 실천을 보여줬다. 우리 언론은 자신의 무기인 보도를 통해서보다는 주로 국내외 단체의 입을 빌려 '유감'과 '규탄' 의지를 표하기는 했지만, 언론자유를 향한 그 외침은, 1년 전과는 달리, 어쩐지 이 세상의 중심에서 퍼져 나오고 있는 것 같지는 않다. MBC의 전용기 탑승을 배제한 결정에 대해 철회를 요구했던 기자단 가운데 그 사유화된 공간에 대한 참여 거부를 택한 건 〈한겨레〉와 〈경향신문〉을 제외하곤 없었다. 대통령실이 출국 바로 전날 MBC 탑승 불허 결정을 내린 탓에, 국민의 '알권리'를 대행하는 언론사로서는 '일면 항의, 일면 동참'이라는 부득이한 선택을 했다고 변명할 수 있다. 하지만 대통령실의 기상천외한 '전속 취재'에 대항해서 '취재는 언론의 독자적 판단에 입각한 행동'임을 역설한 기자와 언론사가 있었는지 모르겠다. 그들 스스로 강력히 지적한 문제에 대해서는 어떤 종류의 가시적 교정 조치도 얻지 못한 채, 그들이 그토록 사랑해 마지않는 일명 '도어스테핑'이 중단된 것이 마치 '과도한 대립을 일삼는 MBC' 탓인 양 눈치를 주는 분위기로까지 바뀌었다. 여당의 최고위 인사가 MBC에 대한 광고 중단을 주요 기업에 압박하는 발언을 해도, 5년간 라디오 청취율 압도적 1위를 기록한 대중적 시사방송에 대한 '내용적' 불만을 빌미로 서울특별시가 미디어재단 TBS에 대한 재정 지원을 중단해도, 이로 인한 언론자유 침해를 강력히 비판하는 언론사는 거의 없다. 전용기 배제 건을 두고 대통령실을 규탄했던 현업 언론단체 여섯 곳은 2022년 11월 25일 "언론인들의 고민과 진심을 대통령 님과 나누고 싶다."며 면담을 요청했지만, 대통령실에는 고작해야 출근길 약식문답을 재개해달라는 간청으로만 비칠 뿐이다. 이렇게, 언론자유를 부르짖는 목소리는 세상의 중심에서 밀려나 변방의 외로운 북소리가 되었고, 그 세상의 중심에는 언론자유나 시민의 자유와는 도통 무관해 보이는 대통령과 그 권력의 자유만 넘실대고 있을 따름이다.

언론자유의 역설과 저널리즘의 딜레마

불과 1년을 사이에 두고 언론자유라는 묵중한 주제가 호출되었던 이 두 개의 장면은 언론자유에 내포된 역설paradox과 그에 흔히 수반되는, 이럴 수도 저럴 수도 없거나, 이러지도 저러지도 못하는 상황 dilemma을 압축적으로 보여준다.

이를 위해 약간은 길을 돌아가보자. 일단 대한민국 헌정사에서 사회정치적 자유주의liberalism에 근접한 이념 스펙트럼을 비교적 견지해온 정당은 2022년 현재 더불어민주당으로 대표되는 '민주당' 계열의 정당이다. 그에 반해 2022년 현재 국민의힘으로 대표되는 구 '자유당' 계열의 정당은 박정희의 공화당 시절과 전두환의 민주정의

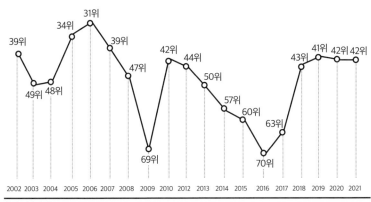

세계 언론자유지수 대한민국 순위 자료: 국경없는기자회. 2011년은 언론자유지수 발표 없음.

출처: 미디어오늘 2021. 4. 21.

당 시기를 제외하고는 줄곧 '자유liberty' 개념을 당명에 포함시키곤 했지만, 정작 사회정치적 이념으로서의 자유주의와는 대척점에 서 있는 우파 권위주의authoritarianism에 상당히 오랜 기간 머물렀으며, 자유주의와 명칭은 비슷하지만 실상은 상당히 다른 신자유주의neo-liberalism의 극단적 시장 방임주의로 나아가기도 하는 등 이념적으로 매우 혼란스러운 행보를 보여왔다. 물론 민주당 계열의 정당 역시, 한국전쟁 이후 오랜 기간 고착된 극단적 반공주의 이념 지형에 의해 제한되고 왜곡된 측면이 있어서겠지만, 흔히 지칭되는 '진보' 혹은 좌파에 상응할 만큼의 이념적 체계성이나 균질성을 보여주지는 못 했다. 그러나 이들은 적어도 자유주의적 지향에 토대를 두어 반민주적 권위주의에 전투적으로 저항함으로써 한국 사회의 민주화를 주도했고, 1997년에 이뤄진 최초의 집권 이후 통산 세 번의 집권 경험을 거치면서, 차츰 미국 민주당 계열의 리버럴liberal, 즉 진보적 자유주의 정당으로서의 지향을 정돈해갔다. 그러자 구舊 자유당 계열의 정당은 이들과는 구별되는 '보수' 우파 정당으로서 체계화를 시도했다. 하지만 윤석열 대통령의 '자유'가 정확히 그러하듯, 이들은 여전히 자신이 표방하는 자유에 대한 정의를 명확히 하지 못하고(혹은 않고) 있는데, 반공·반북의 다른 이름으로서의 자유(따라서 이념적 다원성을 근간으로 하는 자유주의적 자유가 아닌 사실상 반다원주의적인 비자유 혹은 선별적 자유)를 추구하는 쪽과 1980년대부터 대두되었던 영미 신보수주의로부터 다시 활력을 얻어 자유방임적 시장주의에 기울어 있는 쪽이 보수 헤게모니를 다투면서 범우파 집권을 위해 공존하며 협력하고 있는 양상이다.

이와 같은 이야기를 다소 길게 한 이유는 바로 이 근·현대사 안에 한국적 자유의 역설과 그로부터 파생된 언론자유의 역설이 기원하기 때문이다. 2002년부터 발표된 '국경없는기자회'의 언론자유지수 추이에서도 뚜렷이 확인되듯, 우리나라의 언론자유는, 민주화 이후만 놓고 보더라도 자유당 계열의 정당이 집권했던 체제에서 상대적으로 더 위축됐고, 민주당 계열의 정당이 집권했던 체제에서 상대적으로 더 확장되는 경향을 보여왔다. 요컨대 '절제된 자유' 이념에 토대를 둔 민주당 계열의 집권체제가 언론자유 측면에서 자유주의에 더 값하는 태도를 견지해온 반면, 표면적으로는 자유를 그렇게나 강조하는 자유당 계열의 집권체제는 실제의 언론자유 측면에서 상당부분 반자유주의적 태도를 노정해왔다는 것이다. 이것은 정치세력에 의해 표방된 자유가 그들에 의해 실제로 주어지는 언론자유와는 양적·질적으로 반비례하는 역설에 해당한다. 다른 한편, 상대적으로 더 많은 언론자유가 주어졌던 시기에는, 집권세력이 '자신에게 적대적인 언론을 공격하면서 언론자유에 위협을 가하고 있다.'는 주장을 다수 언론이 거세게 분출했던 반면, 정작 집권세력에 의한 공영방송 장악이나 직·간접적 보도 통제 등으로 언론자유가 객관적으로 더 위축됐던 시기에는 정권의 언론자유 침해에 반발하며 이를 적극적으로 문제 삼는 언론의 목소리가 오히려 잦아드는 경향을 보였다. 이것은 '언론자유에 대한 위협을 경고하는 언론의 목소리'가 '실제로 보장되었던 언론자유의 크기와 범위'에 정비례하는 역설, 즉 언론자유가 작아질수록 언론자유 침해 주장은 줄어들고, 언론자유가 커질수록 도리어 언론자유 침해 주장이 늘어나는 역설에 해당한다.

그 이유는 세 가지 상호 연관된 요인을 통해 추측해볼 수 있다.

첫째, 민주당 계열의 정당이 집권할 때에는 매번 언론민주화 혹은 언론개혁이라는 담론이 부상했고, 각 정부마다 정책적 우선순위 측면에서 다소 차이가 있었지만, 해당 정권은 이를 중요한 개혁 과제로 받아들였다. 그 결과로 이들이 추진했던 관행 개선 및 제도 변화 시도가, 언론자유와 민주적 기능의 조화 측면에서 정당했든 혹은 부당했든 간에, 언론으로부터의 즉각적이고 포괄적이며 강력한 반발을 불러일으켰다. 당대 집권세력으로서는 정치적으로 대립하는 특정 언론을 억압하거나 언론 일반의 정당한 권력 감시 기능을 제약하고자 함이 아니라, 스스로 권력의 지위에 오른 대자본과 사회정치적 구체제에 결탁된 강고한 기득권 세력의 일부로서의 언론체제를 개혁하려는 취지였다고 말하지만, 주요 언론은 이를 언론자유에 대한 공격으로 일반화함으로써 정치적으로 무력화하는 데 성공할 수 있었다.

둘째, 자유당 계열 정당의 집권체제에서는 '기존 제도를 활용하여 비교적 손쉽게 장악할 수 있는 공영매체'와 '정치·경제적 거래를 통해 포섭할 수 있는 기타 언론'을 구분하고, 자원의 불균등한 배분을 통해 성장시킬 우호적 언론과 약화시킬 비우호적 언론을 철저히 갈라 분할통치하는 전략을 세워 일말의 주저도 없이 실천에 옮겼다. 자신의 권력에 비우호적인 언론에 대해서는 주로 공영매체의 경영권 장악을 통한 직접적인 통제를, 그리고 정부광고·지원금·권력 핵심부로부터 흘러나오는 정보 등의 불균등 배분과 차단을 통해서 간접적인 통제를 행했다. 그리고 이명박정부가 사회적 저항을 뚫고 법 개정을 밀어붙이면서까지 유력 신문언론기업에 신규 종합편성채널 사업권을 부여한 것에서 극명하게 입증되듯 우호적인 언론에 대해서는 확고한 보상을 선사했다.

셋째 요인은 앞서 언급한 두 개의 요인이 상호 결합된 효과로부터 형성된다. 민주당 계열의 집권은 언론 일반에 '상대적으로 더 많은 자유' 이상의 실질적인 이익은 나눠주지 않은 채 '사회적 책임'이라는 한 번도 감당해본 적이 없는 부담을 지우려 한다. 반면, 자유당 계열의 집권은 적어도 우호적인 언론에게만큼은 확실한 이익을 보장하면서 비우호적인 언론의 자원과 자유만을 선별적으로 위축시키기 때문에, 설혹 '상대적으로 더 적은 자유'가 주어진다 해도 개별 언론사와 언론인의 입장에서 보면 잃을 것이 별로 없는 셈이다. 사실상 한국 언론의 다수는 시민의 표현의 자유를 대행하고 기타의 민주적 기능을 수행하기 위해 언론자유가 필요한 게 아니라 자신과 그에 연계된 이해관계의 원활한 확대재생산을 위해 언론자유라는 수단 혹은 명분이 필요한 것이다. 따라서 그 이익을 해쳐서라도 언론자유의 확대를 꾀하기보단 자유의 위축을 수용한 대가로 이해관계를 보장받는 길을 선택해왔다. 그 결과 민주적 책임에 민감한 '억강부약(抑强扶弱; 강자를 억제하고 약자를 북돋운다)'의 이상적 자유주의 언론과는 정반대로, 자신의 이익에만 민감한 '토강여유(吐剛茹柔; 강하면 뱉고 부드러우면 삼킨다)'의 언론 혹은 더 직관적인 신조어로 '강약약강(强弱弱强; 강자에겐 굴복하고 약자에겐 군림한다)'의 속류 자유주의 언론이 지배적 현실이자 원활한 생존을 위한 일종의 경험칙으로서 자리 잡았다. 이 과정에서 (진보적) 자유주의를 지향하는 소수파 언론은, 정권을 막론하고 권력에 의해 발생할 수 있는 언론자유 위축 가능성에 민감해야 한다는 이유로, 언론 일반이 감당해야 할 사회적 책임을 지지하거나 제도적으로 구현하는 일에 소홀한 경향이 있다. 그와는 달리 기타의 다수파 속류 자유주의 언론은, 자신에게 지우려 하는 일말의 사회적 책임에 대해서도 언론자유 침해 혐의를 들어 강력히 거부하는 한편 타 언론에게 가해지는 실질적 언론자유 위축에 대해서는(대표적으로, 공영방송 등이 짊어져야 할) 응분의 사회적 책임으로서 정당화하는, 전형적 이중 표준(double standard; 통상어로 이중 잣대)을 아무런 거리낌 없이 구사한다.

고르디우스의 매듭 풀기 혹은 끊기

이처럼 언론자유를 둘러싸고 최근 명백히 표면화된 바 있는 이 다양한 종류의, 그러나 본질은 대동소이한 역설은, 언론자유 관념과 실행 차원의 한국적 판본이자, 한국 근·현대사를 관통하며 반복되어온 자유의 역설이기도 하다. 이 책은 언론자유에 내재한 근원적 역설을 파헤치면서, 특히 한국 사회에서 더욱 두드러진, 민주주의가 진척될수록 오히려 더 반민주주의적인 방향으로 꼬여가는 언론자유의 역설에 대해, 그리고 그로 인한 저널리즘의 딜레마적 조건에 대해 정면으로 문제 제기하기 위한 집단적 시도이다. 언론학자들의 학문적 공동작업에 토대를 두고 있지만, 그 목소리는 관련 학계의 소수보다는 시민을 향하며, 기득권으로 뭉친 세상의 중심보다는 변방으로 밀려나버린 분산된 다중주체multitude를 지향한다.

나는 여기서 탄탈로스의 형벌을 떠올린다. 올림포스(=민주주의)에 올라 신들(=권력자)과 어울리는 특권을 누렸지만, 오만해진 그는 무절제한 폭로와 상습적인 거짓말로 신들의 미움을 샀다. 급기야 그는 자신의 자식인 펠롭스(=시민 공론)를 죽여 그 고기를 신들에게 대접했다. 오로지 신들을 시험하기 위해서였다. 노한 신들은 탄탈로스를 최하층 지옥인 타르타로스의 연못에 가둔다. 목이 말라 물(=언론자유)을 마시려 고개를 숙이면 물이 말라버리고, 배가 고파 과일(=정확한 정보)을 따려 손을 뻗으면 나뭇가지가 올라가버린다. 특권을 누린 오만한 탄탈로스는 언론인데, 정작 연못에 빠져 갈증과 기아에 시달리는 형벌을 받고 있는 탄탈로스는 시민이다. '물난리에 마실 물이 없다.'는 우리 속담이 있다. 오만한 언론과 기득권에게는 홍수가 날 정도로 자유가 넘치는데, 정직하고 성실한 언론인과 시민이 마실 자유는 부족하다. 이 지극한 역설과 부정의를 대체 어떻게 이해할 것인가? 이것이 우리 저자들이 스스로에게 던진 질문이고 1년에 가까운 공동 학습과 논의 끝에 다음과 같은 대답에 도달했다.

언론자유는 그 자체로 모순과 역설을 품고 있다. 앞서 잠시 언급했던 바처럼, 우리 헌법에서 언론자유는 흔히 언론사나 언론인의 자유로 받아들여지지만, 표현의 자유freedom of expression라는 근원적이고 보편적인 권리에서부터 언론(기관)의 자유freedom of the press라는 파생적이고 특수한 권리까지 포괄하는 개념이다. 모든 자유 개념과 그에 연관된 실천이 그러하듯, 하나의 뿌리에서 나온 이 두 층위의 자유 개념은 서로, 그리고 각자의 내부 안에서 모순을 내포한다. 시민 개개인과 권력자의 표현자유가 언론의 자유와 충돌할 수 있고, 표현의 자유는 다시 다른 이의 표현자유와, 그리고 언론의 경제적 자유는 언론의 내용적 자유와, 또 언론사주의 소유권적 자유는 언론 종사자의 직업적 자유와 수시로 갈등 상황에 놓이곤 한다. 그리하여 언론자유의 확장이 언론자유를 위축시키는 역설, 즉 누군가의 언론 자유가 다른 이의 언론자유와 모순 관계에 놓이는 역설이 발생한다.

그렇다면 이 문제를 어떻게 해결해야 할 것인가?

　제1장을 통해 "언론의 자유는 언론을 위한 특권인가, 모두를 위한 자유인가?"를 질문하는 이정훈은 국내 언론학자와 기자들이 언론자유의 사상적 원천으로 삼는 미국 수정헌법 제1조를 깊이 있고 집요하게 탐구한다. 우리 헌법에서는 표현의 자유와 언론기관의 자유에 대한 별도의 조항 없이 '언론·출판의 자유와 집회·결사의 자유' 조항 안에 통합해놓고 있지만, 주지하듯 미국 수정헌법 제1조는 발언의 자유(freedom of speech; 보통 '표현의 자유'로 통칭하지만 더 상위의 통합 개념으로서의 freedom of expression과 구별하기 위해 '발언의 자유'라고 번역했다)를 먼저 명시하면서 그 뒤에 언론(기관)의 자유freedom of the press를 별도로 부기한다. 이로부터 이른바 언론예외주의, 즉 그것이 언론사이건, 언론사주이건, 언론인이건 어쨌든 '미국 수정헌법 제1조는 보통 사람들의 표현자유와는 구별하여 특별히 언론의 자유를 보장하고자 했고, 그것은 언론에게 일종의 특권적 지위, 다시 말해 국가가 각별히 보살펴야 할 자유 주체로서의 예외성을 부여한 것'이라고 해석하는 일련의 흐름을 낳는다. 그러나 그는 이것이, 흔히 오해되듯, 일반인이나 여타 사회 주체와는 구별되는 특권, 즉 여타 주체가 누리는 자유 이상의 자유를 언론에 부여한 것이 아니라 '언론으로 하여금 두려움에 떨지 않고 권력을 감시할 수 있도록 하는 조건'을 보장해준 것이라고 해석한다. 따라서 언론의 자유는 언론기관의 특권적 자유가 아니라, 언제나 민주적 기능 수행이라는 목적과 책임에 부합하는 한도 안에서만 적극적으로 보장되는 자유라는 것이다.

게다가 국가에 비해 한없이 미약했던 미 건국 초기 '영세 인쇄출판업자' 시절의 언론기관에 주어져야 했을 '자유>책임'과 지금처럼 막강한 자본력과 영향력을 보유하고 있는 언론기관에 주어져야 할 '자유<책임'도 구별되어야 한다는 것이 그의 주장이다.

제2장 '언론자유라는 도그마와 언론의 책무'를 기술하는 송현주 역시 시민의 언론자유와 언론의 언론자유를 '민주적 대행과 상호존중'의 관점에서 바라볼 것을 주문한다. 언론자유가 마치 언론기관에 부여된 우월적 자유인 것처럼 오용되는 '도그마'를 타파하기 위해서이다. 언론자유가 그와 같은 도그마화의 길을 걷게 된 궤적을 추적하는 그는, 언론자유 개념을 비롯한 제반의 자유 관념을 근대정치의 중심으로 밀어올린 자유주의의 사상사와 그것의 철학적·역사적 한계를 한국의 현실에 비추어 구체적으로 탐구한다. 이를 통해, 현대 자유주의의 원류를 구성하는 존 스튜어트 밀John Stuart Mill의《자유론On Liberty》에서 정식화된 자유는 절대적 불간섭을 의미하는 자유가 아니라, '한 개인의 자유가 다른 누군가의 자유와 충돌할 때' 멈춰서야 하는 제한적 자유라는 점을 밝힌다. 그럼에도 불구하고 언론자유는 특히 모든 종류의 제약에 대한 저항과 '투쟁'의 차원에서 수사학적으로 동원될 때, 마치 '간섭의 부재'가 최상의 가치이고 지향인 것처럼 담론화하는 자유지상주의적인 경향으로 흐른다. 그리고 이는 언론자유에 대한 간섭이 개인의 절대적 자유권을 침해하는 간섭과 같은 것처럼 느껴지게 하는 동일시효과를 유발한다. 그러다 보니 예컨대 시민의 알권리는 선택적 언론자유를 위한 명분으로만 활용될

뿐, (언론에는 간섭으로 받아들여질) 구체적 사회적 책무로서는 수용되지 않는다. 송현주의 관점에서, 그리고 이 책 저자들의 공통적인 시각에서 볼 때, 이는 특정 언론집단이 언론자유 개념을 전략적으로 오용해서뿐 아니라 자유주의 속에 내재된 여러 한계로부터 기인한다. 자유주의는, 저열한 버전이건 고상한 버전이건, 결국 '언론자유의 불평등한 구조를 용인하고 정당화'하게 되어 있다. 따라서 언론자유를 '불간섭'의 문제가 아니라 '자의적 권력의 예속으로부터 벗어나기 위한 공동체의 자유' 관점에서, 요컨대 공화주의적 시각에서 실천적으로 재해석해야 한다는 것, 그리고 이미 우리 헌법은 이런 공화주의적 요소를 각인하고 있다는 것이 그의, 그리고 이 책의 기본적인 주장이다.

이와 같은 논의를 이어받는 정준희의 제3장은 언론자유 개념의 '사회학'적 실패 혹은 자기과장의 문제에 초점을 맞춘다. 그가 보기에 언론자유 개념은 규범적인 것the normative을 다루는 헌법학적 수준에서는 여전히 근원적이며 유의미한 차원을 갖지만, 실질적인 것 the real으로서의 사회현상을 다루는 사회학적 수준에서는 대단히 성글고 자의적이어서 현실 분석이나 대안 모색 측면에서 효과적으로 활용될 수 없는, 수시로 실패하고 마는 개념에 가깝다. 이 간극에서 발생하는 개념적 공백으로 인해, 언론과 우리 스스로 혼란스러워지거나(이건 무지의 문제이다), 의도적으로 혼동시키는(이건 악의의 문제이다) 담론 전략을 언론이 활용할 수 있게 된다. 그로써 언론자유라는 묵중한 규범이 호출되어야 할 때, 즉 실질적으로 언론자유라는 근본 가치가 위험에 빠질 때에는 호출되지 않거나 실천력을 담보하지 못하는 반면, 규범적인 논의보다는 냉정한 현실 규정과 그에 따르는 제도적 대안을 모색해야 할 때, 즉 언론을 둘러싼 사회적 문제를 실효적으로 해결해야 할 때 오히려 언론자유 규범을 둘러싼 허구적 다툼 속에 휘말려든다. 전형적인 '허수아비 때리기'의 오류가 반복되는 셈이다. 그 결과가 바로 지금까지 논의한 언론자유의 역설이 심화하는, 다시 말해 확립하고 보호해야 할 언론자유 규범은 오히려 허약해지고, 갱신하고 현실화해야 할 언론자유의 실질은 단 한 걸음도 나아가지 못하는, 저널리즘의 딜레마이다. 이런 문제를 해결하기 위해 정준희는 규범 차원에서의 혼란 해소를 시도하는 한편, 실질 차원에서 구현 가능한 제도적 대안을 모색한다. 국가와 개인 사이의 관계를 규정하는 목적적 기본권으로서의 표현의 자유와, 국가와 제도 그리고 제도와 개인 사이의 관계를 규정하는 수단적 기본권으로서의 언론기관의 자유를 세밀히 논증하는 게 논의의 전반부를 구성한다. 그리고 나서, 언론기관의 자유는 민주적 표현 '대행' 기관으로서의 언론집단이 능동적으로 획득하거나 수동적으로 부여받은 직업적 자율성을 규범화한 것으로서, 공화정이 설정한 외적 규제와 언론집단이 스스로 발동시킨 내적 규제가 만나는 경계 안에서, 시민으로부터 자신의 사회적 권위를 부단히 재확인받아야만 실질적으로 정당화될 수 있다고 제안한다.

언론자유의 역설과 그에 따르는 저널리즘의 실천적 딜레마는 자유주의 그 자체에 내재되어 있다는 시각을 김영욱은 좀 더 정치경제학적인 차원으로 옮겨 고찰한다. 언론자유의 역설을 '시장 모델의 실패'에서 더 근원적이고 구체적으로 탐구하는 제4장을 통해 그는 사유재산의 불가침성에 토대를 둔 상부구조로서의 자유주의적 체제는 결국 언론 소유주와 대자본의 자유 아래에 종속된 언론인과 시민의 언론자유를 낳을 수밖에 없다고 본다. 이런 관점에서 일단 그는 마르크스의 자본주의 비판으로부터 영향을 받은 비판적 미디어 정치경제학의 기성 논의를 충실히 따른다. 자본주의적 토대는 자본의 크기에 따라 더 많은 언론자유를 구가하는 쪽과 더 적은 언론자유에 만족할 수밖에 없는 쪽으로 분할하고, 이 불평등을 더욱 심화시키는 방향으로 나아간다는 데 이의의 여지가 없다고 보는 까닭이다. 또 그런 면에서 김영욱은 자유주의에 내재한 한계는 물론, 이에 대한 성찰을 위해 검토되는 공화주의, 하버마스Habermas식 숙의민주주의, 무페Mouffe식 논쟁적 민주주의 각각 역시 일정한 한계를 지니고 있음을 직시한다. 특히 디지털 주목경제 환경에 놓인 저널리즘은 플랫폼 자본주의에 종속된, 즉 기존보다 더 찌그러진 상업적 모델에 토대를 두어, 더 심각한 역설과 딜레마, 즉 생존하기 위해서는 더 저열해져야 하고, 저열해질수록 더 위기가 심화되는 상황에 놓이게 되었다. 결국 심화될 대로 심화된 언론자유의 역설과 저널리즘의 딜레마를 해결하기 위해서는 일종의 '고리디우스의 매듭Gordian Knot' 끊기와 같은 근본적이고 전면적인 접근이 필요하다는 주장으로 읽힌다. 궁극적으로는 고도화된 디지털 자본주의 토대를 허물어 불평등과 주기적 위기를 해소하는 일과 함께해야 하겠지만, 무엇보다 언론자유 측면에서는 이 의도적으로 탈정치화된 개념을 적극적으로 재정치화하는 것에서, 그를 통해 시민과 저널리즘 수요자가 주도권을 되찾기 위한 전투적 노력을 조직화하는 것에서 시작해야 한다고 김영욱은 판단한다.

제5장 '표현의 자유에서 소통의 권리를 위한 헌법 개정'을 논의하는 채영길 역시 김영욱과 마찬가지로 자유주의의 부분적 수정이나, 공화주의적 접근을 통한 진로 교정 방식만으로는, 언론자유의 역설을 근본적으로 해결할 수 없다는 입장에 있다. 대신 그는 김영욱의 정치경제학적 접근과는(근본적으로는 중첩되기는 하지만 표면적으로는) 상이한 헌법상의 기본권적 접근을 채택한다. 채영길은 가장 좁은 의미에서의 언론의 자유와 더 넓은 의미에서의 표현의 자유보다 이제는 '소통의 자유freedom of communication'라는 더 근원적으로 확장된 자유 개념을 필요로 한다는 입장에 서 있다. 1987년 민주화 항쟁의 성과로 수립된 현행 헌법은 지연된 민주주의 가치를 정립하는 의미가 있었던 한편, 그러한 근대 민주주의가 부딪친 한계는 물론 한국 사회의 변화된 환경에 조응하지 못하는 한계를 동시에 내포하고 있다. 특히 그가 주목하는 것은 언론자유 개념하에 포섭되어 있는, 언론기관의 자유보다 더 근본적인 자유 층위에 해당하는 표현의 자유조차 일방적이고 소극적이며 개인에 기반을 두고 있을 뿐이라는 사실이다. 따라서 이를 상호작용적이고 적극적이며 공동체 기반의 '소통권리'로 확장하고 변환해야 우리가 부딪쳐 있는 언론자유의 역설도 해결할 수 있다고 판단한다. 예컨대 애초 설계된 바와는 달리, 시민적

표현의 자유에 기여하지 못하는 언론자유의 역설은 시청자위원회나 독자위원회와 같이 시민의 표현 기회를 제도적으로 확충함으로써 부분적으로 제어될 수 있지만, 그 또한 집합체로서의 시민이나 공동체 속의 시민이 아닌 결국 '개인 대리자'의 반향 없는 표현 기회를 보장하는 것에 불과하다. 따라서 아예 일종의 사회권으로서의 소통의 권리를 헌법적으로 규정함으로써, 시민이 단순히 표현할 자유를 얻는 것뿐 아니라 그것이 다른 시민에게 노출되어 공유될 수 있는 가능성을 실질적으로 확보하는 방향으로 나아가야 한다. 마치 공론화위원회와 같은 시민 소통의 기회가 단순히 선출된 대리자의 선의에 기속되는 것이 아니라 민주적 의사결정 과정에 필수 요소로서 헌법체계 속에 각인되어야 하는 것처럼 말이다.

다시 요약컨대, 언론자유에는 두 개의 층위가 있다. 일차적으로는 시민에게 보장되는 표현의 자유이며, 이차적으로는 이를 대행하는 언론기관에 주어진 자유이다. 언론기관의 자유가 증진될수록 시민의 자유가 확장되어야 한다. 그것이 언론자유의 존재목적이다. 그런데 언론이 더 많은 자유를 향유할수록 오히려 시민의 자유가, 특히 약자의 권리가 침해되는 경향을 마주한다. 그것이 언론자유의 제1역설이다. 또 언론은 억압하는 권력에게는 자유를 헌납하고, 관용하는 주권자와 그 대행자에게는 자신의 자유를 남용한다. 그것이 언론자유의 제2역설이다. 나아가 언론은 정치권력과 시민에 대해서는 자신에게 자유를 달라 하지만 자본이나 언론사주가 통제하는 자유에 대해서는 말하지 않는다. 그것이 언론자유의 제3역설이다. 자신의 자유를 절제하여 시민에 대한 책임을 다할 것인가, 반대로 시민의 자유를 희생시켜서 자신만의 선택적 자유를 구가할 것인가? 나의 영리를 줄이면 시민의 권익이 늘고, 자본 아래의 생존을 선택하면 민주주의가 죽는다. 그것이 현재의 저널리즘이 마주하고 있는 질 나쁜 딜레마이다. 지금 우리 앞에 놓여 있는 건 길게는 수백 년, 짧게는 수십 년에 걸쳐 복잡하게 얽히고설킨 고르디우스의 매듭이다. 알렉산드로스 대왕은 이를 풀려고 애쓰기보다 칼을 들어 끊어버렸다. 그런 방식으로라도 이 역설을 해소하고 딜레마를 타파하지 못하면, 결국 남은 그 길은 타르타로스의 연못을 지나 지옥의 불구덩이로 이어져 있을 뿐이다.

1장

언론의 자유는 언론을 위한
특권인가,
모두를 위한 자유인가

이정훈

언론의 자유와 미국 수정헌법 제1조

대부분의 언론학자들과 기자들은 언론자유의 사상적 원천으로 미국의 수정헌법 제1조를 언급한다. 그만큼 미국이 표현의 자유를 보호하는 데 선구적인 역할을 수행해왔기 때문이다. 이런 이유로 언론의 자유에 관한 이야기를 미국의 수정헌법 제1조로부터 시작하는 것은 나름의 의미가 있다.

수정헌법 제1조가 비준된 때가 1791년 12월 15일로 알려져 있으니, 그 역사만 해도 230년에 이른다. 수정헌법 중에서 가장 유명한 조항이기도 하고, 가장 많은 판례가 나온 조항으로 알려져 있기도 하다. 그것은 아마도 조항의 내용이 민주주의의 기본 사상과 밀접한 연관이 있기 때문일 것이다. 수정헌법 제1조의 구체적인 내용을 살펴보자.

Congress shall make no law respecting an establishment of religion, or prohibiting the free exercise thereof; or abridging the freedom of speech, or of the press; or the right of the people peaceably to assemble, and to petition the Government for a redress of grievances.

번역을 해보면 다음과 같다.

연방의회는 국교를 정하거나 또는 자유로운 신앙 행위를 금지하는 법률을 제정할 수 없다. 또한 표현 또는 언론의 자유를 제한하거나, 국민이 평화롭게 집회할 수 있는 권리와 불만 사항의 구제를 위하여 정부에게 청원할 수 있는 권리를 제한하는 법률을 제정할 수 없다.

먼저, 수정헌법 제1조는 특정 자유나 권리를 부여한다거나 보호한다고 긍정문으로 말하지 않고 그것을 금지하거나 제한하는 법률을 제정할 수 없다고 부정적으로 말하고 있다. 수정헌법 제1조를 만든 사람들은 언급된 자유와 권리는 소유의 선언이 필요 없을 정도로 당연히 부여된 것들이고, 따라서 그것을 제한하거나 금지하는 것을 불허하는 것으로 충분하다고 보았다. 그만큼 그 자유와 권리들은 민주주의 체제에서 너무나 자연스럽고 당연한 것으로 여기고 있다는 것을 알 수 있다.

수정헌법 제1조의 내용을 자세히 들여다보면, 크게 보아 세 가지의 자유와 두 가지의 권리를 보호하고 있다는 사실을 알 수 있다. 세 가지 자유란 종교의 자유, 표현의 자유, 언론의 자유를 말한다. 종교의 자유와 관련해서 수정헌법 제1조는 국교를 정하거나, 신앙 행위를 금지하는 법률을 제정할 수 없다고 적고 있으며, 표현의 자유와 언론의 자유에 관해서는 표현의 자유 또는 언론의 자유를 제한하는 법률을 제정할 수 없다고 적고 있다. 한편, 두 가지 권리란 집회권과 청원권을 말한다. 수정헌법 제1조는 평화롭게 집회할 권리와 불만 사항을 구제하기 위해 정부에 청원할 권리를 금지하는 법률을 제정할 수 없다고 말한다.

여기에서 수정헌법 제1조가 종교의 자유, 표현의 자유, 언론의 자유 그리고 집회할 권리와 청원할 권리를 시민권의 구성 요소로 보고 있다는 것을 알 수 있다. 즉, 믿고 싶은 것을 자유롭게 믿고, 말하고 싶은 것을 자유롭게 말하며, 어떤 이슈에 찬성하거나 반대하기 위해 어떤 장소에 모여 자신들의 의사를 자유롭게 밝히고, 불만과 불편한 일을 해결해달라고 정부에 자유롭게 요구할 권리가 민주 사회의 시민에게 부여된 기본 권리들이라고 본 것이다.

그런데 수정헌법 제1조의 문구를 보다 자세하게 들여다보면 한 가지 의문이 든다. 수정헌법 제1조에는 두 군데에 걸쳐 비슷한 내용이 '또는'을 통해 병기되어 있다. 하나는 '국교를 정하는 일'과 '신앙 행위'이고, 나머지는 '표현의 자유'와 '언론의 자유'이다. 국교를 정하게 되면 그것과 다른 종교를 가진 사람들에게 차별을 두게 되거나 국교 이외의 종교를 믿은 행위를 금지하게 될 수도 있으니 '국교를 정하는 일'과 '신앙 행위'를 병기하는 것은 서로 다른 방법으로 종교의 자유를 보호하는 일이기 때문에 쉽게 이해가 된다. 즉, 국교를 정하거나 신앙 행위를 금지하는 법률을 제정하지 않도록 하는 것은 자유로운 종교 생활을 보장하기 위해 이루어져야 할 서로 다른 두 가지 일이다. 하지만 '표현의 자유'와 '언론의 자유'를 '또는'으로 병기하여 보호하는 이유는 쉽게 이해가 가지 않는다. '국교를 정하는 일'과 '신앙 행위'처럼 '표현의 자유'와 '언론의 자유'가 서로 다른 것이기 때문인가? 표현의 자유를 보호받는 것만으로 보호받지 못하는 언론의 자유가 따로 있는 것인가?

먼저, 원어를 살펴보자. 나는 여기에서 'freedom of speech'를 표현의 자유라고 번역하였고, 'freedom of the press'를 언론의 자유라고 번역하였다. 한국에서는 'freedom of speech'를 언론의 자유로 번역하고, 'freedom of the press'를 출판의 자유로 번역하는 경우도 많다. 이런 번역은 사람들을 무척 헷갈리게 만드는 것이어서 개인적으로는 별로 선호하지 않는다. 그 이유는 이렇다.

'언론'을 '言論'이라는 한자의 사전적 의미로 사용하는 것이라면 언론의 자유는 'freedom of speech'의 번역어로 손색이 없다. '言'이나 '論'이나 모두 말과 관련된 행위를 가리키기 때문이다. 문제는 우리 사회가 '언론'을 'journalism'이나 'media'의 번역어로도 사용하고 있기 때문에 발생한다. 이럴 경우 '언론'의 자유가 말의 자유를 의미하는지 매체를 이용한 언론 행위의 자유를 뜻하는지 구분하기 어렵다. 따라서 말(입말과 글말을 모두 포함하는)을 이용한 표현의 자유와 매체를 이용한 언론의 자유로 구분하는 것이 바람직하다. 물론 이때 언론은 'journalism'이나 'media'를 가리킨다.

'freedom of the press'를 출판의 자유로 번역하는 것에도 오해의 소지가 있다. 'the press'가 출판물을 의미하기도 한다는 것에는 틀림이 없다. 그러나 출판물 중에서도 신문, 잡지와 같은 정기간행물을 가리키거나, 나아가 보도기관, 언론, 매체를 의미하기도 한다. 심지어 기자와 같이 보도기관의 종사자를 가리키기도 한다. 수정헌법 제1조가 제정되던 시기에 매체 기술 수준을 고려하면 'the press'를 출판물로 한정 짓는 것에 무리가 없다. 당시로서는 인쇄 매체밖에 없었으니 말이다. 하지만 지금에 와서는 인쇄 매체의 종말을 이야기할 정도로 전자 매체, 그중에서도 디지털 매체가 주를 이루고 있다. 이런 이유로 지금까지도 'freedom of the press'를 출판의 자유로 번역하는 것은 시대착오적이다. 뿐만 아니라 'freedom of speech'를 언론의 자유로, 'freedom of the press'를 출판의 자유로 번역하게 되면 언론, 즉 말과 출판, 즉 글을 구분하여 각각의 자유를 따로 보장해줘야 한다는 주장이 되는 셈이다. 그런데 말과 글의 자유가 따로 존재한다는 주장도, 그러니 별도로 보호해야 한다는 주장도 도무지 이해가 가지 않는다. 아무튼 수정헌법 제1조를 만든 사람들이 'freedom of speech'와 'freedom of the press'를 따로 적어두었다는 것은 적어도 그들에게 이 두 가지가 명확히 구분되는 것이었음에 틀림없다. 그게 그저 말로 하는 표현과 문자로 하는 표현 정도의 구분이라면 그 차이는 너무나도 미미하다.

실제로 수정헌법 제1조를 연구하는 미국의 언론학자나 법학자들은 'freedom of speech'를 말과 글의 구분 없이 일반적인 표현의 자유로, 'freedom of the press'를 매체 또는 매체를 이용한 언론의 자유로 구분하고 있다. 이 글에서도 앞으로는 'freedom of speech'를 표현의 자유로, 'freedom of the press'를 언론의 자유로 표기하고자 한다. 물론 '언론'은 매체와 저널리즘을 가리킨다.

언론예외주의

언론의 자유가 민주주의 체제에서 시민들에게 보장된 기본권 중 하나임을 천명하였다는 점에서 수정헌법 제1조가 언론자유의 근거로 자주 언급되는 이유는 충분히 이해되고도 남는다. 그런데 수정헌법 제1조는 그것을 연구하는 학자들에게 매우 까다로운 문제를 하나 제기한다. 그것은 바로 수정헌법 제1조가 표현의 자유를 보호하고 또다시 언론의 자유를 보호하고 있다는 점이다. 이 문제는 관련 학자들이 언론예외주의press exceptionalism라고 이름 붙이고 오랫동안 천착할 만큼 복잡하고 심각한 것이다. 왜 수정헌법 제1조를 만든 사람들은 표현의 자유를 보호하고도 다시 언론의 자유를 보호해야 한다고 생각했을까?

앞에서도 간략하게 살펴보았지만 언론예외주의, 즉 표현의 자유를 보호하고도 예외로 언론의 자유를 또다시 보호해야 한다는 것은 언뜻 이해가 잘 가지 않는 주장이다. 그래서 미국의 관련 학계에서도 이와 관련하여 오랜 논쟁이 있어왔다. 크게 보아 두 가지 상반된 주장이 있다. 학계에서는 표현의 자유를 보호해야 한다는 조항을 표현 조항speech clause이라고 부르고, 언론의 자유를 보호해야 한다는 조항을 언론 조항press clause이라고 부른다. 두 가지 입장 중 첫 번째 입장은 표현 조항의 보호 대상speaker과 언론 조항의 보호 대상press speaker이 서로 다른 주체라고 파악하면서, 언론 조항의 보호 대상은 사회제도로서의 언론 매체라고 주장한다.

반대편에서는 수정헌법 제1조의 권리는 특정 범주의 개인이나 단체에 속하는 게 아니며, 자유를 행사하는 모든 주체에게 속한다고 주장한다. 따라서 그들에게 언론 조항에서 말하는 'the press'는 그저 보통 사람들의 커뮤니케이션 행위를 매개하는 매체에 불과하다. 이들은 언론이라고 해서 개인보다 더 자유를 누리거나 특별히 더 보호받아야 할 필요가 없다고 주장하는 것이다.

두 번째 주장, 즉 표현 조항과 언론 조항을 특별히 구분할 필요가 없다는 주장이 갖는 가장 큰 문제점은 헌법적 중복constitutional redundancy이다. 그들의 주장처럼 일반 화자speaker와 언론 화자press speaker를 구별할 필요가 없다면 수정헌법 제1조는 단순 오타라고 부를 정도의 의미 없는 중복을 범한 것이 된다. 다시 말해 구분할 필요가 없는, 그래서 동일한 표현을 단순하게 두 번 되풀이한 것에 불과하다는 말이다. 이런 이유로 첫 번째 주장을 펴는 학자들은 헌법 조항으로서 수정헌법 제1조가 실수나 오타에 가까운 단순 중복이 아니기 위해서라도 표현 조항과 언론 조항은 서로 다른 보호 대상에 관한 것이어야 한다고 주장하는 것이다.

나 또한 같은 생각이다. 수정헌법 제1조를 만든 미국 건국의 아버지들은 일반 화자와 언론 화자를 구분하고, 언론 화자에게 무언가 특별한 역할을 기대했다고 보는 게 더 타당하다고 생각한다. 이 이야기를 계속 이어가기 전에 미국이라는 나라가 갖는 독특함에 대해 아주 짧게 언급할 필요가 있겠다.

미국은 세계에서 거의 유일하게 국가 철학을 먼저 결정한 후 그 토대 위에 세워진 나라이다. 대부분의 나라는 자연 발생적으로 출현한다. 사람들이 살기 좋은 땅에 모이면서 집단을 이루기 시작하고, 집단이 점점 커감에 따라 국가의 형태를 조금씩 취하게 된다. 그 과정은 매우 오랜 시간이 걸릴 뿐 아니라 매우 자연스러운 것이다. 그런데 미국은 새로운 세상을 꿈꾸며 유럽의 모국을 떠난 사람들이 인위적으로 만든 나라이다. 그 무리 속에는 죄를 짓고 내몰린 사람들도 있지만 미국의 건국을 주도한 엘리트들의 머릿속에는 유럽의 절대왕정을 극복하려는 새로운 사고실험이 가득했다. 그 사고실험 속에는 유럽이 절대왕정을 극복하는 과정에서 드러낸 문제점을 극복하려는 시도까지도 포함되어 있었다. 단순하게 표현하자면, 미국이라는 나라는 바로 건국 아버지들의 사고실험의 결과물이라고 할 수도 있다. 절대왕정의 공포가 생생한 상태에서 왕정을 떠오르게 하는 대통령제를 채택한 이유도 영국의 의회독재를 극복하기 위한 결정이었다. 다시 말해서, 삼권분립을 통해 적절하게 견제한다면 대통령제를 통해 의회독재를 극복할 수 있다고 본 것이다. 아무튼 미국 건국의 아버지들은 대통령제가 절대왕정을 떠올리게 하는 공포보다 의회독재로 상징되는 권력의 쏠림을 더 무서워한 것이다.

정리하자면, 미국은 세계에서 유일하게 미리 설계되어 인공적으로 건국된 나라이며, 미국을 설계한 건국의 아버지들이 가장 심혈을 기울인 사항 중 하나가 바로 권력분립 또는 권력견제였다. 그런데 행정부, 입법부, 사법부로 삼권을 분립시켜 서로 견제하게 만들어놓고도 불안했던 건국의 아버지들이 생각해낸 보완책 중 하나가 국가 권력 바깥에 제4부를 두어 행정, 입법, 사법의 3부를 견제하게 만드는 것이었다. 그리고 그 역할을 언론에 맡겼다.

미국을 건국한 주역 중 한 명이자 제3대 대통령이기도 했던 토머스 제퍼슨Thomas Jefferson은 "정부 없는 신문과 신문 없는 정부 중 하나를 선택하라고 한다면 나는 정부 없는 신문을 택하겠다."는 말을 한 것으로 유명하다. 그리고 우리나라의 많은 언론인과 시민들에게 그 말은 언론의 중요성을 강조하는 말로 받아들여지고 있다. 정부와 신문 중 신문을 선택하겠다고 하니, 언론이 정부보다 더 중요하다고 생각할 수도 있는 말이다. 그런데 정부와 신문 중 어느 것이 더 좋으냐는 단순한 문제로 제퍼슨의 말을 받아들이면 그 말의 참뜻을 이해할 수 없다. 제퍼슨이 하고자 했던 말은 다른 건국 아버지들의 생각과 크게 다르지 않다. 즉, '신문 없는 정부'란 '견제받지 않는 권력'을 의미하는 것이다. 제퍼슨이 그 표현을 통해 하고 싶었던 말은 국가 권력은 제4부(언론)를 통해 감시와 견제를 받아야 한다는 것이다.

그러니 언론이라면 무조건 정부보다 낫다고까지 주장하는 것은 과장이다. 정치권력을 제대로 감시하지 않는 언론은 제퍼슨에게 아무런 의미가 없다. 제퍼슨의 말은 정부는 언론에 의해 감시와 견제를 받아야 하며, 언론은 정부를 감시하고 견제하는 역할을 충실하게 수행해야 한다는 것으로 해석되어야 한다. 정부 없는 신문을 택하겠다는 말 또한 결코 신문 없는 정부를 택할 수는 없다는 말로 받아들여야 한다. 제퍼슨의 본심은 정부보다 신문이 좋다는 게 아니라 견제와 감시를 받지 않는 정부라면 차라리 없는 게 낫다는 것이다.

사람들은 제퍼슨을 언론을 매우 사랑한 사람으로 알고 있지만, 이것은 반만 맞는 말이다. 제퍼슨은 나중에 언론에 크게 실망한 나머지 경멸에 가까운 태도를 보이게 된다. 정치인으로서 제퍼슨은 반反연방주의자였다. 건국 초기에 미국에서는 연방주의자와 반연방주의자 간의 뜨거운 논쟁과 격렬한 갈등이 있었다. 지금 미국의 국가 체제는 이 둘 간의 합의와 타협의 결과물이다. 대표적인 예가 바로 미국의 대통령 선거 제도이다. 연방 정부의 대통령을 주별 선거인단 수로 결정하게 만든 것은 연방주의와 반연방주의의 합의를 상징한다.

반연방주의를 대표하던 제퍼슨은 당연하게도 연방 정부의 대통령이 되는 것을 매우 싫어했다고 한다. 그러나 결국 대통령 자리에 올랐고, 재임하는 동안 언론에 매우 실망하게 되었다. 가장 큰 이유 중 하나는 언론들이 연방주의와 반연방주의로 나뉘어 서로 싸우고 대립하느라 권력의 감시와 견제는 뒷전이었기 때문이다. 특히, 반연방주의자로서 제퍼슨은 연방주의 신문의 공격을 참을 수가 없었다. 바로 이 시기에 제퍼슨에게 신문과 정부 중 무엇을 선택할지 물었더라도 같은 대답을 했을지는 의문이다. 아무튼 이런 사정을 봐서도 제퍼슨이 말한 '정부 없는 신문'이 언론에 의한 정치 권력의 감시와 견제라는 점을 잘 알 수 있다.

이제 우리는 미국 건국 과정의 특징과 토머스 제퍼슨의 일화를 통해 일반 화자와 언론 화자는 구분되어야 하고, 언론 화자는 특별히 정부, 또는 정치권력을 감시하고 견제하는 역할을 수행하는 특별한 화자라는 사실을 알게 되었다.

수정헌법 제1조에서 말하는 언론이란 무엇인가

수정헌법 제1조를 전공하는 교수이자 변호사로 활동 중인 소냐 웨스트Sonja West*는 언론예외주의, 즉 언론 조항의 보호 대상과 표현 조항의 보호 대상이 달라야 한다고 주장하는 대표적인 학자 중 한 명이다. 그런 그가 언론의 정의와 관련하여 무척 흥미로운 주장을 펼친 바 있다. 언론예외주의의 핵심은 표현 조항과 언론 조항의 보호 대상이 다르다는 것이고, 그러기 위해서 무엇보다 먼저 수정헌법 제1조에서 말하는 언론이 무엇인지 규명되어야 한다. 그런데 그는

---

* West, S. R. (2014). Press exceptionalims. Harvard Law Review, 127(2434), 2434-2463.

'언론은 무엇이다'라고 정의하기보다 민주주의 사회가 언론에게 기대하는 기능을 수행하는 사람이나 단체를 찾아서 그것을 언론이 아닌 것들로부터 식별해내는 게 더 낫다고 주장한다.

사실, 정의를 내리는 것은 무척 어려운 일이다. 수학과 같이 순수한 추상의 세계와 달리 언론처럼 현실 속에서 살아 움직이는 대상을 한 두 마디의 말로 단숨에 정의하기란 여간 어려운 일이 아니다. 수학에서 삼각형은 '내각의 합이 180도인 도형'으로 정의된다. 이것은 정의이기도 하지만 선험적 약속이기도 하다. '선험적 약속'이라 함은 경험 이전에 관념적으로 이미 정해 놓은 약속이라는 말이다. 한편 '선험적'이라는 말은 '경험 이전'이라는 의미도 있지만 '경험을 넘어서는'이라는 뜻도 있다. 삼각형은 정의상 내각의 합이 180도이지만, 땅바닥에 아무리 정교하게 삼각형을 그려도 내각의 합이 정확하게 180도가 될 수는 없다. 지구가 평평하지 않고 둥글기 때문이다. 즉, 삼각형에 대한 정의는 삼각형에 대한 우리의 실제 경험을 넘어선다.

그런데 언론과 같이 현실에 존재하는 대상, 그리고 현실 속에서 살아 움직이는 대상에 대해 '경험을 넘어서는' 정의를 내리는 일은 어렵기만 한 게 아니라 유용성이 없는 일이기도 하다. 그런 점에서 언론을 '경험을 넘어서' 정의하기보다 '경험 속에서' 찾아내어 식별하자는 주장은 꽤 일리가 있는 말이다.

웨스트의 말대로 언론을 현실 속에서 찾아내어 식별하기 위해서는 찾아낼 때 적용할 기준과 식별할 때 비교할 대상이 필요하다. 먼저, 찾아낼 때 적용할 기준은 앞에서도 말한 바 있듯이 민주주의 사회에서 언론에 기대하는 기능이다. 학자들마다 여러 가지 기능들을 말했지만 공통적으로 제시하는 기능은 크게 보아 두 가지이다. 하나는 공적 이슈에 대해 비교적 정확한 정보를 때맞춰 공중에게 전달하는 일과 관련된 것이고, 나머지 하나는 정부, 자본 등의 권력과 권력을 가진 사람들을 감시하는 일과 관련된 것이다.

웨스트는 언론을 식별해낼 때 비교할 대상으로 매우 흥미로운 개념을 제시하고 있다. 그것은 바로 '우연한 공적 해설가occasional public commentator'라는 개념이다. '우연한'이라는 말은 '어떤 상황 속에서 일시적으로'라는 뜻이다. 그러니까 우연한 공적 해설가란 어떤 상황 속에서 일시적으로 공적 사안에 대해 발언하게 된 일반 화자를 뜻한다. 예를 들어 설명하면 좀 더 이해가 쉽겠다.

광화문에서 커다란 집회가 열렸다. 그곳에는 집회에 참가한 사람들과 집회를 취재하는 기자들이 섞여 있다. 그런데 우연히 현장을 지나가던 사람이 집회에 관심을 갖고 유심히 지켜보게 되었다. 그러다가 관심이 커진 그 사람이 스마트폰을 꺼내 집회 현장을 녹화한 후 간략하게 자신의 의견을 덧붙여 SNS에 올렸다. 물론 그 사람은 기자가 아니다. 그러나 기자가 현장을 뉴스로 내보내기 위해 거쳐야 할 다른 절차를 거치지 않아도 되는 그 사람은 어느 언론사보다 현장의 영상을 가장 먼저 내보낸 사람이 되었다.

위의 예시에서 집회를 찍어 자신의 의견과 함께 SNS에 올린 일반인을 웨스트는 '우연한 공적 해설가'로 부른다. 그는 직업 언론인은 아니지만 집회라는 공적 사안에 대해 민주주의 체제가 언론에게 기대하는 일을 수행했다. 그것도 매우 빠르게. 만약 집회 참석자 중 누군가가 그 사람에게 영상을 촬영하지 말라고 제재할 수 있다. 하지만 그 사람은 '나에게는 표현의 자유'가 있다고 대답하면서 촬영을 계속할 수 있다. 그러나 그 사람에게 '언론의 자유'가 있다고 말할 수 있을까? 웨스트는 아니라고 말한다. 그는 그 집회에 대해 언론이 수행해야 할 기능을 수행한 것에 틀림없다. 하지만 그것은 '우연한' 일이기에 지속적이고 항시적으로, 그리고 효과적이고 영향력을 발휘하는 방식으로 그 기능을 수행하는 것은 아니다. 그리고 웨스트가 보기에 그 차이는 매우 크다.

웨스트는 우연한 공적 해설가와 달리 언론에게만 존재하는 특성이 있다고 말한다. 첫째, 언론은 취재 대상에 대해 일정 수준의 지식을 갖고 있다. 물론 이 지식은 학자의 것에 비할 바가 아니다. 그리고 그럴 필요도 없다. 하지만 특정 분야에 대해 오랫동안 취재를 해온 기자가 그 분야에 대해 갖고 있는 지식과 전문성은 꽤 상당한 수준이다. 게다가 개별 기자가 아니라 언론사 단위로 보자면 해당 언론사가 존재했던 역사만큼 취재·보도했던 기사와 취재 과정에서 얻게 된 정보가 지식의 형태로 축적되어 있다. 이것은 일반인들이 쉽게 가질 수 있는 게 아니다.

둘째, 언론은 편집국/보도국이라는 조직을 갖추고, 뉴스 가치 및 취재·보도의 방법과 범위에 대해 판단하고 그 결정에 책임을 진다. 그 결과의 선악을 떠나 이런 조직의 힘은 결코 우연한 공적 해설가가 가질 수 없는 장점이다.

그밖에도 언론은 중요한 정보를 시의적절하게 보도할 수 있는 조직적인 플랫폼을 소유하고 있고, 독자/시청자들에게 책무를 지니며, 전문직에 준하는 직무 기준과 윤리 의식을 요구받는다. 또한 언론은 재정과 시간을 투자하여 탐사보도를 수행할 수 있다. 탐사보도의 대상은 주로 권력의 비리와 부정이기 때문에 탐사보도를 위해 필요한 정보는 개인들이 접근할 수 없는 것들이다.

정리하자면 이렇다. 언론은 공적 사안에 대해 비교적 정확하고 시의적절하며 독립적으로 만들어진 뉴스를 시민들에게 제공한다. 공적 사안이 특별히 권력과 밀접하게 연관된 것이라면 그것의 전말을 밝혀 권력의 작동이 시민들에게 투명한 것이 되도록 감시한다. 그런데 이 일은 시민들도 할 수 있다. 우연히 공적 사안을 접하게 된 개인들도 디지털 미디어 기술에 힘입어 관련된 정보들을 비교적 쉽고 빠르게 시민들에게 전달하는 일이 가능하기 때문이다. 그러나 조직과 전문성을 갖춘 언론이 그 일을 개인보다 더 수월하고 뛰어나게 수행할 수 있다. 더구나 정기적이고 지속적으로, 빠르고 폭넓게 뉴스를 전달하는 일은 개인에게 기대하기 어려운 것이다. 권력의 작동을 감시하고, 부정과 비리가 발생했을 때 권력이 숨기려는 정보를 들춰내는 일은 조직과 전문성을 갖춘 언론에게도 쉬운 일이 아니다. 따라서, 우리는 필요한 조직과 전문성을 갖추어 공적 사안에 관해 비교적 정확한 뉴스를 시의적절하게 제공하고 권력을 감시하는 언론을 사회제도로 가지고 있는 것이 민주주의의 차원에서 보다 바람직하다고 말할 수 있다.

언론이 사회제도의 하나라는 것은 무엇을 의미하는가

우리는 민주주의 체제가 언론에 기대하는 기능과 역할이 개인에 의해 우연히 수행되는 것보다 사회제도로서 언론에 의해 체계적이고 조직적으로 수행되는 것이 훨씬 더 바람직하다는 점에 대해 이야기했다. 그렇다면 언론이 사회제도라는 사실은 구체적으로 무엇을 의미하는가?

언론이 사회제도의 하나로 존재해야 한다는 사실이 의미하는 바를 이야기하기 위해서는 다시 미국 건국의 아버지들에게로 돌아갈 필요가 있다. 그들은 어느 누구도 권력을 독점해서는 안 되며, 주권을 위임받은 권력자의 통치 행위 또한 적절하게 견제받아야 한다고 믿었다. 그러기 위해서 모든 권력을 한 손에 쥐고 있던 절대군주와 달리 행정권, 입법권, 사법권을 확실하게 분리하여 권력이 한 곳에 집중될 수 없는 민주적 통치 구조를 설계하고자 했다. 삼권을 분립시켜 서로를 견제하게 만들어놓고도 여전히 불안했던 그들은 행정, 입법, 사법의 3부를 감시할 제4부의 존재를 꿈꿨다. 그러나 제4부가 정부 내에 존재하게 되면 스스로 권력이 될 수도 있기 때문에 그들은 정부 바깥에 제4부가 존재하기를 원했다. 언론은 바로 제4부의 기능과 역할을 부여받음으로써 사회제도 중 하나로 여겨지게 되었다.

언론이라는 제4부가 정부 바깥에 존재하는 것은 독립적이고 자율적인 권력 감시를 위해서 반드시 필요한 일이다. 그러나 그만큼 아무런 힘이 없는 존재가 되는 일이기도 하다. 권력은 강하다. 건국의 아버지들이 그것의 집중을 두려워할 만큼 강하다. 모든 권력을 한 손에 쥐고 있었던 절대군주가 스스로를 하늘이나 태양에 비유할 만큼 권력은 강력하다. 우리나라의 옛 왕들도 마찬가지였다. 들에 핀 이름 없는 풀 한 포기조차 군주의 소유물이고, 군주는 무엇을 해도 부끄러워하지 않는다고 할 만큼 못할 일도 없었다. 그렇게 강력한 권력을 정부 바깥에 존재하는 언론이 어떻게 감시하고 견제할 수 있을까? 스스로 권력이 되어서는 안 되지만 권력을 감시할 만큼은 강해야 하는 언론. 모순 같은 이 요구를 어떻게 해결할 것인지가 문제이다.

나는 언론예외주의가 바로 이런 모순을 해결하기 위해 건국의 아버지들이 떠올린 묘안이었다고 생각한다. 수정헌법 제1조가 민주주의 체제에서 시민들에게 부여된 권리를 나열한 것에 불과하다면 표현의 자유와 언론의 자유를 따로 명기할 필요가 없다. 오히려 헌법적 중복 문제를 일으켜 사후에 대법관들의 머리만 복잡하게 만들 뿐이다. 게다가 종교의 자유나 집회권, 청원권과 달리 표현의 자유만 중복적으로 보장하여 다른 자유나 권리를 차별하는 이유가 무엇인지 설명할 방법도 없다. 헌법적 중복 문제를 해소할 수 있는 유일한 방법은 건국의 아버지들이 종교의 자유, 표현의 자유와 같은 보편적인 시민권 속에 언론의 자유를 포함시킴으로써 스스로 권력이 되어서는 안 되는 언론에게 권력을 감시할 수 있는 헌법적 힘을 부여한 것이라고 보는 것이다.

이것은 표현의 자유와 언론의 자유가 상당히 다른 성질의 자유라고 주장하는 셈이 된다. 사실, 수정헌법 제1조가 헌법적 중복을 일으키지 않기 위해서라도 그래야만 한다. 그렇다면 표현의 자유와 언론의 자유는 구체적으로 어떻게 다른 것일까?

표현의 자유는 양심의 자유의 하나로서 생각한 바를 자유롭게 표현할 자유를 말한다. 이는 민주주의 사회의 시민이라면 누구에게나 주어진 것이다. 다른 사람의 권리를 침해하지 않는 범위 안에서 제한 없이 누릴 수 있다. 이런 종류의 권리는 그것을 모든 인간에게 부여하는 것 자체가 목적이다. 인간이라면 누구나 누릴 수 있어야 하고, 그렇게 보편적으로 보장된다는 사실 자체가 민주주의 체제의 목적 중 하나라는 말이다. 그리고 표현의 자유는 모든 개개인에게 불가침의 권리로 주어져 있기 때문에 주관적 자유이며, 다른 목적을 위한 수단으로 부여되는 게 아니라는 점에서 무조건적 자유이다.

한편 언론의 자유는 언론이 제4부로서 기능과 역할을 잘 수행할 수 있기 위해 필요한 최소한의 안전장치와 같다. 막강한 권력을 감시하기 위해 나약한 언론에게 주어진 최소한의 힘이 언론의 자유이다. 권력을 감시하는 언론을 이유 없이 핍박하는 것은 헌법이 보장하는 언론의 자유를 침해하는 일이 되게 함으로써 권력이 언론의 권력 감시 기능을 훼손하지 못하게 만드는 것이다. 이런 이유로 언론의 자유는 제4부, 즉 사회제도로서 언론에게 부여된 자유이기 때문에 객관적 자유이며, 권력을 감시하는 데 필요한 수단으로 주어진 것이기 때문에 조건적인 자유이다. 그리고 권리의 소유를 주장만 할 게 아니라 권력을 감시하는 일에 적극적으로 활용해야 하는 권리이기 때문에 적극적인 자유이기도 하다.

언론의 자유가 객관적이고 조건적이며 적극적인 자유라는 말이 갖는 함의는 무엇일까? 민주주의 사회에서 시민이 표현의 자유를 갖기 위해 따로 가져야 할 책임이나 수행해야 할 임무 따위는 없다. 다른 사람의 기본권을 침해하지 않는다면 그것을 적극적으로 행사하든 말든 그것 또한 개인의 자유이다. 어느 정도 침해가 되었을 때 침해되었다고 느끼는지 또한 사람에 따라 다를 수 있다. 그 대신 누군가가 표현의 자유를 침해당했다고 느낀다면 그것을 판단하기 위해 당사자 이외에 제3의 기준을 끌어올 필요도 없다. 민주주의 사회에서는 시민 개개인 모두에게 표현의 자유가 보장되어 있다는 사실 그 자체가 가장 중요하고, 그것으로 무엇을 하든지 그 또한 개인의 자유이다.

언론의 자유는 객관적이고 조건적이며 적극적인 자유이기 때문에 그것을 행사하는 것에는 상당한 정도의 책임이 따른다. 이 말의 뜻을 분명하게 하기 위해 이렇게 생각해보자. 기자도 민주주의 사회의 시민 중 한 명이다. 그러니 표현의 자유를 누리는 것은 당연하다. 다른 사람의 기본권을 침해하지 않는 범위 안에서 그는 말하고 싶은 것을 말하고 쓰고 싶은 것을 쓸 자유를 누린다. 물론 그에게는 말하거나 쓴 것을 널리 퍼뜨릴 자유도 있다. 그런데 그는 기자이기 때문에 언론의 자유도 누린다. 여기에서 적어도 두 가지 의문점이 생긴다. 첫째, 왜 기자가 아닌 나에게는 표현의 자유밖에 없는데 기자인 그에게는 표현의 자유와 언론의 자유가 모두 주어진 것일까? 나의 시민성과 기자의 시민성 사이에 차등이 있는 것인가? 둘째, 표현의 자유가 보호하는 기자의 말이나 글과 언론의 자유가 보장하는 기자의 말이나 글은 다른 것인가?

표현의 자유와 언론의 자유가 서로 구분되는 자유가 아니라면 기자에게만 두 가지 자유를 모두 부여할 그 어떤 도덕적 명분도, 법적 근거도 없다. 반대로, 기자가 스스로에게 부여된 자유는 표현의 자유 단 하나뿐이라고 생각한다면, 그래서 기자와 기자가 아닌 시민 사이에 아무런 권리의 차이가 없다고 주장한다면 이것은 기만이다. 국가와 정부는 기자에게 일반 시민들에게는 허용되지 않은 공간과 정보에 대한 접근을 허락하고 있다. 기자는 매일 대통령실에서 대통령을 만나 질문을 할 수 있고, 외국 순방에 나서는 대통령을 취재하기 위해 대통령 전용기에 동승할 수도 있다. 시민들에게는 허용되지 않는 이 모든 '특권'이 표현의 자유를 행사한 결과라고 할 수 있겠는가? 기자에게는 표현의 자유와 함께 언론의 자유가 보장되어 있기 때문에 누리는 특권이 있다.

그렇다면 표현의 자유가 보호하는 기자의 글이나 말과 언론의 자유가 보호하는 기자의 글이나 말이 따로 있는 것일까? 나는 따로 있다고 본다. 그렇다고 해서 표현의 자유가 보호하는 내용이 따로 있고 언론의 자유가 보호하는 내용이 따로 있다는 말이 아니다. 이렇게 이야기해보자. 기자가 개인 자격으로 자신의 SNS에 글을 올렸다. 정부를 비판하는 글일 수도 있고, 어제 국밥을 먹으러 간 식당의 점원이 불친절해서 기분이 나빴다는 글일 수도 있다. 이 글의 구체적인 내용에 대해 어느 누구도 무어라 말할 수 없다. 그 내용이 또 다른 사람의 기본권을 침해하는 것이 아니라면 말이다. '그렇군.' 하고 지나가면 될 일이다. 만약 내용이 마음에 들지 않거나 생각이 다른 사람은 각자 자신의 견해를 자신만의 방법으로 표현하여 논쟁하면 될 일이다. 이때 반박하는 말이나 글에 대해서도 표현의 자유는 폭넓게 보장되어야 한다. 이 또한 그 표현이 다른 사람의 기본권을 침해하지 않는다면 말이다.

한편 기자는 정부를 비판하는 글을 기사로 쓸 수 있다. 어제 방문했던 식당의 점원이 불친절했다고 문제 삼는 칼럼을 쓸 수도 있다. 그런데 이 글의 내용에 대해서는 무어라 할 수 있다. 정부 당국자는 무슨 근거로 정부를 비판하는지 따져 물을 수 있고, 반대되는 주장을 발표할 수도 있다. 기사로 인해 피해를 입었다고 생각하는 사람은 언론중재위원회나 방송통신심의위원회 등에 문제를 제기할 수도 있다. '그렇군.' 하고 지나가면 될 일은 아닌 것이다.

언론의 자유가 표현의 자유와 다를 바가 없다면 두 가지 차이는 생겨서는 안 되는 것이다. 물론 둘을 분리하여 따로 보호할 필요도 없다. 그럼 이 두 가지 자유를 같은 듯하지만 다르게 만드는 요인은 무엇일까? 그것은 바로 언론의 자유에는 표현의 자유에 비해 상당한 정도의 사회적 책임이 따른다는 사실이다.

언론의 자유와 사회적 책임

　이제 우리는 개인이 자신에게 표현의 자유가 있다고 주장하는 것과 사회제도로서 언론이 언론의 자유를 지닌다고 주장하는 것이 얼마나 다른 이야기인지 알게 되었다. 사회제도로서 언론에 부여된 언론의 자유에는 사회적 책임이 따른다. 평범한 사람들에게는 주어지지 않는 특별한 권리로서 언론의 자유에는 민주주의 체제가 그것을 통해 이루고자 하는 목적이 명확하게 존재한다. 그 목적을 위해 제대로 쓰일 때 언론의 자유는 진정한 의미를 가지는 것이며, 언론에는 그래야 할 사회적 책임이 있다. 그렇다면 언론의 자유와 함께 언론에 부여된 사회적 책임은 구체적으로 무엇일까?

　언론의 자유와 함께 언론에 부여된 사회적 책임 중에서 첫 번째로 언급해야 할 것은 제4부로서 권력을 감시하는 역할이다. 민주주의 체제에서 언론에는 권력의 바깥에서 권력이 민주적으로 운용되도록 감시해야 할 책무가 주어졌다. 이에 대해서는 이미 앞에서도 자세하게 이야기한 바 있지만, 여기에서 다시 한 번 강조해야 할 것은 언론의 권력 감시 역할은 권력의 바깥에서 이루어져야 한다는 점이다. 언론 스스로 권력이 되어서는 안 된다는 말이다. 이것은 보다 구체적으로 두 가지를 의미한다. 첫째, 권력 바깥에서, 즉 권력 없이 권력을 감시해야 하기 때문에 언론의 자유라는 특별한 권리가 주어질 수 있다. 권력 없이 권력을 감시해야 한다는 사실이 언론의 자유라는 특권을 언론에게 부여할 수 있는 명분이 된다. 둘째, 언론이 스스로 권력이 되거나 권력을 추구할 경우 그런 언론은 누가 감시할 것인가의 문제가 생긴다. 뿐만 아니라 기존 권력과의 적대적인 관계 속에서 권력을 추구하는 게 쉽지 않다는 점에서 권력을 추구하는 동안 언론이 기존 권력을 제대로 감시할 것이라고 기대하기 어렵다.

언론에게 주어진 언론의 자유라는 특권은 언론이 권력을 감시하는 책무를 수행하기 위해 필요한 수단으로 부여된 것이다. 따라서, 언론이 어떤 행위를 하더라도, 어떤 목적을 추구하더라도 언론이 하는 모든 행위가 언론자유의 보호대상이 된다고 볼 수는 없다. 언론이 상업적 이익을 추구하기 위해 뉴스 가치가 크지 않은 일을 자극적으로 보도하는 일에 있어서까지 언론의 자유가 필요한 것은 아니다. 기업으로서 언론사, 경영자로서 언론사주와 경영진에게는 자본주의 체제가 부여하는 사유재산권 행사의 자유가 있기 때문에 상업적 이익을 추구하는 행위 자체를 근본적으로 문제 삼을 수는 없다. 그러나 그 행위가 언론자유의 보호 대상일 수는 없다. 적어도 언론의 자유는 그런 행위를 보호하기 위한 목적으로 주어진 게 아니다. 수정헌법 제1조가 만들어지던 시대와 달리 현대사회는 자본주의가 고도로 심화된 사회이다. 미국을 건국한 아버지들이 우려했던 것은 견제받지 않는 정치권력이었지만, 현대사회에서 정치권력 못지않게 무서운 것은 감시받지 않는 자본권력이다. 정치권력은 언론의 감시와는 별개로 주기적인 선거를 통해 주권자의 심판을 받아야 한다. 자본주의가 심화됨에 따라 막강해진 자본권력은 기본적으로 사적 권력이기 때문에 공적 감시로부터 일정 정도 벗어나 있다. 게다가 사적 권력인 만큼 시민들의 일상에 미치는 영향력은 막강하면서도 그 작동 방식은 매우 은밀하기 때문에 감시의 필요성은 오히려 더 크다. 이런 이유로 현대 언론에 부여된 권력 감시의 대상은 정치 권력에만 국한되지 않는다. 권력 바깥에서 정치권력을 감시해야 하는 책무만큼이나 언론에게는 자본권력을 감시하기 위해 자본권력으로부터 독립성을 유지할 필요가 있다.

권력 감시의 근본적인 주체는 주권자인 시민에게 있다는 사실 또한 중요하게 언급해야 한다. 언론의 권력 감시는 언론의 자유를 매개로 주권자에 의해 위임된 것이거나, 적어도 주권자인 시민의 권력 감시를 원활하게 만들거나 돕는 것이어야 한다. 그렇기 때문에 언론의 일차적인 임무는 권력의 작동과 작동방식에 대한 정보를 시민들에게 비교적 정확하고 시의적절하게 제공하는 것이다. 감시한다는 것은 감춰진 것 또는 은밀한 것을 드러내는 일이다. 감시받는 대상에게 감시받는다는 것은 자신의 말과 행위가 투명하게 공개되는 것을 의미한다. 이런 점에서 정보 제공과 권력 감시는 근본적으로 크게 다른 일이 아니다. 이것을 분명하게 하는 일이 중요한 이유는 정파적인 언론이 권력 감시, 보다 정확하게는 권력 비판이라는 명분으로 상대 정파를 공격하는 일과 건전한 권력 감시를 구분해야 할 필요가 있기 때문이다. 더 중요한 것은 사실에 대해 정확하고 깊이 있게 취재하여 보도하지 않으면서 부족한 근거로 강도 높게 비판만 하는 것은 권력 감시가 아니라는 점을 명확하게 하는 것이다. 권력을 둘러싸고 벌어진 일에 대해 비교적 정확하고 깊이 있는 정보에 근거하지 않은 채 비난에 가까운 비판만으로 '사건'을 '논란'으로 전환시키고 나면 정당한 감시가 들어설 틈은 점점 사라진다. 정파적인 주장과 상대방을 향한 비난만 난무하는 가운데 시민들이 사태를 파악하는 일은 점점 불가능에 가까워진다. 이것은 사건의 책임을 져야할 당국자와 권력자에게만 좋은 일이다. 결국 시민들은 권력에 관한 정보도 제대로 제공받지 못하고 감시도 제대로 하지 못하는 상황에 처하게 된다.

모든 개념이 그러하듯이 언론의 자유 또한 역사성을 가진다. 언론자유의 의미를 제대로 이해하기 위해서는 그 개념이 만들어진 역사적 맥락을 충분히 고려해야 한다는 말이다. 수정헌법 제1조가 비준된 때가 1791년이다. 당시에 언론은 지금 우리가 알고 있는 언론이나 미디어 기업과 비교할 수 없을 정도로 작고 보잘것없는 것이었다. 반면에 당대 사람들은 절대왕정을 통해 정치권력의 무서움을 뼈저리게 경험했다. 이런 역사적 맥락을 고려하면, 당시로서는 언론의 자유를 포함하여 모든 민주적 기본권을 침해할 소지가 있는 잠재적 요인은 국가 또는 정치권력 하나뿐이었으며, 그런 정치권력을 제대로 견제하고 감시하기에는 너무나 작고 보잘것없는 언론에게 사회적 책임을 묻는다는 것은 상상하기도 어려운 일이었을 것이다.

그러나 지금은 더 이상 18세기 말이 아니다. 그때에 비하면 많은 것들이 달라졌다. 무엇보다도 더 이상 국가는 시민의 권리를 침해할 소지가 있는 유일한 잠재 요인이 아니다. 자본주의가 발달함에 따라 자본권력이 매우 강해졌다. 신자유주의 이데올로기는 한때 정치의 대상이었던 많은 영역을 경제의 대상으로 만들었다. 경제원리가 최고 원리로 적용될 수 없거나 그래서는 안 되는 영역에까지 경제원리가 최고의 가치로 주입되었다. 정치의 영역이 줄어들수록 시민의 권능도 약화된다. 정치권력은 시민에게 책임을 진다. 선거는 그 책임의 가장 대표적인 제도적 표현이다. 정치과정에는 직·간접적으로 시민의 참여가 보장된다. 하지만 자본권력은 기본적으로 사적 권력이다. 자본권력은 시민에게 책임을 지는 게 아니라 주주에게 책임을 지거나 자본 자체에 책임을 진다. 정치원리가 경제원리로 대체될수록 시민의 권능은 줄어들고 자본의 권능은 커지게 된다.

현대사회에서 언론은 더 이상 작고 보잘것없는 존재가 아니다. 언론이 정치권력과 자본권력보다 강하다고 말하기는 어렵지만, 정치권력, 자본권력과 함께 지배블록을 형성할 정도로 강력한 힘을 가졌다고 말할 수 있다. 기득권의 힘이 여전한 가운데 언론의 힘이 강해질수록 줄어드는 것은 시민의 권능이다. 언론이 덩치가 커진 만큼 언론의 자유라는 특권을 조심스럽고 책임감 있게 휘둘러야지, 그렇지 않으면 더 작고 나약한 시민들이 다칠 수도 있다. 힘이 커질수록 그에 걸맞게 책임도 커져야 한다는 말이다. 앞에서도 살펴보았듯이 언론의 자유는 주권을 위임한 시민을 대신하여 권력을 감시하기 위해 부여된 조건적이고 적극적인 자유이다. 그런 점에서 표현의 자유가 언론이라는 사회제도에 위임된 것이라고 볼 수 있다. 언론이 취재보도의 대상과 범위를 일일이 국민에게 물어서 결정할 필요는 없지만, 언론의 자유가 시민의 표현자유를 위축시키는 방향으로 행사

된다면 언론의 자유는 존재 가치를 잃는다. 이것은 언론이 시민의 입을 막는다는 것을 의미하는 게 아니다. 시민이 궁금해하는 것이 아니라 권력이 알리고 싶은 것을 보도하고, 시민이 듣고 싶은 것이 아니라 권력이 말하고 싶은 것을 보도하는 것에 있어서도 언론은 자유를 누린다고 말하고 싶겠지만, 그렇게 하는 동안 시민의 표현자유는 크게 축소되고 권력은 감시받지 않게 된다.

주권을 위임받은 정부가 권력을 제대로 행사하는지 감시하는 것은 주권을 위임한 시민의 권리이다. 주권자인 시민을 대리하여 권력을 감시하기 위해 언론의 자유라는 특권을 부여받은 언론이 그 특권을 제대로 행사하는지 감시하는 것 또한 시민의 권리이다. 언론의 자유가 표현의 자유를 대행하는 이유는 개인의 표현자유가 조직과 자원을 갖춘 언론에 의해 대행될 때 훨씬 체계적이고 효과적으로 실현될 수 있다고 믿기 때문이다. 그렇기 때문에 언론이 언론의 자유를 폭넓게 향유할수록 시민의 표현자유 또한 풍요로워져야 한다. 이것이 바로 언론의 자유를 누리는 언론이 시민에 가져야 할 책임의 본질이 아닐까. 시민이 자유로워지기 위해 언론이 자유로워지는 사회. 언론이 자유로워질수록 시민이 자유로워지는 사회.

2장

언론자유라는
도그마와 언론의 책무

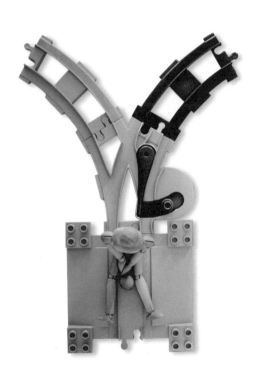

송 현 주

특권으로서 언론자유와 그 책무

　언론자유는 자유의 시작과 끝이라고들 한다. 언론자유는 모든 자유를 자유롭게 한다는 의미에서 시작이다. 언론자유는 자유의 최후 보루라는 의미에서 끝이다. 하지만 언론자유가 중요한 만큼 오해와 왜곡 또한 빈번하다. 일단 우리가 언론자유로 표현하는 말은 최소한 두 의미로 이해된다. 시민의 기본권으로서 헌법이 보장하는 언론자유와 사회적 제도로서 언론이 누리는 언론자유가 그것이다. 물론 두 언론자유는 중첩적이며 상호 밀접하게 연관되어 있기도 한데, 기본적으로 언론의 언론자유 또한 시민의 언론자유에 뿌리를 두고 있기 때문이다. 언론의 역할은 시민을 대리하는 것이고 시민의 언론자유가 신성한 만큼 그 대리자로서 언론의 언론자유 또한 신성하며 언론이 누리는 특별한 권리들도 정당화된다. 당연하게도 그 특권에는 책무도 수반된다. 하지만 시민의 언론자유와 언론의 언론자유가 혼용되고 동일시되면 어느 순간 대리와 그에 따른 언론의 책무는 언론자유의 그늘에 가려지게 된다. 여기에 언론이 시민의 대리자보다 계몽가를 자처하면 본말이 전도되고 꼬리가 몸통을 흔드는 지경에 이르게 된다. 언론의 폐해와 무책임에 대한 비판은 언론자유에 대한 위협으로 간주된다. 언론은 성찰과 반성보다는 자기합리화와 반발로 화답하는 것이다. 언론의 언론자유는 그렇게 도그마가 되어왔다. 하지만 이는 언론의 자기 부정일 뿐이다. 시민과 분리된 언론, 시민을 대리하지 않는 언론은 좀 더 큰 목소리와 스피커를 가진 또 다른 시민이 될 뿐이며 대리자로서 누려온 특별한 권리의 정당성은 훼손된다. 사회적 제도로서 언론이 스스로 자기 존재를 부정하면 시민의 언론자유와 민주주의는 위기에 빠지고 사회적 약자와 소수자의 자유와 권리도 위협받을 수밖에 없다.

간섭받지 않고 말할 자유

존 스튜어트 밀이 《자유론》(1859)에서 정의했듯 자유는 생각하고 싶은 대로 생각하고 자신의 의견을 말이나 글, 행동 등으로 마음껏 표현할 수 있으며 자신의 취향에 따라 원하는 대로 사람을 만나고 교류할 수 있는 상태를 말한다. 즉 타인의 간섭을 받지 않고 스스로 하고 싶은 일을 선택해 실행할 수 있는 상태가 자유다. 같은 의미에서 아이제이아 벌린(Isaiah Berlin, 2002)은 자유를 '소극적 자유 negative liberty'와 '적극적 자유positive liberty'로 구분하고 '간섭의 부재 absence of interference' 혹은 '불간섭noninterference'을 의미하는 소극적 자유를 자유의 본질적 영역으로 봤다. 영미 자유주의 정치철학에서 소극적 자유에 대한 공동체의 간섭은 그 어떤 선량한 의도나 명분에 의해서도 정당화될 수 없다. 소극적 자유로서 언론자유 또한 허가나 검열 같은 외부의 간섭 없이 개인이 자유롭게 자신의 지식이나 정보, 사상이나 의견을 말하고 쓸 수 있다는 것을 의미한다.

언론자유는 근대 시민혁명의 원동력이었다. 천 년 넘게 지속된 로마 가톨릭 교회뿐만 아니라 그 자리를 대신한 절대왕정 또한 전제군주에 반대하는 모든 표현을 검열함으로써 새로운 사회질서에 대한 열망을 억누르고자 했다. 1644년 발간된 불멸의 고전인 존 밀턴John Milton의 《아레오파지티카Areopagitica》는 부제(허가받지 않고 인쇄할 자유를 위해 영국 의회에 보내는 존 밀턴 씨의 글)에 서술된 그대로 검열에 대한 통렬한 비판이자 자유로운 표현에 대한 열렬한 옹호였다. 인간 이성에 대한 낙관론자였던 밀턴은 진리는 강하며 거짓과 다투면 결국 승리할 것이라 믿었다. 따라서 진리가 승리하도록 돕기 위한 정책, 곧 검열은 진리의 힘을 의심하는 부당한 일이며, 거짓으로 인해 진리의 가치가 더 빛날 수 있기 때문에 거짓을 말하는 것도 허용되어야 한다고 주장했다. 이른바 '자동조정의 원리the self-righting principle'를 통해 언론자유의 철학적 기초를 굳건히 다진 것이다.

언론자유에 대한 제도적 보장은 프랑스 혁명이 진행되던 1789

년 8월 국민의회가 선포한 〈프랑스 인권 선언Declaration of the Rights of Man and of the Citizen〉이 시초다. 자연법과 계몽사상을 바탕으로 근대 시민사회의 정치이념을 담은 〈인권선언〉은 '인간은 자유롭고 평등한 권리를 가지고 태어났다'는 제1조에서 시작해 종교의 자유와 언론자유를 보장하고 있는데, 구체적으로 제 11조에서는 언론자유와 함께 그 남용에 대한 법적 책임이 명시되어 있다. 헌법 제정을 위한 강령이기도 했던 〈인권선언〉은 1791년 프랑스 헌법의 전문으로 채택됐고 이후 세계 각국의 헌법에 커다란 영향을 미쳤다. 프랑스 계몽주의 사상의 영향을 받은 미국 '건국의 아버지들The Founding Fathers', 특히 제임스 매디슨James Madison과 토머스 제퍼슨은 가장 강력한 언론자유 보호 조항을 제정했다. 수정헌법 제1조에 의회가 언론자유를 제한하는 그 어떤 법률도 제정할 수 없다고 못 박음으로써 언론자유를 최대한 보장하고자 했던 것이다.

우리 헌법 또한 언론자유를 보장하고 허가와 검열을 인정하지 않고 있다. 그런데 우리 헌법의 언론자유는 명징한 용어가 아니다. 〈프랑스 인권 선언〉에서는 말하고 쓰고 출판할 자유로, 미국 수정헌법 제1조도 말할 자유freedom of speech로 서술하고 있는데, 이를 포괄하는 용어는 '표현의 자유freedom of expression'다. 우리 헌법 제21조에서는 언론·출판의 자유를 규정하고 있다. 제22조에서 학문과 예술의 자유를 보장하고 있지만 그 자유로운 표현에 관한 별도의 조항이나 문구는 없다. 앞서 언론·출판의 자유를 규정하고 있기 때문이다. 또한 제21조 4항에서는 언론자유가 공중도덕이나 사회윤리를 침해해서는 안 된다고 규정하고 있는데 이는 언론자유보다는 외설과 같이 표현의 자유의 한계에 더 어울린다. 따라서 우리 헌법에서 말하는 언론자유는 실제로는 포괄적 차원에서 표현의 자유를 의미한다고 이해해야 한다. 사소해 보일 수도 있지만 헌법 조항의 용어에 대한 정확한 이해는 시민의 언론자유와 언론의 언론자유를 혼동하지 않기 위한 전제라는 점에서 중요하다. 예외적으로 미국 수정헌법 제1조에서 시민의 말할 자유freedom of speech와 언론의 자유freedom of the press를 구분하고 있지만, '언론의 자유'의 의미에 대한 해석은 여전히 분분하다. 우리 헌법은 표현의 자유를 언론자유로 대체하고 있기 때문에 언론의 언론자유를 특별히 규정하는 조항은 없다고 보는 것이 올바른 해석이다.

소극적 자유로서 언론자유는 그 제한의 조건이 명확하고 구체적이어야 한다. 소극적negative이라는 의미가 그러한데, 특정 요건에 해당할 경우에만 언론자유를 제한할 수 있다는 것이다. 밀이《자유론》에서 제시한 자유의 한계는 누군가에게 해악을 주고자 다른 사람을 해쳤을 때다. 행위 자체의 위해성뿐만 아니라 그 악의적 의도를 동시에 충족해야 한다는 의미다. 이러한 일반론은 헌법과 법률, 판례 등을 통해 크게 두 갈래로 확립됐다. 첫 번째는 주로 공공 안녕을 목적으로 언론자유를 제한할 수 있는 '명백하고 현존하는 위험clear and present danger' 원칙이다. 말 그대로 막연하게 폭력을 옹호하거나 부추길 수 있다는 예단이나 추정이 아니라, 그 위험이 명백할 뿐만 아니라 즉각적으로 발생할 것이 증명되어야만 언론자유나 집회의 자유는 제한될 수 있다. 첫 번째 기준과 관련해서 우리 사회의 여전한 논란은 국가보안법 제7조다. 국가의 존립이나 안전, 자유민주적 기본질서를 위태롭게 한다는 조건이 대단히 포괄적이고 불명확해서 언론자유를 과도하게 제약한다는 것이다. 헌법재판소는 그동안 수차례의 위헌 심판에서 제7조가 명백한 위험이 있을 경우로 축소 적용된다면 합헌이라고 모호하게 판결해왔다. 사실 국가보안법의 존치는 우리나라 언론자유가 저평가되는 근본 원인 중 하나다. 예를 들어 '국경없는기자회'가 매년 발표하는 언론자유지수를 결정하는 요인 중 하나는 언론에 대한 공격이나 처벌이다. 민주화 이후 우리나라 언론자유가 지속적으로 확대돼왔음에도 불구하고 40위권에서 정체되는 주된 이유 중 하나도 국가보안법이라고 볼 수 있다. 두 번째는 '실질적 악의actual malice'다. 지엽말단이 아니라 주요한 사실이 허위여야 하고 허위사실임이 증명되더라도 당사자가 허위 여부를 알고 있었거나 허위 여부를 확인하는 과정에서 중대한 과실을 범해야만 책임을 물을 수 있다는 원칙이다. '실질적 악의' 원칙은 주로 명예훼손과 관련한 사후 처벌이나 손해배상, 즉 '위축효과chilling effect'를 통한 언론자유의 제한과 관련돼 있다. 관련 법 조항 자체만 보면 우리나라는 명예훼손에 대한 책임을 그 어느 나라보다 엄중히 묻고 있다. 헌법 제21조에 언론·출판은 타인의 명예나 권리를 침해해서는 안 되고 침해한 때에는 피해자가 배상을 청구할 수 있도록 규정하고 있다. 손해배상 청구뿐만 아니라 처벌도 가능하다. 형법 제307조 1항은 사실을 공개해 명예를 훼손한 경우도 처벌할 수 있도록 규정하고 있다. 참고로 미국의 경우 명예훼손에 대한 처벌은 사문화됐고 손해배상 책임만 따진다. 허위사실로 명예를 훼손하면 처벌은 당연히 더 무거워진다(2항). 신문이나 방송같이 파급력이 큰 매체를 통해 명예를 훼손할 경우 처벌이 가중된다(제309조). 반면 제310조에서는 진실이고 공익에 관한 내용일 때에만 책임을 면할 수 있다고 명시하고 있어서 '실질적 악의'의 원칙은 적용될 여지가 없다. 그런데 법 적용에서는 그렇게 엄격하지 않다. 일단 다수의 명예훼손 민형사 소송에서 '의견'이나 '평가'의 범위를 폭넓게 해석해서 책임져야 할 '사실'의 범위가 좁혀졌다. '공산주의자'나 '빨갱이'라는 주장은 사실관계를 표현한 것이 아니라 주관적 평가이기 때문에 명예훼손의 책임을 물을 수 없다는 것이다. MBC〈피디수첩〉의 광우병 보도와 관련한 소송에서는 공표 내용에 허위사실이 포함돼 있더라도 사실로 믿을 만한 정당한 사유가 있다면 처벌하지 않는다는 '실질적 악의' 원칙을 수용한 판례가 확립됐다.

관련해서 언론중재법 개정을 둘러싼 논란을 살펴볼 필요가 있다. 잘 알려진 것처럼 언론중재법 개정안의 핵심 내용은 '배액 배상'이었다. 단순하게 말하면 '실질적 악의'가 있었음이 증명됐을 때 혹은 없었음을 증명하지 못했을 때 손해배상액을 대폭 증액한다는 것이다. 명예훼손과 관련한 언론자유의 제한 요건 혹은 책임 면제 요건인 '실질적 악의' 원칙을 건드리지는 않는다. 논점은 증액된 손해배상액이 언론자유를 과도하게 위축시키는지의 여부였을 뿐이다. 온갖 논란과 갈등이 빚어졌지만 의외로 단순한 문제였던 것이다. 일단 그동안 우리나라 법원이 인정한 손해배상액 규모를 확인할 필요가 있다. 한 연구에 따르면 2005년부터 2019년까지 확정된 우리나라의 명예훼손 손해배상액의 중앙값은 조정사건 100만~350만 원, 소송사건 350만~2,750만 원으로 나타났고 물가상승률을 고려했을 때 점차 낮아지는 추세인 것으로 분석됐다(김정민·황용석, 2021). 언론중재위원회가 발표한 2019년 통계도 크게 다르지 않다. 손해배상액 평균은 1,460여만 원, 중앙값은 500만 원, 최빈값도 500만 원이었다. 표준이 500만 원인 것이다. 언론중재제도의 변화나 언론 매체의 증가 등등이 영향을 미쳤을 수 있으나, 그렇다 하더라도 언론자유의 오남용 피해를 예방하거나 발생한 피해를 구제하기에는 너무 적은 액수인 것이다. 관련해서 참고할 만한 사례는 2019년 명예훼손 손해배상액 중 최고치 6,000만 원을 지급하도록 한, 세월호 침몰 당시 인터뷰로 유명해진 민간잠수사에 대한 디지틀조선일보의 명예훼손 사건이다. 디지틀조선일보는 〈조선닷컴〉과 〈더 스타〉에 2014년 4월 18일부터 28일까지 약 열흘에 걸쳐 민간 잠수사 ○○○씨가 유명 연예인의 사촌 언니, 모 야구선수의 여자친구, 일본 교민, 연예부 기자 등을 사칭한 허언증 환자이자 정신질환자이고, 언론 인터뷰도 모두 거짓이라는 내용의 기사 31건을 게재했다. 해당 기사를 쓴 기자는 인터넷 커뮤니티의 게시판에 올라온 자료를 봤을 뿐 사실관계를 추가로 조사하거나 확인하지 않았다. 민간 잠수사 ○○○씨는 해당 보도로 인해 심각한 스트레스를 받았고 악성 댓글에 시달렸으며 대인관계 기피 및 불안감으로 정신과 치료도 받아야 했다. 이 모든 피해에 대한 손해배상액이 6,000만 원인 것이다. 배액배상제가 도입돼 금액이 1억 8,000만 원 정도로 커진다 한들 피해에 대한 보상이 충분하다고 할 수 없다. 배상액이 디지틀조선일보의 언론자유를 과도하게 위축시킨다고는 더더욱 말할 수 없다. 만약 디지틀조선일보가 당시 세월호 침몰로 수세에 몰린 박근혜정부를 감싸려는 목적에서 허위 기사를 쏟아냈던 것이라면 6,000만 원과 소송비용을 훨씬 웃도는 정치적 이익을 얻었다고도 볼 수 있다. 우리나라 법원이 산정해서 선고하는 손해배상액은 '실질적 악의'를 위축시키기에는 너무 적다는 것이다. 정작 '실질적 악의'의 원칙을 확립해 언론자유를 가장 두텁게 보호하고 있는 미국에서는 실질적 악의가 증명될 경우 천문학적 손해배상금이 부과된다. 최근 사례로 CNN과 〈워싱턴 포스트〉를 상대로 한 손해배상 소송을 들 수 있다. 2019년 1월 워싱턴DC에서 한 원주민 인권운동가는 낙태 반대 집회를 열던 보수성향의 고등학생들 중 한 명이 자신을 위협하고 모욕했다고 주장했다. 당시 확보된 영상에는 원주민 인권운동가의 항의에도 불구하고 고등학생은 침착하게 웃고 있는 모습이 담겨 있었는데 CNN과 〈워싱턴 포스트〉 등 주요 언론은 해당 고등학생이 원주민을 비웃고 있으며 그 이전에 인종차별적 행위를 했다고 보도했다. 그러나 이후 학생들이 오히려 피해자라는 점이 밝혀졌다. CNN과 〈워싱턴 포스트〉 등도 정정 보도를 냈지만 명예훼손 소송을 피할 수는 없었고 CNN은 2억 5,000만 달러 소송에 합의할 수밖에 없었다. 미국에서는 언론이 수백억대 위자료나 합의금 때문에 파산하는 사례가 드물지 않다. 물론 나라마다 명예훼손을 판단하는 기준도 다르고 손해배상액을 산정하는 방식도 다르기 때문에 우리나라의 손해배상액도 저 정도 수준으로 높여야 한다는 말은 아니다. 다만 우리나라 법원이 선고하는 손해배상액이 배액배상제를 도입해도 피해를 보상하기에 부족하고 언론자유를 위축시킬 정도는 더더욱 아니라는 점은 분명하다.

　마지막으로 소극적 자유에 대한 자유지상주의적 오해도 지적할 필요가 있다. 자유주의는 소극적 자유, 즉 '간섭의 부재'를 자유의 본질적 영역으로 간주하지만 그 자체를 최대한 확장되어야 할 규범적 가치로 내세우지는 않는다. 소극적 자유 개념을 창안한 토머스 홉스(Thomas Hobbes, 1994)에게 소극적 자유는 사회정치적 자유뿐만 아니라 물체의 자유 낙하 등을 기술하기 위한 일반적 개념으로 그 어떤 규범적 의미도 포함하고 있지 않다. 오히려 홉스는 정글과 같은 자연 상태를 극복하기 위해 자유를 양도하는 계약에 따라 국가 commonwealth가 성립했다고 주장했다. 밀이나 벌린 등 자유주의자들에게 중요한 문제는 간섭의 부재를 보장받아야 할 개인적 자유의 최소 영역을 정하는 것이지 사회적 개입을 무작정 부정하는 것은 아니었다. 자유주의에서는 간섭 여부보다 무엇이 간섭받았는가가 중요하고, 법이 정하는 자유의 한계는 자유를 제약하는 동시에 보호하는 장치가 된다. 따라서 법에 의해 간섭받을 수도 있지만 불확실성에 따른 종속에서 벗어날 수도 있다. 이는 신공화주의에서 말하는 자유의 의미와 일맥상통한다. 대표적인 신공화주의자 필립 페팃(Phillip Petit, 1997)에 따르면 자유는 간섭의 부재가 아니라 누군가의 의지에 종속된 상태, 즉 지배domination 혹은 예속servitude의 반대말이다. 법치주의 원리처럼 법에 의한 지배는 타인의 자의적인arbitrary 지배에서 벗어나게 해준다는 의미에서 자유에 대한 간섭이 아니라 자유의 필요조건이 된다. 자유에 대한 제약을 해석하는 지점에서 자유주의는 자유지상주의libertarianism와 차별화되는 동시에 신공화주의의 비지배non-domination 자유 개념을 일부 공유하게 된다. 언론자유를 보장·제한하는 헌법·법률 조항이나 판례를 통해 확립된 원칙을 넘어서는 무제한의 언론자유는 자유지상주의의 편향된 이상일 뿐이다. 자유주의적 관점에서 봐도 그럴 뿐만 아니라 신공화주의적 관점에서 보면 그 의미가 더더욱 분명해지듯이, 한계를 구체화하고 명확히 해서 자의적 해석과 적용의 여지를 줄이는 것이 곧 비지배 자유로서 언론자유를 확장하는 길이다. 역사적 맥락과 사회정치적 의미를 따지지 않고 간섭받지 않는 언론자유를 절대적 '선'으로 보고 그 어떤 제한도 '악'으로 간주하는 것은 도그마에 지나지 않는다.

알아야 할 것을 알권리

소극적 언론자유를 누리는 주체는 기본적으로 시민 개인이다. 언론은 단지 시민의 일부이거나 한 유형일 뿐이다. 법이 보장하는 시민의 언론자유와 언론의 언론자유도 다르지 않고 언론자유의 오남용에 대한 법적 책임도 동일하다. 앞서 살펴본 것처럼 명예훼손의 책임 면제 사유에 대해 형법과 언론중재법이 다르게 규정하고 있지만, 실제 판결에서는 '실질적 악의'의 원칙이 시민과 언론에게 동일하게 적용된다. 다만 개별 시민과 언론의 파급력과 영향력에 비례해 언론이 개별 시민보다는 더 엄중한 책임을 질 뿐이다.

차별화는 적극적 언론자유에서 시작된다. 계몽주의적 이상에 따르면 인간은 이성인 존재로서 욕구에 순응하는 것이 아니라 자신의 의지에 따라 행동할 때 비로소 진정한 자유를 누리는 존재, 칸트가 말하는 자율적 존재가 된다. 벌린에 따르면 적극적 의미에서의 자유, 즉 적극적 자유는 자율적 존재로서 '자기 지배self mastery'를 말하는데 외적 간섭의 부재 상태가 아니라 자신의 목적을 추구하기 위해 자원을 동원하고 행동할 수 있는 권리를 포함한다. 따라서 소극적 자유가 개인의 내면적이고 고립된, 그래서 침해되어서는 안 되는 수동적 자유의 영역인 반면 적극적 자유는 개인들 간 관계를 형성하며 상호 특정한 행동을 요구하는 능동적 자유의 영역이다. 포괄적 의미에서의 언론자유, 즉 표현의 자유는 자신의 지식이나 정보, 감정이나 느낌, 예술적 감흥, 의견이나 사상 등을 자유롭게 말하거나 표현할 수 있는 상태이며, 내면의 그 무엇을 겉으로 드러낸다는 의미에서 공적(공개, open) 성격을 띠고 있다. 반면 좁은 의미의 언론자유는 공적(공통, common) 사안에 대해 자신의 의견을 말하고 토론할 수 있는 자유다. 여기서는 내면을 드러내는 표현 자체보다는 여론형성과 공적 의사결정 과정에 참여한다는 사회정치적 의미가 더 크다. 언론자유는 그 자체가 목적이 아니라 민주주의 실현을 위한 수단인 것이다. 언

론자유, 공적 토론, 민주주의가 서로 분리할 수 없는 개념인 이유도
여기에 있다. 그런데 적극적 자유로서 언론자유를 행사하기 위해서
는 말할 수 있는 수단이 필요하고, 그 이전에 공동체가 중요 사안에
대해 충분히 알고 있어야 한다. 따라서 언론자유는 소통권(액세스권,
커뮤니케이트권 등)과 알권리 등을 포함하는 폭넓은 개념으로 해석된
다. 이 중 직접적으로 언론의 공적 기능과 관련해 중요한 것은 알권
리right to know다. 알권리는 '무엇인가에 대해 알고자 정보유통 과정
에 참여할 권리'라고 정의할 수 있다(이재진, 2005). 알권리는 주권자
로서 시민이 정치적 주체가 되기 위한 기본 전제로서 언론자유의 하
위개념으로 인식된다.

적극적 자유는 누군가에게 의무obligation를 발생시킨다. 단지 간섭
이 없어야 하는 게 아니라 목적의 실현을 위해 무엇인가가 행해져야
하기 때문이다. 달리 말하면, 시민의 적극적 자유는 타인에게 특정한
행위를 의무로 부과하게 된다는 뜻인데, 대부분 국가가 그 의무를
지게 된다. 알권리도 마찬가지다. 많은 국가가 알권리를 보장하기 위
해 시민의 정보청구권을 보장하고 국가의 정보 공개를 의무화하고
있다. 우리나라도 1996년 정보공개법을 제정해 1998년부터 시행해
왔다. 하지만 비공개 요건이 지나치게 포괄적이고 자의적이라는 문
제와 공공기관이 의도적으로 허위 정보를 공개하거나 공개를 지연
해 시민의 알권리를 침해했을 때 처벌하기 어렵다는 문제 등은 여전
하다. 이는 근본적으로 법의 허점과 제도의 왜곡된 운영에서 유발되
는 것이지만, 더 근본적인 문제는 시민의 알권리가 법이 규정한 정

보 공개만으로는 충족될 수 없다는 점이다. 민주주의 사회의 시민으로서 자기 지배를 위해 알아야 할 공공 정보는 법이 규정한 것보다 훨씬 폭넓고 양도 많으며, 특히 국가기관이나 정치 영역에서 발생하는 복잡한 의사결정 과정은 은폐되기 쉽다. 더군다나 알권리를 행사하기 위해서는 시간과 노력, 비용이 필요하기 때문에 대부분의 경우 시민의 알권리는 전문성을 갖추고 정보를 일상적으로 다루는 누군가, 대표적으로 언론에 의해 상당 부분 대리될 수밖에 없다. 언론이 시민의 알권리를 대리한다는 인식에 이르게 되면 소극적 자유를 누릴 때에는 시민에 병합돼 있던 언론이 개념적으로 분리되고 시민의 대리자로서 공적 임무를 부여받게 된다. 그리고 그 역할을 인정받는 만큼 언론의 존재 의의와 특권도 정당화된다. 마치 대통령이나 국회의원같이 주권을 위임받은 공직자에게 공적 임무 수행을 위한 특권이 부여되듯이, 언론도 시민의 알권리를 충족시킨다는 공적 기능을 근거로 특권을 누리는 것이다.

미국의 헌법학자 토머스 에머슨(Thomas Emerson, 1976)은 시민은 국가와 정부를 감시하고 견제하기 위해 정보를 가져야 하고 알권리는 수정헌법 제1조의 핵심이라고 설명하고 있다. 그리고 그의 해석과 주장에서 국가와 정부의 내부 활동에 관한 정보의 주요 원천은 바로 언론이다. 또 다른 헌법학자 알렉산더 마이클존(Alexander Meiklejohn, 2004)도 언론이 시민에게 국가와 정부의 행동에 관한 정보를 제공해주는 목적하에서만 수정헌법 제1조에 명시된 언론의 자유freedom of the press가 정당화될 수 있다고 본다. 둘 다 언론의 공적 기능이 시민의 알권리 실현이라는 데 있음을 강조한 것이다. 권력을 감시하고 견제하는 언론의 기능도 마찬가지다. 감시는 권력 남용이나 부패 여부에 대한 정보를 취재해 공개하는 것이며 견제는 정보공개에 따라 형성된 비판적 여론을 통해 실현된다. 공동체에 중요한 사실이나 정보를 안다는 것, 즉 알권리의 충족은 여론형성의 전제조건이다. 언론의 공적 기능의 다양한 영역들이 알권리에서 파생되는 것이다. 물론 알권리 개념이 등장하기 훨씬 이전부터 사회적 제도로서 언론의 공적 기능은 실재했다. 현대 언론의 뿌리이자 근대 시민혁명 사상이 퍼져나간 매개체였던 정치 소책자political pamphlet의 기원은 중세까지 거슬러 올라간다. 언론은 애초부터 공적 기능을 수행하기 위해 태어난 것이고, 수백 년 동안 이어진 언론의 실천이 누적돼 언론의 공적 기능이 인정받게 된 것이다. 일찍이 시민의 알권리와 언론의 공적 기능의 관계에 대한 인식이 없었던 것도 아니다. 대표적으로 제퍼슨은 시민들이 스스로 창출해내는 공적 담론인 여론이 곧 법이고 도덕이며 적절하고 원활한 여론 형성을 위해서 정보 제공자인 언론의 역할이 우선적이어야 한다고 생각했다. 언론은 능동적 시민의 도구로서 개방적이면서 수동적이어야 한다는 점도 강조했다. 언론의 공적 기능에 정보 제공이라는 기능뿐만 아니라 알권리의 '대리'라는 시민과 언론의 '관계'까지 포함돼 있다고 본 것이다.

언론 또한 자신의 공적 기능과 그에 따른 특권을 정당화하기 위해 알권리 개념을 적극적으로 수용했는데, 처음 언론에 등장한 것은 1945년 AP의 켄트 쿠퍼Kent Cooper의 〈뉴욕 타임스〉 기고였다. 자신의 연설문을 요약한 기고문에서 그는 시민들의 알권리를 완전하고 정확한 뉴스에 접근할 권리와 등치시킴으로써 시민의 알권리 충족을 위한 언론의 역할을 강조했다. 또한 1950년대 냉전이 시작되면서 국가의 기밀주의가 강화되자 언론은 조직적인 알권리 운동을 벌여 정보에 자유로이 접근할 수 있는 권한을 제도적으로 보장받고자 했다. 이러한 이유로 알권리는 언론의 취재의 자유를 포함하는 것이며, 언론은 시민의 알권리를 대리하기 때문에 취재의 제한은 궁극적으로는 국민들의 알권리를 침해하는 것으로 인식돼왔다.

알권리 개념이 도입된 시기는 미국에 비해 20년 정도 늦었지만 우리나라는 이를 더 적극적으로 수용했다. 언론 관련법에서는 알권리 개념뿐만 아니라 언론의 역할도 공식적으로 인정하고 취재의 자유까지 명시하고 있다. 신문법 제3조 2항과 언론중재법 제3조 3항은 언론은 언론자유의 하나로서 정보원에 대하여 자유로이 접근할 권리를 갖는다고 규정하고 있다. 또한 언론중재법 제4조 언론의 사회적 책임 등에 관한 조항에서 언론의 보도는 국민의 알권리를 보호하고 신장하여야 한다고 규정하고 있다. 사실 알권리와 언론의 역할이 법에 수용된 것은 신문법과 언론중재법의 모태가 된 1980년의 언론기본법에서였다. 언론기본법 제6조 언론의 정보청구권 조항에 따르면 국가는 언론의 청구가 있을 경우 공익사항에 대한 정보를 제공하여야 했다. 1996년 제정된 정보공개법보다 훨씬 이전에 시민의 알권리를 대리하는 언론의 특권으로서 정보청구권을 인정한 것이다. 물론 언론기본법에는 언론자유의 본질적 영역을 침해하는 독소조항이

다수 포함돼 있었다. 언론에 부여된 특권에 진정성이나 실효성이 있었다고 보기 힘든 이유다. 언론의 정보청구권에만 한정해서 보더라도 정보 제공 당사자의 직무 수행에 대한 지장, 더 중요한 공익 또는 사익 침해 등을 이유로 정보 제공을 거부할 수 있도록 했다. 관련해서 2019년 한 언론이 제기한 검찰 예산 정보 공개 청구 소송을 하나의 사례로 살펴볼 수 있다. 재판에서 검찰은 수시로 입장을 바꿨는데, 최종적으로는 '수사기밀이 누출될 수 있다.', '자료정리에 시간이 오래 걸린다.'는 사유로 정보 공개를 거부했다. 물론 1심과 2심 재판부는 검찰의 주장을 받아들이지 않았다. 40년이 넘는 세월이 흘렀지만 검찰의 논리와 태도는 언론기본법이 가지고 있던 한계와 정보 공개를 바라보는 국가 기관의 변하지 않는 태도를 잘 보여준다. 그럼에도 불구하고 시민의 알권리 충족이라는 언론의 사회적 책무와 그에 수반되는 언론의 특권으로서 정보청구권을 그 당시 우리 법체계에 도입했다는 점은 선구적이었다고 평가할 수 있다.

한편 우리나라 언론에 알권리 개념이 처음 등장한 때는 1964년이었지만 1961년 신문윤리강령에 '국민의 알아야 할 권리에 부응'한다는 말에서 이미 사용된 바 있다. 하지만 당시 언론이 그 개념의 의미를 정확히 이해한 것은 아니고 언론자유와 혼용한 경우가 많았다. 현재와 같은 시민의 알권리와 언론의 취재 자유까지 포괄하는 것으로 이해된 시기는 1960년대 후반과 1970년대 초반을 경과하면서였다(이재진, 2005). 민주화 이후 언론은 자신의 역할을 시민의 알권리 충족과 권력에 대한 감시·견제로 명확히 규정해왔고 일상적인 언론자유의 담론에 시민의 알권리가 늘 호명되고 있다. 2021년 1월 한국 기자협회와 한국인터넷신문협회가 공동선포한 언론윤리헌장 서문에서도 "시민의 알권리를 충족하고 민주주의 가치를 실현하기 위해 자유롭고 책임 있는 언론이 필요하다."는 점을 강조하고 있다.

특권의 사례: 취재원 보호권과 출입처 기자단

간섭받지 않고 말할 자유, 소극적 자유로서 언론자유는 언론을 포함한 모든 시민에게 보장되어야 한다. 권위주의 체제하에서 허가와 검열에 대한 저항, 간섭받지 않고 말할 수 있는 소극적 언론자유를 위한 투쟁은 언론만의 특권을 인정받기 위해서가 아니라 모든 시민의 자유와 권리를 위한 것이었다. 앞서 살펴본 것처럼 언론의 특권은 언론의 공적 기능, 주요하게는 시민의 알권리 충족을 위한 정보제공자 역할을 원활히 수행할 수 있도록 부여된다. 따라서 언론의 특권은 취재의 자유freedom of news gathering와 밀접히 연관돼 있다. 언론기본법의 정보청구권 조항, 신문법과 언론중재법에서 정보원에 대한 자유로운 접근을 보장하는 조항, 집회와 시위 현장에 기자의 출입을 보장한다는 집시법 조항 등의 의미는 언론 보도에 대한 국가의 간섭을 배제하는 차원이 아니라 적극적 자유로서 국민의 알권리를 위해 국가가 언론의 자유로운 취재를 보장해야 한다는 것이다. 몇몇 추가적인 사례와 관련 논점은 다음과 같다.

먼저 취재원 보호의 특권이다. 취재원 묵비권 혹은 취재원 비닉권이라고도 하는데, 언론이 취재원을 제3자에게 공개하지 않는 것을 말한다. 미국의 워터게이트 스캔들이나 우리나라의 박근혜정부 국정농단 관련 다수의 사례에서 보듯이 은밀하게 저질러지는 불법·편법 행위에 대한 취재와 보도는 내부 제보에 의존하는 경우가 많다. 따라서 언론의 취재원 보호 특권이 법으로 보장되어야만 제보가 활발해지고 그에 따라 시민의 알권리도 충족될 수 있는 것이다. 만약 공공 이익이나 개인 사생활 침해, 명예훼손 등을 이유로 수사기관이 언론에 취재원 공개를 강제할 경우 언론의 취재활동은 제약될 수밖에 없다. 취재원 보호를 위한 특권의 구체적 사항으로는 언론을 상대로 한 수사기관의 압수와 수색 금지, 범죄 수사를 이유로 취재원 공개를 요구할 경우 그 필요성의 엄격한 입증, 법정이나 국회에서의 취재원 관련 증언 거부 허용 등을 들 수 있다.

미국의 경우 대부분의 주들이 언론인이 취재원에 대한 정보와 취재내용 공개를 거부할 수 있도록 보장하는 취재원 보호법, 이른바 '방패법shield law'을 제정해 취재원 보호권을 인정하고 있다. 하지만 중대 범죄와 관련해서는 취재원 보호권이 쉽게 인정되지 않는데, 미국 연방대법원은 1972년 브랜즈버그 판결Branzburg Ruling을 통해 기자가 중대 범죄와 관련한 증언을 거부하거나 소환에 불응하는 것은 수정헌법 제1조의 보호를 받지 못한다는 원칙을 확립했다. 한 지역 신문의 기자였던 폴 브랜즈버그는 마약 제조 공정과 마약 거래에 관한 기사를 작성했다. 이후 수사기관의 요청에 따라 법원은 브랜즈버

그에게 법정에서 취재원과 미공개 정보에 관해 증언하도록 명령했고 브랜즈버그는 불복했다. 연방대법원은 범죄 수사와 관련해 다른 시민이 누리지 못하는 증언거부의 특권을 언론에게만 부여할 수 없고, 취재원이 중대한 범죄와 관련돼 있는 경우 범인을 처벌함으로써 얻어지는 공익이 크다는 취지로 취재원 보호권을 인정하지 않았다. 가까운 사례로는 미국 중앙정보국 비밀요원의 신분이 누설된 사건에 연루된 〈뉴욕 타임스〉 주디스 밀러Judith Miller 기자가 증언을 거부해 법정 모독죄로 구속된 사건을 들 수 있다. 그녀는 취재원의 신뢰를 얻지 못하면 언론이 자기 역할을 할 수 없으며, 가장 자유롭고 공정한 사회는 정부가 밝히기 꺼리는 정보를 자유롭게 보도하는 언론이 있는 사회라고 호소했으나 배심원은 인정하지 않았다. 법원은 취재원을 밝힐 때까지 구속하고 매일 벌금을 부과했다. 연루된 다른 언론은 법원의 명령에 따라 취재원으로 공개하기도 했다. 밀러 기자는 결국 취재원이 공개를 승인하자 법정에서 증언하고 석방됐는데, 수감된 지 85일만이었다.

유럽의 경우 유럽 인권법원이 언론이 취재원을 밝히지 않을 권리가 있으며 공개를 강제하려면 그 필요성을 엄격히 증명해야 한다고 판결했다. 개별 국가로는 오스트리아와 스웨덴 등이 법으로 취재원 보호권을 보장하고 있으며 독일도 기본법에 증언거부권을 포괄적으로 규정하고 있다. 우리나라의 경우 1980년 언론기본법에 취재원 보호를 위한 진술거부권이 명문화된 적이 있으나 1987년 언론기본법이 폐지된 이후 실정법상 취재원 보호권은 특권으로 인정되지 않고 있다. 헌법의 언론·출판의 자유를 해석할 때 취재원 보호가 인정되다는 견해도 있으나 실제로 공공 이익이나 명예훼손 등을 이유로 언론에 대한 압수수색이 쉽게 허용된다. 또한 명예훼손 소송 등에서 언론이 보도 내용을 사실로 믿을 만한 사유, 즉 실질적 악의가 없었음을 입증하기 위해 취재원을 공개해야 하는 딜레마에 빠지기도 한다. 언론이 스스로 취재원을 공개하고 그가 믿을 만한 사람이었다고 주장함으로써 실질적 악의의 혐의에서 벗어나게 되는 것이다. 이처럼 우리나라에서 언론의 취재원 보호권은 수사기관과 법원의 재량에 따라 그 인정 여부와 범위가 달라지기 때문에 취재원 보호와 관련한 언론자유는 상대적으로 제한된 실정이라고 볼 수 있다. 따라서 국가 안보 등 단서조항을 명확히 달아서 취재원 보호권을 관련법에 명시해야 한다는 요구가 많다.

다음으로 우리나라에서 그동안 숱한 논란의 대상이 되어온 출입처, 기자실 그리고 기자단 문제가 있다. 취재원 보호가 법으로 보장되는 권리 차원이라면 출입처와 기자단은 관행 차원의 문제다. 대체로 취재와 관련된 언론의 특권은 법으로 보장되기보다는 다양한 형태의 관행과 관례로 보장되는데, 대표적인 사례로 취재 현장으로서의 출입처와 그 구체적 공간으로서의 기자실, 특권을 누리는 주체로서의 기자단이 논의의 대상이 된다. 출입처는 기자가 취재를 담당하는 영역이다. 영어로 비트beat라고 하는데 경찰관에게 배정된 순찰 구역을 의미한다. 출입처는 기자가 정기적으로 출입하거나 상주하면서 지속적으로 취재해야 하는 대상 기관인 것이다. 하지만 대부분의 나라에는 출입처 기자라는 개념이 없다. 특정 출입처의 기자가 아니라 취재 분야에 따른 구분이 있을 뿐이다. 미국의 경우 백악관같이 몇몇 특수한 취재대상을 제외하고는 출입처가 따로 정해져 있지 않다. 반면 우리나라 언론은 출입처를 세분해 기자를 배정하고 그에 따라 기자의 취재 영역과 취재 분야도 결정되는 것이 보편적이다. 출입처에는 같은 출입처를 담당하는 기자들의 조직인 출입 기자단이 있다. 기자단은 일본의 언론 문화에서 유래했는데 1920년대부터 일본의 기자 클럽의 영향을 받아 우리나라 언론들도 출입처별로 기자단을 결성하기 시작했고 해방 이후에는 미군정에 출입하는 기자들이 기자단을 조직했다. 군사독재를 거치면서 기자단은 언론을 통제하기 위한 수단으로 활용됐고 그 과정에서 완전한 제도로 고착화됐다. 기자실은 출입처 기자단이 상주하고 주요 취재가 이루어지는 공간이다. 신문법과 언론중재법에 명시된 정보원(취재원)에 대한 자유로운 접근을 보장하는 전통적인 방식은 출입처 기자단과 기자실의 운영, 그리고 그곳에서 이루어지는 정례적인 브리핑, 간담회 등을 통한 배타적 정보 제공이다. 시민의 알권리를 대리하는 언론의 취재 특권은 주로 출입처, 기자단과 기자실을 통해 행사되는 것이다.

기자단이 출입처에 의해 공식적으로 인정받고, 특정한 공간을 배정받아 정기적으로 취재 기회를 부여받는 것은 분명 특권이다. 하지만 취재원 보호권에 비해 출입처와 기자단은 시민의 알권리 충족 정도를 기준으로 보면 양면적일 수 있다. 출입처 기자단은 시민에게는 즉각적으로 제공되지 않거나 제공될 수 없는 정보, 비공식적이고 비정형적인 정보 등을 정례 브리핑이나 개별적인 취재를 통해 얻을 수 있다. 예를 들어 법원은 중요 사건의 판결문과 그에 대한 해설, 검찰은 피의자, 혐의 내용, 수사 진척 정도 같은 수사정보 등을 보도자료나 브리핑 등을 통해 별도의 절차 없이 제공한다. 이는 물론 시민의 알권리 충족에 기여한다. 이런 의미에서 출입처와 기자단 제도의 긍정적 기능을 강조하기도 한다. 상대적으로 공개되는 정보가 범위와 양이 제한적이고 절차도 복잡하며 정보 공개에 대한 공직자들의 책임 의식도 부족한 우리나라에서 출입처에 상주하는 기자단이 조직적이고 집단적으로 취재하고 보도할 수 있기 때문에 결과적으로 시민의 알권리에 기여하게 된다는 것이다. 하지만 이러한 정보 제공이 대체로 출입처의 자의에 의해 결정된다는 점에서 기자단이 가진 특권은 제한적일 수밖에 없다. 어떤 사안에 대해 브리핑하고 어떤 질문에 대답하거나 어떤 정보에 대해 오프더레코드를 요청할지는 출입처 취재원의 의지에 달린 것이다. 비지배 자유의 관점에서 보면 법으로 명시되지 않은, 관례나 관행에 따라 부여되는 취재의 자유, 자의에 따라 언제든 변경될 수 있는 취재의 자유는 본질적으로는 자유가 아니라 종속과 예속에 지나지 않는다.

출입처의 자의적 해석과 결정, 호의에 종속된 취재의 특권은 언론이 비공식적으로 제공되는 정보에 의존하게 만드는 역설을 초래할 수 있다. 언론이 중요 정보를 쥐고 있는 취재원, 대표적으로 고위 공직자에 의존하는 현상은 위험한 줄타기, 양날의 검에 비유될 수 있다. 한편으로는 시민의 알권리를 위해 불가피하다고 정당화될 수도 있지만 다른 한편으로는 취재원의 정보 통제와 여론 관리의 도구로 전락할 위험도 있다. 실제 청와대에 기자실을 처음 제공한 박정희정부 이후 출입처와 기자단, 기자실은 언론 통제 혹은 관리의 유효한 수단으로 악용되어왔다. 공개되는 정보가 제한적인 조건에서 출입처 취재원으로부터 비공식적으로 정보를 제공받는 것은 언론의 특권으로 보이지만 결과적으로 시민의 알권리를 제대로 충족시키지 못한다. 우리나라와 미국의 탐사보도를 비교한 연구에 따르면 대체적으로 우리나라 탐사보도 기사는 전문성이 부족한 것으로 분석됐다(남재일·박재영, 2020). 은폐된 진실을 폭로하는 탐사보도는 결정적인 물증을 제시하는 것이 가장 중요한데 우리나라 탐사보도 기사의 경우 전체적으로 관계자 '증언'의 비중이 높았다. 반면 미국 탐사보도 기사에는 '증언'에만 의존하는 기사가 하나도 없었고 전반적으로 공문서나 사문서, 증언 등 다수 물증이 조합된 기사의 비중이 높았다. 이러한 결과는 미국 언론이 우리나라 언론보다 훨씬 다양한 경로와 비인격적 취재원을 통해 확보한 물증을 기초로 보도한다는 점을 잘 보여준다. 탐사보도 기자와 출입처 기자의 역할이 다르기 때문에 일반화하기는 어렵지만 언론의 역사에서 시민의 알권리에 기여한 기념비적 보도가 출입처에서 나온 적은 별로 없다. 출입처와 기자단, 기자실로 대표되는 전통적인 취재의 특권이 가진 한계가 분명하다는 것이다. 따라서 적극적 언론자유로서 알권리의 보장을 위해서는 시민에게 더 많은 정보를 더 빨리 공개하는 것을 기본으로 하고 언론에게 특별히 제공되는 정보의 범위와 양도 취재원의 자의에 좌우되지 않도록 법규로 명시화하는 것이 필요하다. 이를 위해서는 물론 언론의 책임의식도 동반되어야 한다.

출입처 기자단의 폐쇄성도 시민의 알권리에는 역행한다. 기본적으로 출입처 기자단 제도는 미등록된 언론이나 기자에게는 정보를 제공하지 않는다는 걸 전제로 한다. 기자단이 일종의 카르텔이 되는 것이다. 유난히 폐쇄성이 강한 기자단은 법원과 검찰을 출입하는 법조기자단으로 그동안 지속적인 비판의 대상이 되어 왔는데, 법조기자단에서 배제된 몇몇 언론이 2021년 출입증 발급 권한을 가진 서울고등법원을 상대로 '출입증발급 등 거부 처분 취소 소송'을 제기하면서 제도의 실상이 구체적으로 드러났다. 기자단에 가입된 언론은 기자실에 공간을 배정받고 기자단을 통해 정보도 제공받는다. 주요 판결문이나 판결요약문, 해설자료 등을 받기도 하고 중요 재판의 방청권도 기자단을 통해 배정된다. 반면 법조기자단에 소속되지 않으면 기자실을 사용할 수 없고 출입증도 발급받을 수 없다. 기자단에 가입하지 못한 언론사 기자는 기자단 소속 기자들에게 정보를 요청하는, 기자가 기자를 취재하는 웃지 못할 상황이 벌어지게 된다. 앞서 살펴봤듯이 기자단에게 특권적 형태의 취재 자유를 보장하는 것에는 양면성이 있지만, 특히 법원과 검찰은 수사와 재판에 관한 정보를 통제하기 때문에 법원과 검찰에 대한 법조기자단의 예속 정도가 더 클 수밖에 없다. 그런데 법조기자단에는 추가적인 문제가 있다. 법원과 검찰은 기자단 가입 허용 여부를 스스로 설정한 기준에 따라 판단하지 않고 기자단에 위임한다는 것이다. 더더군다나 기자단 또한 최종적으로는 소속 기자들의 주관적 평가, 자의에 좌우될 수밖에 없는 투표 형식으로 결정한다. 명확한 규정이 없이, 자의적 기준에 의존하는, 그것도 출입처가 아니라 출입처 기자단에 의해 허용되는 특권은 언론자유보다는 언론자유의 제한에 더 가깝다.

해당 사건을 맡은 1심 재판부는 서울고법이 청사 출입에 대한 결정을 제삼자, 즉 기자단에게 미룬 것은 법치 행정 원칙에 어긋나며, 기자단의 의견을 구할 수는 있지만 결국 스스로 수립한 원칙에 근거해서 결정해야 한다고 판결했다. 물론 이 판결로 법조기자단이 해체되거나 가입 문턱이 아예 없어지지는 않을 것이다. 비공식적 정보 제공을 통한 언론 관리의 행태 또한 당장 사라지지 않을 것이다. 하지만 변화는 불가피한데, 가장 개방적인 출입처라고 할 수 있는 국회는 향후 출입처와 기자단, 기자실의 변화 방향성을 가늠할 수 있는 준거점이 될 수 있다. 국회도 출입처로서 기자단이 있고 출입 기자들을 세분화해서 차별화된 출입증을 발급하고 있다. 하지만 기자단 등록과 출입증 발급은 상대적으로 명확한 규정에 따라 개방적으로 운영되고 있다. 기자실이 있고 좌석도 배정되지만 업무 공간일 뿐 취재는 기자회견장이나 회의실 등 다른 공간에서 이루어진다. 그리고 모든 관련 업무는 국회사무처가 직접 담당하고 있다. 근본적으로 다른 원칙이 작동하고 있는 것이다. 관련해서 노무현정부 당시 정부와 언론의 격렬한 갈등을 초래했던 개방형 브리핑 제도의 쟁점을 되돌아볼 필요가 있다.

당시 노무현 대통령의 출입처 기자단과 기자실에 대한 문제의식은 2007년 6월 참여정부평가포럼에서 한 강연에 잘 드러나 있다. 핵심을 요약하자면 다음과 같다. '기자실이 곧 언론자유를 의미하는 것은 아니다. 군사독재 시절 기자실은 통제와 유착의 공간이었지, 시민의 알권리를 위한 곳이 아니었다. 기자실에서 공식 취재원이 제공하는 정보를 받아쓰는 것이 아니라 기자실 밖으로 나가 적극적으로 취재에 나서야 시민의 알권리는 충족될 수 있다.' 실제 개방형 브리핑 제도가 실시된 해는 2003년이다. 노무현 정부는 기존의 출입기자단 제도를 폐지해 등록한 기자는 누구나 자유롭게 방문·취재할 수 있도록 허용했고, 기자가 개별 공직자와 접촉하는 것은 줄이되 부처별 브리핑을 정례화했다. 문제는 보도자료를 설명할 때 외에는 브리핑이 드물고 공직자들도 능동적이지 않았다는 점이다. 그 결과 기자실이 아닌 개방형 브리핑룸에서 보도자료와 정례 브리핑으로 등록된 모든 언론에 차별 없이 정보를 제공했으나 보도를 통해 시민에게 전달되는 정보의 절대량은 오히려 줄어드는, 알권리가 위축된다는 지적이 많았다. 특히 기자실에서 이루어지는 간담회나 공직자의 사무실을 방문하는 개별적 대면 취재 방식에 익숙했던 기존 언론의 불만은 클 수밖에 없었다. 당시 기자들의 비판 요지는 공직자와 언론의 밀착을 방지하기 위한 개방형 브리핑제가 출입처에서의 친밀도와 상호 신뢰도를 낮춤으로써 심도 있는 취재와 보도가 불가능해졌으며 오히려 주요 언론에 대한 비공식적 정보 제공이 늘어나 여론다양화에도 실패했다는 것이었다. 이러한 비판은 미시적 수준에서는 타당하다고 볼 수 있다. 다수 언론이 공직자라는 취재원에 자유롭게 접근할 수 있는 특권을 제약당한 반면, 몇몇 유력 언론에는 여전히 중요 정보가 비공식적으로 제공됐기 때문이다. 하지만 이 입장에는 출입처 취재원과의 인적 유대에 기초해 비공식적으로 제공받는 정보가 취재 보도에서 가장 중요하다고 생각하고 출입처와 기자단 중심의 취재 보도 관행에 내재된 종속의 문제는 외면한다는 점에서 한계도 분명하다. 출입처와 기자단 시스템이 결과적으로는 언론의 전문성과 저널리즘 품질의 저하, 시민의 알권리 제약으로 이어진다는 점은 앞서 살펴본 바와 같다. 현재도 그렇지만 당시에 알권리 충족을 위한 언론의 취재 자유, 특권을 확대하기 위해 필요했던 일은 출입처 기자단과 기자실의 부활이 아니라 더 빈번하고 심층적인 브리핑, 거침없는 질의와 응답, 공직자의 소통 의지와 알권리에 대한 책임 의식의 제고였다.

취재원 보호권과 출입처 기자단 문제를 통해 살펴본 것처럼 시민의 알권리를 대리하는 언론에게 주어진 취재의 자유, 특권으로서 언론자유는 여전히 제약돼 있다. 취재원 비공개는 그 범위와 한계가 법에 의해 보장되지 않고 있고 수사기관이나 법원의 판단에 의존한다. 그마저도 다른 민주주의 국가에 비해 보장 수준이 대체로 낮다. 취재원 보호라는 언론의 특권이 제대로 보장받지 못하기 때문에 은폐된 진실을 드러내기 위해서는 취재원과 언론 모두 상당한 위험을 감수해야 하는데, 이는 결국 취재 자유의 위축과 알권리 침해로 이어질 수 있다. 오래된 관행으로 보장되는 특권인 출입처 기자단 제도도 주요 출입처의 경우 폐쇄적으로 운영돼 일부 언론에 의해 다른 언론의 취재의 자유가 제약되고 취재원에 대한 종속과 의존이 심화돼 결과적으로 알권리 충족보다 취재원의 여론 관리에 기여하게 되는 역설이 내재해 있다. 시민의 알권리를 대리하는 언론에게 취재의 자유가 폭넓게 주어져야 하지만 우리나라는 법이나 제도, 관행 등 모든 차원에서 여전히 낮은 수준에 머물러 있는 것이다.

특권에 따르는 사회적 책무

시민의 알권리를 대리한다는 관념은 언론의 자유와 특권을 정당화해왔지만 그와 별개로 언론의 공적 기능과 사회적 책무에 대한 인식은 근대사회의 태동과 함께 성장해왔다. 민주주의 사회의 체계를 설계하는 관점에서 보면, 밀이나 매디슨이 주장한 것처럼 다수가 소수를 억압하고 자유를 위한 제도를 파괴할 위험을 고려하여 폭압적인 다수를 견제하는 장치로서 독립적이고 자유로운 언론이 필요하다. 구체적으로 제4부fourth estate, fourth power, the fourth branch of government라는 개념은 헌법 기관으로서 입법·행정·사법 3부가 일체화돼 시민의 자유를 억압할 가능성을 견제하고 시민을 보호하는, 구체적으로는 폭로를 통해 비판 여론을 형성하고 권력기관을 견제하는 언론의 공적 기능과 사회적 책무를 명료화한 것이다. 18세기 말 프랑스 혁명 전야와 19세기 말 20세기 초 미국 진보 시대The Progressive Era 폭로 언론의 역할은 그러한 공적 기능과 사회적 책무를 단적으로 보여준다. 물론 언론이 사회적 책무에 항상 충실했던 것은 아니지만 역사적으로 언론자유의 오남용에 따른 사회적 폐해가 커질 때마다 언론의 공적 기능과 사회적 책무를 강조하는 반작용이 있었다. 대표적 사례로 1947년 발간된 허친스위원회Hutchins Commission, the Commission on Freedom of the Press의 보고서 〈자유롭고 책임 있는 언론A Free and Responsible Press〉(1947)을 들 수 있다. 이 보고서는 언론의 기본적인 공공 서비스 다섯 가지를 사회적 책무social responsibility로 규정한다. 언론은 뉴스에 대한 정확하고 포괄적인 설명, 논평의 교환을 위한 광장, 집단의 의견과 태도를 다른 집단에 제기하는 수단, 사회의 목표와 가치를 제시하고 명료화시키는 방법, 사회의 모든 구성원에게 도달하는 길을 제공해야 한다는 것이다. 이는 언론의 공적 기능과 사회적 책무에 대한 직접적 서술이기도 하다.

앞서 살펴본 것처럼 언론의 특권을 정당화하는 가장 구체적이고 정합적인 논리는 '시민의 알권리를 대리한다'는 관념이다. 언론의 특권에 대해 비판적인 입장은 시민의 알권리 자체가 정보를 쉽고 빠르게 얻기 위해 언론이 고안해낸 허구적 개념에 지나지 않는다고 주장하기도 한다(Dennis & Merrill, 1984). 그럼에도 불구하고 현대의 언론 이론과 실천 규범들은 시민의 알권리에서 유추되는 언론의 특권과 사회적 책무, 민주주의의 공적 기능을 대체로 수용해왔다. 저널리즘의 원칙들도 그에 상응해 정식화된다. 앞서 허친스위원회의 보고서에도 제시됐듯이 제1의 원칙은 당연하게도 시민의 알권리 충족이다. 언론의 책무는 민주주의 사회의 시민이 스스로를 지배할 수 있도록, 그날그날의 중요한 사안에 대한 정확하고 포괄적인 설명을 제공하는 것이다. 빌 코바치Bill Kovach와 톰 로젠스틸Tom Rosenstiel은 《저널리즘의 기본 원칙The Elements of Journalism》(2014)에서 그 책무를 수행하기 위한 원칙을 제시했는데, 그중 우선적으로 언급된 다섯 가지도 결국 시민의 알권리 충족과 관련된 원칙이다; ① 저널리즘의 첫 번째 의무는 진실에 대한 것이다. ② 저널리즘의 최우선적인 충성 대상은 시민이다. ③ 저널리즘의 본질은 사실 확인의 규율이다. ④ 기자들은 그들이 취재하는 대상으로부터 반드시 독립을 유지해야 한다. ⑤ 기자들은 반드시 권력에 대한 독립적인 감시자로 봉사해야 한다.

　언론이 사회적 책무를 얼마나 잘 수행하고 있는지도 언론이 누리는 특권에 대응시켜 평가할 필요가 있다. 예를 들어 취재원 보호권과 관련된 언론의 특권과 사회적 책무의 수행 정도를 미국의 방패법과 미국 언론의 취재원 관련 관행을 통해 평가할 수 있는 것이다. 방패법을 통해 미국의 취재원 보호권은 강력히 보장된다고 생각할 수 있는데 현실이 꼭 그렇지는 않다. 방패법에 따라 기자가 취재원에 관한 법정 증언을 강요받지 않거나 거부할 수 있는 것은 맞지만 다음 세 가지 조건이 충족되어야 한다. 수사기관이 ① 기자가 수사 관련 정보를 가지고 있다고 믿을 만한 근거를 제시하지 못해야 하고 ② 대안적 정보원으로부터 입수하기가 불가능하다고 믿을 만한 근거를 제시하지 못해야 하며 ③ 언론자유가 침해되는 것을 능가할 만큼 공익과 관련된 범죄 수사에 필수불가결하다는 근거를 제시하지 못해야 한다. 더군다나 방패법은 주법state law인 반면 취재원을 보호해야 할 중요한 보도는 국가기밀 누설과 같은 연방법을 위반한 중대 범죄와 관련된 경우가 대부분이다. 방패법의 보호를 받지 못하면 결국 수정헌법 제1조에 호소할 수밖에 없는데, 이때에도 보도 자체의 공익성과 함께 취재원의 익명화가 왜 불가피한지를 스스로 엄격하게 증명해야 한다. 앞서 〈뉴욕 타임스〉 밀러 기자의 사례에서 보듯이 취재원 보호가 언론이 손쉽게 꺼내들 수 있는 방패는 아니라는 것이다. 한 연구에 따르면 취재원 보호권은 상당히 제한된 조건 속에서 인정받아왔고, 실제 미국 법원이 압수수색과 소환에 대한 언론의 불복을 인정한 비율은 20%에도 미치지 못하는 것으로 분석됐다(Pember, 2000). 하지만 언론과 취재원이 압수수색이나 증언 소환으로부터 보호받지 못할 경우 공적 사안에 관련된 중요 정보는 보도되지 못하고 이에 관한 공적 토론도 위축될 수밖에 없다. 미국의 수사기관도 언론자유를 위축시킬 위험을 인지하고 있다. 따라서 미국 법무부는 대안적 정보원을 얻기 위해 노력하고, 강제 수사 이전에 언론과 사전 협상을 하도록 하며, 자발적 정보 제공을 거부하더라도 언론이 가진 정보를 이용해 수사의 돌파구를 열지 않는다는 지침을 각급 수사기관에 전달하기도 했다.

　취재원 활용과 관련한 언론의 사회적 책무는 취재원 보호권을 인정받기 위한 조건이나 언론자유를 존중하는 수시기관의 지침에 상응해야 한다. 언론이 취재원을 익명화할 때에는 법정에서 인정받을 수 있는 조건을 스스로 충족시킴으로써 보도 내용의 신뢰성을 담보해야 하는 것이다. 구체적으로 미국의 뉴스통신사 AP는 소속 기자가 익명 취재원을 활용하기 위해서는 ① 의견이나 해설이 아니라 사실이나 정보를 제공받아야 하고 ② 사실이나 정보가 보도 내용의 핵심적인 부분이어야 하며 ③ 해당 취재원 외에 다른 대안이 없어야 하고 ④ 최대한 실명을 공개할 것을 설득해야 하며 ⑤ 실명이 보도될 경우 취재원이 감수해야 할 불이익이 명백하게 예상되고 ⑥ 일정 기간 지속된 관계를 통해 신뢰성이 검증된 취재원이어야 한다는 조건을 충족시켜야 한다. AP가 사실 보도에 특화된 뉴스통신사임을 감안하더라도 대단히 까다로운 조건이 아닐 수 없다. 실제 미국의 다른 언론의 원칙이나 기준도 대동소이하다. 이를 통해 AP를 비롯한 미국 언론은 방패법이나 수정헌법 제1조와 방패법이 보장하려는 취재의 특권에 수반되는 사회적 책무를 다하고자 노력한다. 최소한 내부 규정만 보면 그렇다. 언론이 익명 취재원에 이렇게 엄격한 이유는 앞서 언급한 것처럼 익명 취재원이 언론 보도에 대한 신뢰, 장기적으로는 언론의 공신력을 훼손하기 때문이다. 익명의 뒤에 숨은 취재원이 허위 정보를 유포해 언론을 여론 조작의 도구로 활용할 가능성도 있다. 또한 기자가 익명 취재원에 기대 기사를 조작하는 경우도 드물지 않게 발생한다. 가까운 예로 2022년 11월 우크라이나 전쟁 관련 기사 내용을 조작했다는 이유로 해고당한 AP의 안보 담당 기자 제임스 라포르타James LaPorta를 들 수 있다. 그는 폴란드에 떨어진 우크라이나 미사일을 러시아 미사일이라고 보도해 큰 파장을 불러 일으켰는데 이후 근거 없는 허위 보도로 밝혀졌다. 단순 오보가 아닌 이유는 라포르타가 사실 확인을 제대로 하지 않았을 뿐만 아니라 허위의 미국 정보부서 고위 관계자senior U.S. Intelligence official를 익명 취재원으로 등장시켜 사실인 것처럼 조작했기 때문이다. AP의 단호한 사후 조치도 익명 취재원과 관련한 사회적 책무라고 할 수 있다.

우리나라 법은 언론의 취재원 보호권을 보장하지 않는다. 그렇다고 익명 취재원 오남용이 정당화될 수는 없다. 과연 AP의 원칙을 따를 때 우리나라 언론 보도에서 승인될 수 있는 익명 취재원은 얼마나 될까. 일단 한국기자협회와 한국인터넷신문협회의 언론윤리헌장에는 "윤리적 언론은 정보원과 취재 과정 등을 가능한 한 투명하게 알리고 (중략) 취재원 보호 등 필요한 경우를 제외하고는 정보의 출처를 명확히 밝힌다."고 강조하고 있다. 주요 언론들의 익명 취재원 관련 윤리 규범은 더 구체적이다. 〈조선일보〉는 '윤리규범 가이드라인'에 취재원 명시에 대해 10개 조항으로 정리해놨는데, 모든 기사는 취재원을 밝히는 것이 원칙이고 의견이 아닌 정보로서 뉴스 보도에 필수적인 경우, 익명을 요구한 출처를 제외하고는 해당 정보를 입수할 수 없을 경우 등 예외적인 상황에서만 익명 취재원을 허용하고 있다. 〈한겨레〉도 크게 다르지 않다. 취재원의 실명 표기가 원칙이고 중요한 정보를 갖고 있는 취재원이 익명을 요구하는 상황에서 그 정보를 입수할 다른 경로가 없을 경우 등 세 가지 예외적인 경우에 한해서만 익명 취재원을 허용한다. 사실 주요 언론 모두가 세계 유수 언론과 다르지 않다. 문제는 실천 여부다. 일단 익명 취재원이 너무 많은 것도 문제지만 인용 내용이 사실이나 정보가 아니라 의견이나 해석인 경우가 너무 많다. AP는 익명 의견은 인용할 가치가 없다고 판단한다. '일각'이나 '법조계', '외교가', '재계' 등등 포괄적이고 비인격화된 익명 취재원도 대단히 자주 등장하는데, 이 경우 '핵심 관계자', '고위 관계자' 등등 관행적으로 쓰이는 익명 취재원과 달리 지위를 추정할 수도 없다. 기사 말미에 간단하게 덧붙이는 논평을 위해 익명 취재원을 등장시키는 경우도 허다하다. 정보가 아니라 의견을 제공하더라도 실명 취재원을 찾아보려고 노력했는지, 해당 취재원이 실재하는지도 의심스러울 정도다.

이러한 문제점을 단적으로 보여주는 사례가 있다. 2020년 6월 인천국제공항공사 비정규직의 직접 고용을 두고 사회적 논란이 있었을 때 〈뉴스1〉은 카카오톡 익명 오픈 채팅방의 대화 내용을 사실관계 확인 없이 보도했다. 이후 보도 내용은 허위로 밝혀졌고 기사를 쓴 기자는 사실 여부를 확인하지 않았다고 인정하면서도 보도 자체는 문제될 것이 없다고 주장했다. 게다가 〈뉴스1〉은 사실 여부보다 인천국제공항공사 정규직화의 불공정성을 지적하려는 기사의 취지가 좋았다며 사내 기자상까지 수여했다. 이쯤이면 〈뉴스1〉 편집국 전체가 AP의 라포르타 기자와 무엇이 다른지 알 수 없게 된다. 〈뉴스1〉만의 문제가 아니다. 냉정하게 평가한다면 전체적으로 우리나라 언론이 취재원과 관련한 사회적 책무를 이행하는 수준은 바닥이다. 언론이 취재원 보호를 당당하게 주장할 수 있을까? 추후에라도 취재원 보호권이 법적으로 인정된다면 분명 특권이라는 비판이 뒤따를 것이다. 언론이 자신의 특권을 정당화할 수 있을까? 언론의 익명 취재원 오남용이 취재원 보호권을 부정할 사유가 될 수 없듯이 취재원 보호를 인정받지 못하는 현실이 거리낌 없이 익명 취재원을 오남용하는 핑계가 될 수는 없다.

언론은 과연 시민을 대리하는가?

언론의 특권이 시민의 알권리 충족에 그다지 기여하지 못하고 언론도 특권에 뒤따르는 사회적 책무를 제대로 수행하지 않는다면 시민의 알권리를 대리한다는 언론의 역할에 심각한 의문이 제기될 수밖에 없다. 과연 언론은 시민을 대리하는가? 아니라면 그 누구를 대리하는가? 일단 언론이 시민을 대리하지 않거나 못한다는 비판의 근거는 차고 넘친다. 가장 자주 언급되는 건 광고주다. 언론이 시민의 알권리가 아니라 광고주의 이익을 우선시한다는 인식은 널리 받아들여지고 있다. 〈뉴욕 타임스〉의 경우 매출 대비 광고 비중이 낮고 그나마도 중소상공인 광고주가 대부분이기 때문에 광고주의 영향은 최소화될 수 있다. 반면 우리나라 언론의 경우 전체 매출에서 광고 수익이 차지하는 비중이 크고 삼성 같은 대형 광고주에 대한 의존도도 높다. 대형 광고주의 이해관계가 시민의 알권리보다 더 중요해질 수 있는 것이다. 실제 우리나라 기자들을 상대로 한 다양한 조사결과를 보면 기자들이 느끼는 언론자유 제약 요인들 중 부동의 1위는 광고주다. 박근혜 정부 당시의 국정농단 사건을 수사하는 과정에서 부차적으로 드러난 충격적 사실은 그 실상을 단적으로 보여준다. 삼성의 로비창구였던 고위 임원의 전화에는 많은 언론이, 심지어 세금을 지원받는 공영언론까지 삼성의 이익을 대변하겠다고 자처해왔다는 문자내용이 고스란히 남아 있었다.

취재원, 특히 권력기관은 언론자유의 가장 전통적인 제약 요인이다. 그렇기 때문에 권력에 의한 언론자유 침해는 법으로 엄격히 금지된다. 예를 들어 우리나라 방송법 제4조 2항은 방송 편성에 관해 법률에 의하지 아니하고는 어떠한 규제나 간섭도 할 수 없다고 규정하고 있다. 신문법과 언론중재법에도 언론의 자유와 독립이 보장된다는 조항이 포함돼 있다. 하지만 언론 보도에 대한 권력의 개입은 비공식적이고 은밀하기 때문에 법 위반으로 처벌된 사례는 거의 없는데, 지금까지 유일한 사례는 2014년 4월 당시 청와대 홍보수석이 KBS 보도국장에게 전화를 걸어 세월호 참사에 대한 뉴스 보도에 개입한 혐의로 기소돼 벌금형을 받은 것이다. 유력 취재원의 개입이나 영향이 눈에 잘 띄지 않고 언론의 자각도 부족한 이유는 거래관계가 성립하기 때문이다. 언론은 정보에 목마르고 유력 취재원은 고급 정보를 통제하고 있다. 그러나 그 관계는 분명 불균형적이고 종속과 예속일 수도 있지만 취재를 이유로, 시민의 알권리를 명분으로 언론이 종속과 유착을 정당화하기까지 한다. 시민의 알권리를 명분으로 시민의 알권리를 침해할 수 있는 종속과 유착을 정당화하는 역설이 발생하는 것이다. 광고주나 정치권력은 언론자유에 대한 분명한 위협이다. 취재의 자유를 제약하기도 하고 보도에 개입하기도 한다. 따라서 언론도 경계하고 저항하기도 한다. 금력과 권력에 굴복하거나 스스로 유착되더라도 외적 개입을 대놓고 정당화하지는 않는다. 그런데 소유주(발행인)의 개입은 완전히 다른 차원의 문제다.

대다수 민주주의 국가의 언론은 일부 공영 매체를 제외하고 대부분 사적 소유의 영리기업으로 존재한다. 따라서 언론은 사회적 제도이고 공적 기능을 수행해야 하지만 한편으로는 소유주가 지배하는 사유재산이고 이윤도 추구해야 한다. 코로나 팬데믹 시기 전 세계적으로 많은 수의 영세 지역 언론들이 파산하면서 공동체 고유의 뉴스가 더 이상 공급되지 않는 지역을 뜻하는 '뉴스 사막news dessert'이 확대된 것만 보더라도 영리기업인 언론에 이윤이 얼마나 중요한지 알 수 있다. 물론 이윤만 추구하는 언론 소유주는 없다. 언론의 이윤율은 높지 않고 사양 산업이 되어가고 있는데 굳이 이윤을 바라보고 언론을 소유하고 경영하지 않는다. 따라서 최소한 언론의 공적 기능에 대한 소명의식을 의심할 필요는 없다. 문제는 대부분의 언론 소유주들은 자신의 신념이나 가치를 다른 시민들과 공유하는 것을 중요시하고 그것이 곧 언론이 공적 기능을 수행하는 것이라고 믿는다는 점이다. 이념 성향이 뚜렷한 유럽의 언론은 말할 것도 없고 객관성과 중립성을 중요시하는 객관주의 저널리즘Objective Journalism이 발달한 미국 언론에서도 소유주의 이념 성향을 부정하지 않는다. 언론은 기자들이 중심인 조직이지만 언론의 정파성은 결국 소유주에 의해 좌우된다. 편집국과 소속 기자들은 피고용인으로서 소유주에 대해 제한적인 자율성을 가질 뿐이다. 자본이나 정치권력의 외적 개입도 소유주의 의지에 따라서 언론자유에 대한 침해로 혹은 상호 협력으로 간주될 수 있다.

언론 소유주의 의지와 공적 기능이 충돌할 수 있기 때문에 공적 기능을 보호하기 위해 경영과 편집(보도)이 분리돼야 한다고들 하지만 현실에서 경영만 맡고 있는 소유주는 없다.

결국 언론 보도에 소유주의 의지가 반영되고 관철될 수밖에 없다. 조지프 퓰리처Joseph Pulitzer나 윌리엄 랜돌프 허스트William Randolph Hearst 같은 황색 언론의 전성기를 이끌었던 언론 재벌들은 말할 것도 없고 〈뉴욕 타임스〉의 옥스-설즈버거Ochs-Sulzberger 가문, 〈뉴스코프News Corp〉의 루퍼트 머독Rupert Murdoch 등도 자신이 소유한 언론의 보도에 적극 관여해왔다. 우리나라의 유력 언론인 〈조선일보〉, 〈중앙일보〉, 〈동아일보〉도 마찬가지로 소유주가 경영뿐만 아니라 보도에 직간접적으로 관여한다고 알려져 있다.

경영과 편집을 분리해야 한다는 규범에도 불구하고 소유주의 개입이 별다른 저항없이 관철되는 이유 중 하나로는 기자들이 소유주의 개입을 정확히 인지하지 못한다는 점을 들 수 있다. 단적인 사례는 1952년부터 1968년까지 〈뉴욕 타임스〉 편집장을 지냈던 터너 캐틀리지Turner Catledge의 회고에 잘 나타나 있다. 그에 따르면 당시 발행인이었던 아서 헤이스 설즈버거Arthur Hays Sulzberger는 정기적으로 편집국 간부들에게 제안, 지침, 불만, 지시 사항 등을 담은 메모를 보내왔는데, 캐틀리지 자신이 메모에서 소유주의 흔적을 지워 전달했기 때문에 기자들은 소유주의 압력으로 느끼지 못했다고 한다. 실제로는 소유주의 뜻이 관철되는 과정인데 기자들은 편집국 내 집단적 의사결정과정으로 잘못 인지했던 것이다(Chomsky, 2006). 더 나아가 자유주의적 관점에 따라 기자들이 소유주의 개입을 당연한 것으로 수용하기도 한다. 자유주의적 관점에서 보면 언론은 소유주의 재산이기 때문에 언론의 언론자유는 곧 소유주의 언론자유를 의미한다. 소유주는 언론에 부당하게 개입하는 게 아니라 자신의 언론자유를 실현하고 자신의 재산권을 행사하는 것으로 이해된다. 공적 기능이나 역할, 사회적 책무 등이 부정되지는 않지만 소유권에 비하면 부차적일 뿐이다. 이러한 논리는 2013년 7월에 게재된 〈한국일보〉의 칼럼에 가감 없이 드러나 있다. "발행인의 의견과 주장을 담은 신문으로 시장에서 경쟁, 사회적 영향력과 상업적 이익을 얻는 것이 신문의 자유의 본질인 것이다. 따라서 사기업인 신문에서 기자들의 언론자유는 발행인의 권리와 신문의 노선, 방침에 의해 제약된다." 기자의 대표격이라고 할 수 있는 주필의 글이다. 참고로 당시는 소유주의 배임으로 〈한국일보〉 노조와 경영진의 대립이 극에 달했던 시점이었다.

알권리 충족이라는 공적 기능을 목적으로 하는 언론이 사적 소유의 영리기업으로 존재하는 모순으로 인해 언론이 시민의 알권리를 대리한다는 관념에 대한 의구심은 더욱 커질 수밖에 없다. 앞서 논의한 것처럼 소극적 언론자유에서는 언론과 시민 간에 위임과 대리 관계가 필요 없다. 언론 또한 시민으로서 간섭과 개입의 주체인 국가에 대항한다. 시민(언론) 대 국가의 이항 대립 구도인 것이다. 만약 소유주의 언론자유를 강조한다면 언론은 시민이 된다. 언론이 시민의 알권리를 대리한다는 관념도 필요 없고, 언론의 본질은 기업이며, 언론에게 어떤 형태로든 시민이 가지지 못한 특권이 부여돼서는 안 된다. 공적 기능을 담당하는 사회적 제도로서 언론은 부정되는 것이다. 자유주의적 관점에서 언론의 존재 목적보다 존재 양식을 강조할 경우 당연히 도달하게 되는 결론이다. 반면 언론이 시민의 알권리를 대리한다고 가정할 경우 '권리 주체인 시민', '시민을 대리하는 언론', '권리 보장의 의무를 지는 국가'라는 '시민-언론-국가'의 삼원 구도가 형성된다. 시민은 언론에게 알권리를 위임하고 그에 대응해 언론은 시민에게 중요하고 정확한 정보를 제공해야 하는 책무를 진다. 국가는 시민 일반에게는 정보공개법 등의 보편적 방식으로, 언론에게는 취재 관련 특권을 부여하는 방식으로 알권리를 보장해야 한다. 그런데 여기서 국가가 언론에 부여하는 특권에는 분명한 실체가 있지만 언론과 시민의 관계는 여전히 불분명하다. 시민과 언론의 위임·대리와 권리·의무는 신탁trust과 수탁trustee의 법적 관계가 아니다. '언론이 시민을 대리한다'는 명제는 그저 주장될 뿐이고 헌법에 의해 언론에 위임된 알권리란 존재하지 않으며 실제로는 언론이 자기 존재를 정당화하고 특권을 요구하기 위해 개발한 수사rhetoric라고 비판받을 수도 있다(Dennis & Merrill, 2001).

언론이 시민을 대리한다는 관념은 정말 허구적인 것일까? 최소한 자유주의에서는 그렇다. 시민과 동등한, 시민의 한 유형인 언론이 시민을 대리할 수 없고 시민의 알권리를 명분으로 언론에 부과되는 사회적 책무는 언론(과 그 소유주)의 언론자유에 대한 간섭이 될 수 있다. '기레기 담론'과 같은 언론에 대한 신랄한 비판은 대리자로서 의무를 제대로 이행하라는 정당한 요구가 아니라 언론자유에 대한 심각한 위협으로 간주된다. 언론을 사회적 제도로 인정하고 시민의 알권리를 대리한다는 공적 기능을 정당화하기 위해서는 자유주의를 넘어서는 그 무엇이 필요하다.

자유주의를 넘어서

자유주의의 강력한 물적 기초는 사유재산이며 재산권은 가장 중요한 기본권 중 하나다. 더 나아가 자유지상주의는 재산이 개인의 육체적·정신적 노동의 결과물이기 때문에 타인의 재산을 전유하는 것은 개인의 정신과 신체를 전유하는 것과 다를 바 없다고 주장한다. 언론이 철저하게 사적 영리기업으로 존재하는 나라는 미국이다. 공익재단에 의해 소유·운영되는 언론도 있으나 국가가 직간접적으로 소유하는 공영 언론은 없다. 공론장의 작동이나 여론형성과정에 국가가 개입할 여지를 원천적으로 봉쇄해야 한다는 자유주의적 합의가 있기 때문이다. 국가의 간섭이 없는 상태인 '사상의 자유시장'이 형성되고 언론을 포함한 모든 시민이 그곳에서 하고 싶은 말을 다 할 수 있으면 언론자유가 보장된 것이다. 여기에 '자동조정의 원리'가 작동한다면 진실이 드러나고 올바른 여론이 형성될 수 있다. 공적 기능이 사적 영리기업의 자유로운 활동을 통해 가장 잘 구현된다고 가정하는 것이다.

자유주의에서는 그 과정에 개인의 자유로운 선택 외에 그 어떤 규범도 부과하지 않는다. 그 누군가가 시민 개인의 선택에 사회적 책무를 부과한다면 결국 자유를 제한하게 될 것이라고 보기 때문이다. 따라서 언론의 공적 기능이나 사회적 책무를 말하더라도 철저하게 소유주나 기자 개인의 도덕과 양심, 직업적 전문성의 문제로 한정한다. 언론의 사회적 책무를 강조한 허친스위원회의 보고서 〈자유롭고 책임 있는 언론〉에서도 언론의 폐해를 해결하기 위해서는 언론을 통제하는 사람들의 책임감이 중요하다고 결론짓는다.

근본적으로 자유주의는 사회적 제도로서 언론의 특권을 인정하지 않는다. 자유주의 헌법 앞에서 언론은 사회적 제도가 아니라 개인일 뿐이다. 언론에게 개인과 차별되는 특권이 부여될 수 없다. 미국 수정헌법 제1조가 '언론의 자유freedom of the press'를 특별히 보호한다고 해석하기도 하지만 미국 법원은 시민 개인에게 보장된 자유와 권리 이상의 그 어떤 예외적 특권도 인정하지 않는다. 특권을 법으로 인정하는 것 자체가 국가를 포함한 사회적 제도로부터 시민을 보호해야 한다는 헌법의 자유주의적 취지에 반하기 때문이다. 물론 특권도 없지만 사회적 책무를 법적으로 강제하지도 않는다.

사적으로 소유된 언론은 시민의 알권리 그리고 그 대리자로서 언론의 공적 기능과 충돌할 수밖에 없는데, 자유주의는 알권리 같은 적극적 언론자유를 언론의 소극적 언론자유에 대한 위협으로 규정한다. 애초에 적극적 자유 개념이 인간을 수동과 능동, 순응과 자율 등 저차원과 고차원으로 양분하고, 더 큰 자아로서 공동체에 개별 자아인 개인을 종속시키며, 적극적 자유의 이상이라는 미명하에 억압과 강제를 정당화할 위험을 내포하고 있다고 보는 것이다. 벌린이 적극적 자유를 배척하고 소극적 자유를 자유의 본질적 영역이라고 주장했던 이유도 여기에 있다. 시민의 알권리라는 적극적 자유도 마찬가지다. 시민의 알권리 충족을 언론의 공적 기능으로 정의하고 그에 따른 특권을 언론에 부여할 경우 시민의 적극적 자유가 언론의 소극적 자유에 도전할 수 있다. 간섭받지 않고 취재·보도할 언론 소유주의 소극적 자유가 특정 사안을 취재·보도해달라는 시민의 알권리와 충돌할 수 있는 것이다. 이런 의미에서 알권리 개념이 수정헌법 제1조에 보장된 언론의 자유를 파괴하는 유해한 헌법 원리로 해석되기도 한다.

결과적으로 자유주의는 '자유 시장'을 통해 경제적 불평등을 정당화하듯이 '사상의 자유 시장'을 통해 불평등한 언론자유를 용인하고 정당화한다. 자유주의적 관점에서는 국가 외에 언론자유를 침해할 그 어떤 무엇도 가정하지 않기 때문에, 국가의 개입이나 간섭이 아닐 경우 언론자유에 대한 침해나 위협이 아니라고 본다. 언론에 대한 소유주의 통제는 재산권 행사로 생각하고, 언론 소유주나 언론에 접근할 자원이 많은 사람이 더 큰 언론자유를 누리는 불평등한 현실에는 눈감는다. 반면 언론의 공적 기능과 사회적 책무에 대한 논의는 언론자유가 침해될 가능성을 들어 금기시한다. 소극적 자유로서 언론자유의 도그마는 자유주의의 필연적 귀결인 것이다.

하지만 비정기적으로 전단지 같은 신문을 찍어내는 인쇄업자라면 모를까 전문적인 뉴스 생산 조직인 현대 언론을 시민 개인과 동일시하는 것은 현실과 동떨어진 인식일 뿐이다. 헌법 차원에서 언론의 특권과 사회적 책무를 규정할 필요까지는 없지만 그렇다고 해서 사회적 제도로서의 언론의 실체를 부정하고 그 사회적 책무를 개인 차원의 도덕과 양심의 영역으로 환원시키는 것은 자유주의의 과도한 확장이다. 비록 헌법 자체가 자유주의에 경도돼 있기 때문에 미국 연방대법원은 언론의 특권을 인정하지 않고 시민의 보편적 언론 자유를 강조하지만, 그에 못지않게 조직화된 전문 감시자로서 정부를 견제하고 비판하는 것이 언론의 책무라는 점을 명확히 말해왔다. 헌법의 바탕이 되는 자유주의를 부정하지 않으면서도 사회적 제도로 자리 잡은 언론의 실체와 공적 기능을 인정하는 것은 미국 연방대법원이 유지해온 절묘한 균형이기도 하다. 이를 통해 자유주의적 헌법이 가진 근본적 한계를 보완하는 것이다.

우리 헌법과 언론 관련 법률, 제도들은 자유주의에 바탕을 두고 있지 않다. 하지만 자유주의 혹은 자유지상주의의 목소리는 점점 커져온 것도 사실이다. 개방형 브리핑제, 종합편성채널 도입, 언론중재법 개정, 공영방송 지배구조 개선 등을 둘러싼 논란에서 언론의 공적 기능이나 사회적 책무보다는 자유방임이 강조돼왔다. 하지만 우리나라 언론 생태계에는 여전히 알권리, 책임, 독립성, 공정, 객관, 공익 등등 공적 기능과 사회적 책임을 지칭하는 개념과 용어들이 건재하다. 우리나라에서 자유주의는 아직 현실이 아니고 미래는 더더욱 될 수 없다. 마치 오래된 미래처럼, 공공성의 강화에 해답이 있을 수 있다.

해방 이후 미군정에 의해 서구식 민주주의와 자유주의적 언론 제도가 도입되면서 언론자유를 보장해야 한다는 당위는 인정됐으나 실제로는 권위주의 정치체제에 의한 억압과 통제가 지속됐다. 특히 5공화국의 언론기본법은 언론의 공적 기능과 사회적 책무를 강조함으로써 언론 통제를 정당화했다. 언론자유를 위한 저항과 투쟁에서 자유주의 혹은 자유지상주의가 수용된 것도 자연스러운 반작용으로 이해될 수 있다. 하지만 민주화 이후에도 언론 관련한 법체계나 제도, 사회적 인식은 권위주의적 통제의 논리와 자유방임의 논리가 이항 대립하는 이분법에서 벗어나지 못했다. 개방형 브리핑제, 종합편성채널 도입, 언론중재법 개정, 공영방송 지배구조 개선 등등과 관련해서 언론의 공적 기능이나 사회적 책무에 대한 강조는 곧 언론자유를 침해하려는 의도로 규정돼왔는데, 이는 사실 자유주의적 편향에 따른 맹목적 관성이나 도그마에 가깝다. 그 와중에 언론은 시민의 언론자유에서 유래한 특권을 사유화하고 언론자유를 창과 방패로 삼아 스스로 권력을 키워왔다.

단언컨대 자유주의는 미래가 될 수 없다. 언론도 시민으로서 소극적 언론자유를 마음껏 누리고 '사상의 자유시장'의 다양성과 '자동조정'의 선별을 거쳐 합리적 여론 형성으로 수렴될 것이라는 막연한 기대일 뿐이고 실제로는 언론자유라는 미명하에 불평등 구조만 강화할 뿐이다. 사회적 제도로서 언론에게 권위주의적 통제와 사회적 책무의 의미는 완전히 다르다. 통제는 국가가 소극적 언론자유를 침해하는 것이라면 사회적 책무는 시민이 언론에게 적극적 언론자유를 이행하도록 요구하는 것이다. 따라서 우리나라 법체계와 사회적 인식 속에 살아 있는 알권리, 책임, 독립성, 공정, 객관, 공익 등등 공적 기능과 사회적 책임을 지칭하는 개념과 용어들을 과거 권위주의 체제에 의해 오용됐던 통제의 의미로 오해해서는 안 된다. 그보다는 소극적 언론자유라는 자유주의의 도그마를 극복할 대안으로 인정할 필요가 있다.

이미 언론의 사적 소유가 지배적인 상황에서 공영언론과 준공영언론의 민영화를 통해 공영언론의 비중을 더더욱 축소하려는 흐름은 강화되고 있다. 언론의 지배구조에 대한 공적 개입은 사유재산권 침해로 거부되고 있다. 언론의 자율규제는 유명무실하고 자유방임의 알리바이로 활용될 뿐이다. 그 결과는 민주화 이후 수십 년간 목도된 언론자유 오남용과 공론장의 왜곡이라는 폐해다. 마치 오래된 미래처럼, 그에 대한 처방은 언론의 공공성 강화일 수밖에 없다.

3장

언론자유 개념의 사회학적 실패
혹은 자기과장

정준희

언론자유 개념의 유용성과 무용성

언론자유는 성공한 개념이다. 언론학이 무엇인지 모르는 사람은 많아도 언론자유라는 말을 들어보지 못한 사람은 없다. 민주주의 정치제도를 채택하고 있는 국가의 정치인이라면 적어도 대놓고 언론자유를 부정하지 못한다. 자유주의권 국가가 비자유주의권 국가의 '내정'을 문제 삼을 때 흔히 활용하는 개념이 인권인데, 언론자유는 그런 국가들이 일상적으로 탄압하는 핵심 기본권 중 하나로 표상된다. 언론학 교과서의 제1장은 언제나 언론자유로 시작한다. 저널리즘에 대해 깊이 고민해본 적이 없는 명목상의 언론학자들도 언론에 관한 언급을 요청받을 때 어김없이(실은 면밀한 고찰 없이) 꺼내드는 개념이 언론자유이다. 언론인들의 제1교의敎義 역시 언론자유이다(이들이 여기에 제2교의나 제3교의 같은 것을 덧붙일 수 있을지, 혹은 더할 의향이 있는지는 잘 모르겠다). 기독교 성경 이사야 44장 6절을 떠올릴 만하다. "이스라엘의 왕인 여호와, 이스라엘의 구원자인 만군의 여호와가 이 같이 말하노라. 나는 처음이요, 나는 마지막이라. 나 외에 다른 신이 없느니라." 그렇다. 언론자유는 가히 언론 관련 논의의 '알파이자 오메가Alpha et Omega'처럼 대접받아왔다고 할 만하다. 언론자유 개념은 적어도 언론학과 언론 분야에서는 유일신의 지위에 등극했으며, 현대 민주주의를 떠받치는 여러 신들 가운데에서도 꽤 높은 자리에 올라 있다.

그러나 정말 그게 맞을까? 이 책 제2장에서 송현주는 하나의 도그마dogma가 돼버린 언론자유 개념을 문제 삼는다. 도그마는 '이성에 의한 비판과 증명을 필요로 하지 않는 교리나 신념'을 가리키는 단어이다. 본래 도그마는 한 면만이 아니라 다른 면의 얼굴도 전제한다. 따라서 언론자유 개념 역시 도그마의 두 얼굴을 갖는다. 한쪽에서 바라보면 교의教義이지만 그걸 뒤집어 보면 독단獨斷이 붙어 있다. 언론자유라는 정설orthodox은 시간의 흐름과 함께 상당 부분 단순한 억견(臆見, doxa) 수준으로 타락해버렸다. 나는 언론자유가 민주사회를 구성하는 핵심 가치여야 하고 그런 의미에서 여전히 언론 문제를 다루는 주요 개념이어야 한다고 본다. 하지만 그에 대한 이성적 비판을 허용하지 않는 순간 흔하디흔한 독단으로 전락할 수밖에 없다고 판단한다. 이런 측면에서 언론자유라는 도그마는 곧 역설paradox의 다른 이름이다. 여전히 견지되어야 할 신념이면서도 종종 그에 대한 비판적이고 성찰적인 사유를 제약하는 독단. 바로 여기에 역설이 존재하고 그로부터 딜레마가 싹튼다.

　이 역설을 풀기 위해서는, 우선 억견을 해체해야 한다. 플라톤식으로 말하면, 흔히 통용되는 잘못된 믿음의 체계로서의 억견, 즉 독사doxa는 비판적 이성의 눈을 통해 파악된 참된 실재, 즉 에피스테메epistēmē에 이르지 못한 허상에 불과하다. 따라서 언론자유라는 도그마의 해체는 달의 뒷면을 바라볼 의지를 품고 이성reason의 카메라와 정동affect의 추진체를 단 우주선을 쏘아 올리는 데에서 시작해야 한다. 그렇게 우주적 시야에서 언론자유의 이면을 조망하고 나면 언론자유가 언론학과 언론직이 숭배해야 할 유일신이 될 수 없음이 드러난다. 모호하게 신격화되었던deified 과거의 지위, 그러나 실상은 그에 걸맞지 않게 남루할 뿐이었을 면류관을 벗기고 구체적으로 인격화된personified/characterized 옷을 입힐 때이다.

　그 첫 단계는 비현실적으로 절대화된, 굳이 그게 필요하지 않을 때에는 수시로 들먹여지고 정작 절대적으로 필요할 때에는 꿀 먹은 벙어리처럼 방기되는 역설 속의 언론자유 개념을 현실에 비추어 상대화하고 조건화하는 데에서 시작한다. 우선 언론자유에는 **보편적**으로 존중받아야 마땅할 절대적 요소와 **특수한** 조건을 통해 보장/보정되어야 할 상대적 요소가 동시에 내포되어 있기 때문에 이를 구별해서 바라볼 필요가 있다. 이것은 두 가지 의미에서 그렇다.

　먼저, 언론자유는 모든 국가 모든 사회에서 통용되어야 하는 보편적 인권이면서도 그것의 구체적 실행은 개별 시대, 개별 국가, 개별 사회의 특수한 문화적 맥락에 의해 일정 부분 제약된다. 모든 이들은 자신의 사상과 견해를 자유로이 표출할 권리를 지닌다. 하지만 동시에 어떤 사회에서는 성기의 노출도 가능한 반면, 다른 사회에서는 음모의 한 터럭조차 공개되는 것이 금기시된다. 이렇게 보편적 권리로서의 언론자유는 구체적인 시대, 사회, 문화의 조건 위에서 특수한 형태로 현실화된다. 언론자유의 보편성을 과도하게 강조하면 엄연한 문화적 차이의 현실을 무시하는(예컨대 이를 국제 규범으로 강제하려는 자유주의권 국가들이 자기 안에 현존하는 부자유를 정당화하지 못하는 자가당착적) 오류를 범하게 된다. 반대로 언론자유의 특수성에 지나치게 치우치면 언론자유의 본질을 침범할 수준의 온갖 퇴행적인 관습을 '문화주권'이라는 이름으로 옹호하는(그럼으로써 인간해방이라는 근대적 대의에 봉사했던 계몽적 성취를 퇴보시키는) 무능력에 빠지고 만다. 보편적 의미에서의 언론자유는 구약 시대의 북극성과도 같은 가치를 지닌다. 압제에 신음하는 이스라엘 백성을 황야로 이끌고 간 모세의 밤하늘에 떠 있는 별이다. 암흑으로부터 빠져나와 묵묵히 걸어가야 할 방향이 어느 쪽인지는 알려줄 수 있다. 하지만 종착지가 어느 곳에 있는지를 가리켜주지는 않는다. 반면 특수한 언론자유는 개별 사회에 뿌리내린 정착민의 오아시스와 같다. 여전히 구성원 모두가 마실 수 있는 물이어야 한다. 누구는 마시고 누구는 마실 수 없어선 안 된다. 바로 그렇기 때문에라도, 수원이 오염되는 것을 막아야 하고 누군가가 독극물을 풀어 넣도록 방치해서도 안 된다.

다음으로, 자유를 누려야 할 주체 측면에서도 보편성과 특수성이 내재돼 있다. 앞선 글에서도 자주 언급되었던 바와 같이 언론자유는 개개인의 표현자유와 언론기관의 자유라는, 서로 연결돼 있지만 질적으로 상이한 두 가지 층위로 구성된다. 먼저 개개인의 기본권으로서의 표현자유가 언론자유의 **보편적** 토대를 구성한다. 그 위에 얹힌 **특수한** 자유가 바로 언론기관의 자유이다. 즉 언론기관이 권력으로부터의 탄압을 두려워하지 않고 그것의 민주적 작동 여부를 감시할 수 있게 할 자유이다. 이 후자(언론기관)의 자유는 전자(개인)의 자유를 대행하는 특수한 기구에 주어진 특별한 자유이다. 만약 언론기관이 자신의 자유를 권력 감시에 쓰는 게 아니라 특정 권력 혹은 이익만을 보호하기 위해, 또는 심지어 스스로 권력이 되기 위해서 쓴다면, 또 만약 자신보다 약자의 위치에 있는 평범한 사람들의 권리를 침해하고 결과적으로 그들의 자유를 억압하는 데 사용한다면, 그 자유는 회수되어야 마땅하다. 헌법이 보장하는 기본권에는 '주관적 공권公權'으로서의 측면과 '객관적 가치질서'로서의 측면이 각각 혹은 동시에 내포돼 있다. 주관적 공권은 별도의 법률로서 특수하게 규정하지 않더라도 국가가 반드시 보장해야 하는 방어권적 성격의 기본권이다. 객관적 가치질서는 헌법이 규정하는 민주적 질서를 구현하기 위해서 특수한 법률을 통해 구체적으로 그 내용과 조건을 명시해야 하는 권리에 해당한다. 언론자유의 기층에 해당하는 표현의 자유는 주관적 공권으로서의 속성이 강하다. 따라서 이를 위한 별도의 법령을 요하지 않는다. '개인과 개인' 사이의 상호 침범 가능성이 있을 때에 한해서만 이를 제한하면서 그로부터 발생하는 피해를 구제하기 위한 법률을 만들 수 있을 따름이다. 반면 언론자유의 상층에 해당하는 언론기관의 자유는 객관적 가치질서 쪽에 훨씬 더 기울어 있다. 따라서 국가는 여타 민주적 질서에 상응하는 방식으로 이 권리를 보장하거나 제한하는 구체적인 법률을 만들 수 있고 또 만들어야 한다. 쉽게 말해 개개인의 표현의 자유는 일단 그 행사 주체에게 '주관적으로' 옳은 것이라 받아들여져야 하고, 굳이 제한이 필요한 경우라면 이 조건을 '객관적으로' 규정해야 한다. 반면 언론기관의 자유는 (개인적 표현의 자유 영역에 속한다고 간주되는 사안 바깥에서) 그것이 보장되는 동시에 제한될 수 있는 조건이 처음부터 '객관적으로' 규정되어야 할 필요가 있다.

언론자유 개념이 '유용'할 때는 무엇보다 이 보편적 차원이 호출될 필요가 있는 '조건'에 처할 때이다. 예컨대 **국가와 개인의 관계**에서는 개인의 언론자유가 거의 절대적으로, 그리고 상당 부분 무조건적으로 옹호되어야 한다. 국가는 기본권의 보호 주체이지 행사 주체가 아니다. 또 국가는 개인에 비해 압도적으로 우월한 권력을 보유한다. 국가는 스스로 강력한 표현 수단을 갖고 있을 뿐 아니라 자신의 발언을 언론이 보도하도록 자극할 수 있는 막강한 발화자이다. 반면에 개인은 그런 발언력을 일상적으로 갖지 못한다. 우리가 그토록 자주 목격해왔던 '검찰발' 보도를 보라. 개인의 인신을 구속하고 형벌을 요청하고 그 집행을 강제할 수 있는 막강한 권력을 지닌 검찰이 누리는 언론자유에 비해 개인에게 허락된 언론자유는 얼마나 미약한가? 그럼에도 불구하고 국가는 자신의 이런 권력을 절제하여 사용하려 했는가? 그리고 언론기관은 이런 힘의 불균형을 적극적으로 보정하려 했는가? 오히려 훨씬 더 강한 쪽에 빌붙어 그 권력의 일부라도 나누어먹기 위해 애를 쓰지 않았던가? 나는 이럴 때, 그 미약한 개인을 위해 언론자유를 호출하고 적극적으로 대행하는 언론을 거의 보지 못했다.

국가와 언론기관 사이의 관계에서 역시 기본적으로는 언론자유의 보편적이고 또 절대적인 가치가 호출될 필요가 있다. 국가는 언론기관에 비해서도 여전히 압도적으로 우월한 권력과 자원을 지니고 있기 때문이다. 이런 비대칭적 관계에서 언론기관이 누려야 할 언론자유는 상당 부분 개인적 표현의 자유에 더 가깝다. 나아가 이들은 개개인이 직접 행사하기 어려운 표현의 자유를 대행하는 민주적 기능을 수행하고 있기에 그에 상응하는 다소간의 특권적 자유, 즉 취재와 보도의 자유도 보장되어야 한다. 그를 통해 국가는 객관적 가치질서를 적극적으로 형성하는 것이다. 그런데 예컨대 검찰청 출입기자단이 그렇게 주어진 취재·보도의 자유를 특정 언론사 집단에게만 허용한다면? 게다가 그렇게 주어진 자유를 검찰이라는 국가기관과 개개인 사이의 비대칭적인 관계를 보정하는 게 아니라 오히려 강화하는 데 사용한다면? 여기서부터는 보편적 언론자유의 훼손과 함께 특수한 언론자유의 남용 문제가 나서게 된다. 마땅히 언론은 자신에게 주어진 자유가 가능한 한 모든 언론에게 공유될 수 있도록 하기 위해, 그리고 그 자유를 시민 개인의 알권리와 함께 국가와 상대해야 하는 개인의 표현자유를 대행하기 위해서 언론자유 개념을 호출해야 한다. 하지만 현실은 정반대인 경우가 많다. 도리어 여타 언론사의 자유를 억압하고, 시민의 알권리를 제한하고, 국가의 일방적 표현을 더 많이 노출시키는 방향으로 자신의 특권을 오용한다. 윤석열 정부에 의해 대통령 전용기 탑승이 배제된 MBC 사례처럼, 행정권력이 노골적으로 특정 언론의 취재를 자의적으로 방해해도 언론자유 개념이 적극적으로 호출되지는 않는 것을 보면 알 수 있다.

그렇다면 **언론기관과 개인** 사이에서는 또 어떨까? 여기서도 만약 언론자유 개념이 호출되어야 한다면 그 역시 보편적 차원, 즉 개인의 표현자유 보장 관점에서 언론자유가 적절히 작동하고 있는가를 문제 삼을 필요가 있을 때이다. 언론기관은 개인에 비해 더 많은 권력과 자원을 보유하고 있으며, 그만큼 더 큰 표현자유를 행사할 만한 여건을 갖추고 있기 때문이다. 또 언론기관은 시민 개인의 표현자유를 대행하는 기관으로서, 민주적 기능을 수행한다는 전제로, 개인은 누릴 수 없는 부가적 자유까지 보장받고 있는 까닭이다. 만약 언론에 의해 그릇된 보도가 행해져서 개인의 권리가 심각하게 침해되었다면 이때에는 언론자유가 아니라 '책임'이 호출되어야 한다. 그리고 그렇게 침해된 권리를 표현할 개인의 자유가, 또 그 표현을 온전히 전달할 언론기관의 책임이 강조되어야 한다. 그런데도 언론은 여기에서는 이런 차원에서의 언론자유, 즉 취약한 상태에 놓인 개인의 대항적 표현자유를 옹호하지 않는다. 도리어 자신에게 보장되어야 할 특수한 차원의 언론자유만을 호출하여 이를 더 억누르는 데 사용한다. 언론에 대한 시민의 과도한 공격이 언론자유를 위축시키고 있다면서 말이다. 만약 기자 '개인'과 시민 '개인'이 각자의 보편적 언론자유, 즉 표현의 자유를 행사하는 과정에서 맞부딪힌 문제라면 그럴 수 있다. 그리고 그건 그를 위해 마련된 별도의 법률을 통해 해결하면 된다. 하지만 언론에 대한 시민의 '표현'은 대부분 여전히 비대칭적인 관계 속에서 발생하며, 자신을 대행하지 못한다고 판단하는 언론에 대한 시민의 저항으로 간주되는 것이 바람직하다. 이런 고질적 행태는 언론으로 인한 피해 구제를 더 현실화하기 위해 시도됐던 언론중재법 개정안 국면에서도 여실히 드러났다. 이들은 언론기관과 개인 사이에서 발생하는 힘의 불균형을 제도적으로(즉, 객관적 가치질서 구현의 차원에서) 보정하기 위한 입법부의 노력을 단순히 언론탄압으로 폄훼했다. 심지어 이를 '언론재갈법'이라며 과장하는 정치세력과 연대했다. 언론기관과 개인 사이의 관계를 언론기관과 국가 사이의 관계로 환치함으로써, 국가에 의한 언론자유 침해라는 전도된 기치를 들고 나섰던 것이다.

이런 식으로 언론자유 개념을 선별적이고 무원칙하며 자기중심적으로 호출하는 건 언론자유 개념을 무용하게 만들 뿐더러 사회에 유해한 영향을 남긴다. 다시 강조하건대, 보편적이고 절대적인 차원의 언론자유는 공권력을 보유한 강력한 국가, 다양한 특권을 전유하고 있는 언론기관에 맞서 자신을 방어해야 하는 상대적 약자의 미약한 표현을 위해 우선적으로 호출되어야 한다. 이런 상황에서는 언론자유 개념이 항구적인 유용성을 지닌다. 굳이 말하면 이것은 '헌법학'적인 유용성이라 할 수 있다. 그런데 정작 그럴 때 언론자유의 깃발을 드는 게 아니라, 오히려 상대적 강자가 상대적 약자를 대상으로 행사하는 권력에 대해서, 그 강자들의 자유를 옹호하고 더 강화시키는 방향으로 언론자유를 오용하는 상황을 수시로 마주한다. 이것은 언론자유 개념이 주관적 공권으로서 존중받아야 할 지위를 약화시키는 한편, 이를 통한 객관적 가치질서의 구현이라는 국가의 헌법적 책무를 교란하는 일이다. 이와 같은 개념 남용과 오용은 '헌법학적'인 무용성—언론자유 개념이 시민의 기본권을 보호하는 데 쓰이지 못하면서 그 가치가 저하되는 현상과 함께, 유해성—구성원 모두의 자유와 평등이 아니라, 강자의 자유가 강화되고 약자의 자유는 억압되는 불평등성의 심화를 낳게 된다.

물론 국가와 언론기관 사이, 그리고 언론기관과 개인 사이의 비대칭성이 과거와 같은 수준에서 유지되고 있는지 질문할 수는 있다. 형식적 민주주의가 구현된 사회에서는 실제로 국가의 힘이 과거에 비해 약화됐고 언론기관은 전보다 더 강력해졌다. 또 인터넷 혁명과 소셜미디어 확산으로 인해 개인의 표현수단이 현격히 확장되었고 언론기관과 개인 사이의 경계가 꽤 흐려지기도 했다. 이런 현상에 대해서는 정당한 평가가 필요하다. 수백 만의 구독자를 지닌 유튜버가 특정 기자 혹은 공직자 개인을 대상으로, 그것도 비민주적이거나 심지어 반민주적인 방식으로, '표현의 자유'를 행사하는 게 아닌 '표현의 테러'를 가하고 있다면? 또 언론기관의 자유를 침해하지 않기 위해 자신의 권력 사용을 절제하는 국가기구나 그 안의 권력자 '개인'에 대해서, 막강한 자본력과 영향력을 지닌 개개의 언론기관 또는 집단 혹은 개인이 반민주적인 사익 보호를 위해서 자신

(들)의 특권을 남용한다면? 이런 조건에서도 언론자유의 보편적 차원이 여전히 호출되어야 하는가에 대해서는 의문이 제기될 수 있다. 나는 이에 대해서는 좀 더 전향적인 사고가 필요하다고 보는 쪽이다. 절대적이었던 개인의 표현자유 개념도 미디어 환경의 변화와 함께 상당 부분 상대화될 필요성이 생겼다고 판단하기 때문이다. 이른바 증오발언hate speech이나 역사부정론 혹은 과학부정론 등의 온갖 부정론(denialism; 경험적으로 증명할 수 있는 진실을 받아들이기 거부하는 태도)이 독자적인 미디어 생태계를 구성하면서, 합리적이고 관용적인 체계를 위협하고 있는 조건이라면 더욱 그렇다. 요컨대 표현의 자유를 보편적 토대로 둔 언론자유 개념이, 헌법학적으로 보면, 주관적 공권 측면보다는 객관적 가치질서 쪽으로 점차 이동하고 있고, 따라서 이를 규율(즉, 보장하면서도 제한)하기 위한 입법이 필요해지고 있다는 생각이다. 그럼에도 불구하고, 아니 바로 그러한 이유 때문에, 나는 언론자유 개념이 '헌법학적으로' 혼란스러운 단계에 도달해 있을 뿐 아니라, '사회학적인' 실패를 거듭하고 있다고 본다. 여기서 헌법학적인 혼란은 규범과 가치 측면에서의 것이고, 사회학적인 실패는 언론과 그것을 둘러싼 사회적 조건, 다시 말해 '언론의 사회적 문제the social problematics of journalism'를 적절히 기술하고 설명해내지 못하는, 그럼으로써 사회적 문제를 파악해서 해결해내는 데 도리어 장애가 되고 있는 현실을 가리킨다. 요컨대 언론자유 개념이 남용 및 오용된 결과, 여전한 압제 혹은 주기적으로 찾아오는 탄압을 벗어나기 위한 '북극성'으로서의 좌표적 기능도, 이 시대 우리 사회의 믿을

만한 정보 '오아시스'를 구성하기 위한 수행적 지침으로서의 기능도 상실하고 있다는 뜻이다. 하여 이어지는 글에서는 먼저 언론자유 개념의 가치·규범적 혼란을 헌법학적으로 다루어본 다음, 그것의 사회학적 결핍과 무능력을 지적하고, 이런 문제를 해결하기 위한 이론적·개념적 대안을 모색해보려 한다.

흔들리는 바늘,
더 이상 진북眞北을 가리키지 못하는 언론자유 규범

2022년 가을, 헌법을 수호하기 위해 MBC의 전용기 탑승을 불허했다는 대통령의 발언이 있었다. 정말 그는, 언론자유라는 헌법적 가치와 국익을 보호해야 하는 대통령의 헌법적 책임 사이에서 고뇌한 결과로 이런 말을 한 것일까? 아닐 것이다. 우리 헌법 제66조에 규정된 대통령의 지위와 책무는 이러하다. 제1항은 "대통령은 국가의 원수"로서 "외국에 대해서 국가를 대표한다."고 되어 있다. 그리고 제2항에 따라 "대통령은 국가의 독립, 영토의 보전, 국가의 계속성과 헌법을 수호할 책무를 진다." 과연 대통령이 제3항에 의거하여 "조국의 평화적 통일을 위한 성실한 의무"를 제대로 지고 있는지부터 의심스럽지만 이에 대해서는 판단하지 않겠다. 외국에 대해 국가를 대표하는 대통령이 자기 나라 국회이든 남의 나라 국회이든 '새끼들'이란 멸칭으로 부르는 게, 그리고 그가 말한 게 '바이든'이든 아니면 그냥 '날리면'이든, 과히 국가원수다움을 보여주지 못했던 게 헌법의 관련조항을 위배한 것인지 아닌지도 큰 관심은 없다. 아무튼 대통령의 지위와 책임에 대한 우리 헌법의 규정은 이러한데, 여기 어디에 특정 언론을 배제해서라도 지켜야 할 '국가의 독립'과 '국가의 계속성'이 숨어 있는지 모를 일이다. 분명한 사실은, 언론자유의 본질적 가치를 침범했던 대통령의 '행정행위'가 적어도 헌법 수호와는 대단히 거리가 먼 행동임에는 의심의 여지가 없다는 점이다.

이미 우리 헌법은 현직 대통령에 의해서 지극히 혼란스러운 규범체계가 되어가고 있다. 상황이 이러할진대 언론자유 개념의 헌법학적 혼란을 이야기하는 게 무슨 소용이 있을까 싶기도 하다. 그러나 이런 자괴감을 넘어, 언론자유 개념의 헌법적 위치와 그것이 설정해놓는 규범적 성격에 대해서 알아볼 필요는 있다. 대통령이 그렇게나 자주 헌법을 들먹이고, 우리 언론은 그런 대통령만큼이나 자주 헌법이 규정하고 있는 언론자유 개념을 마치 '전가의 보도' 아니 '선별적 방패막이'처럼 사용하고 있기 때문이다. 요컨대, 대통령의 언행이나 그에 동조하는 정치세력과 언론에 공감하거나 반감을 품는 건 각자의 자유에 맡겨두되, 그렇게 수시로 들먹여지는 헌법이 정작 우리에게 하고 있는 이야기가 무엇인지 정도는 명확히 알아둘 필요가 있다는 거다.

국가를 구성하는 최상위 규범으로서 헌법이 보장하는 기본권은 크게 자유권, 참정권, 사회권으로 분류된다(물론 평등권, 행복추구권 등과 같이 자유권의 전제가 되는 더 근원적인 기본권이 있고, 청구권처럼 국가에 대한 개인의 구체적인 대응 수단을 보장하기 위한 기본권도 있는데 이에 대해서는 3대 기본권 범주와 연관해서 이후에 설명토록 하겠다). 이들 3대 유형의 기본권 범주는 국가와 개인이 맺는 관계의 성격, 국가에게 부여하는 역할과 책임의 적극성 수준 등에 의해 서로 구별된다. 역사적으로도 자유권에서 시작하여 참정권, 사회권으로 나아갔으며, 그에 따라 소극적 자유에서 적극적 자유로, 국가의 소극적 책무에서 적극적 책무로, 주관적 공권으로부터 시작해서 객관적 가치질서의 성격으로 차츰 더 이동해오는 양상을 보였다.

먼저 **자유권**은 신체의 자유, 종교의 자유, 학문과 예술의 자유, 언론·출판·집회·결사의 자유 등으로 구성되는 '방어권적 기본권'이다. 이들은 모두 개인의 천부인권을 국가가 침해할 위험에 대해 방어하기 위한 것으로서, 국가로부터의 자유(freedom from state; 좀 더 뚜렷이 말하자면 국가 폭정tyranny으로부터의 자유)에 해당한다. 다시 말해, 국가가 개인에 대해 '폭압적'이고 '자의적'인 권력을 행사할 수 있는 위험한 존재라는 것을 전제하고 있는 기본권인 셈이다. 이러한 자유권은 좁은 의미에서의 자유, '간섭이 없는 자유free from~', 즉 소극적 자유negative freedom의 확보에 의미를 둔다. 그만큼 가장 오래된 역사성, 다시 말해 국가에 의한 폭정으로부터 개인의 안전을 확보하는 것에서 시작된 근대 헌법의 특성을 대표하는 기본권이다. 우리 헌법은 제2장 '국민의 권리와 의무'를 통해 행복추구권(제10조) → 평등권(제11조) → 자유권(제12조 ~ 제23조) → 참정권(제24조 ~ 제25조) → 청구권(제26조 ~ 제30조) → 사회권(제31조 ~ 제36조)을 규정한다. 자유권으로서의 언론자유는 제21조에 나와 있고, 그 기본 내용은 제1항 "모든 국민은 언론·출판의 자유와 집회·결사의 자유를 가진다."에 포함되어 있다. 이 자유를 보장하기 위한 기초 요건으로서, 국가가 이를 '허가'하는 것을 금지하는 제2항이 뒤따른다. 이어지는 제3항은 전자매체의 '시설기준'에 관련된 부분과 '신문의 기능을 보장하기 위하여' 필요한 사항을 법률로 정하게 해놓았는데, 이는 언론자유에 관련된 '객관적 가치질서'를 국가가 구현하도록 하는 구체적 책임을 명시한 것이다. 제1항이 보편적 규범으로서 개인의 표현자유와 특수한 규범으로서 언론기관의 자유를 (다소간 모호하게) 통합해놓고 있다면, 이어지는 제2항과 제3항은 언론기관이 누리는 특수한 자유, 즉 개인이 아닌 '제도로서의 자유(와 그로부터 직간접적으로 파생될 수 있는 책임)'를 규정하고 있다 하겠다.

다음으로 **참정권**과 **사회권**은 좁은 의미의 자유에서 넓은 의미의 자유로, 소극적인 차원에서 적극적인 차원으로, 그리고 '위험한' 국가에서 '자애로운' 국가로 나아가게 했던, 기본권 개념의 역사적 발전 과정을 반영한다. 여기서 **참정권**은 방어적 자유권에서 한 걸음 더 나아간 자유, 즉 '국가에 참여할 자유freedom to state'를 보장하기 위한 기본권이다. 선거권과 피선거권 등으로 구성된다. 이를 한층 더 적극적인 형태로 확장한 것이 사회권이다. **사회권**은 헌법적 기본권의 역사에서 비교적 최근에서야 등장한 개념으로서, 국가가 단순히 개인의 삶에 간섭하지 않거나 국가적 활동을 시민에게 개방하는 수준에 그치는 것이 아니라, 적극적으로 시민의 바람직한 삶을 형성할 책임을 부여한다. 그래서 '국가에 의해 형성되어야 할 자유freedom by state' 범주에 해당한다. 이것은 포괄적 권리가 아니라 개별적 권리로서, 헌법이 그 권리를 명시해야 국가가 그것을 보장할 수 있으며, 반드시 법률을 통해 구체화되어야 한다. 이는 넓은 의미에서의 자유, 적극적 자유, 즉 '~을 할 자유free to~'를 보장하기 위한 현대적 기본권이다. 교육받을 권리, 인간다운 생활을 할 권리, 깨끗한 환경에서 살 권리, 건강한 삶을 살 권리 등이 이에 해당한다. 이들은 개인의 삶을 방치(=자유권)하거나 단순히 국가 과정에 참여하도록 허용함(=참정권)으로써만은 구현될 수 없는 권리이다. 예컨대 교육받을 권리를 명시하는 이유는 국가가 교육에 적극적으로 나서지 않으면 결과적으로 개인의 행복에 장애가 발생하고 참정권을 발휘할 시민이 형성되지 않기 때문이다. 따라서 교육받을 권리라는 사회권이 명시됨으로써, '교육을 받거나 시키지 않을 자유' 같은 방어적 자유권은 인정되지 않는다. 아마도 이 사회권 가운데 가장 대표적인 것이 노동자의 단결권, 단체교섭권, 단체행동권을 포괄하는 노동삼권일 테다. 이것은 자본에 비해 절대적 열위에 있는 노동이 '사적 주체 사이의 자유로운 계약'에만 의존했을 때 발생할 수 있는 문제를 공적으로 보정하기 위해 채택된 사회권이다. 예컨대 자본가의 재산권 행사의 자유가 사실상 노동자의 신체의 자유와 충돌하는 상황, 나아가 평등권을 구현하지 못하고, 궁극적으로 행복추구권과 인간 존엄의 가치가 위험에 처하는 문제 등이 그것이다.

이런 헌법학적 이해에 바탕을 두어 언론자유 개념을 조망해보았을 때, 우리 현실에서 종종 호출되는 언론자유가 얼마나 좁디좁은 의미에서의 자유, 소극적인 자유, 방어권적 자유에만 머물러 있는지, 그리고 그조차도 매우 혼란스럽고 비일관적이며 대단히 선택적인 방식으로 활용되고 있는지를 알 수 있다.

여기서, 첫째, 언론자유 개념이 상당 부분 방어권적인 자유에 한정된다는 것 자체만으로는 일단 크게 문제 삼을 일은 아니다. 실제로 언론자유는 우리나라를 비롯한 다수의 자유주의권 국가에서 방어권적인 자유 개념을 크게 벗어나지 않으며, 그것이 적절한 상황에서 일관되게 호출된다면 그 나름의 규범적 지침으로서의 의미를 지닌다. 예컨대 자유주의적 체제의 대표격인 영미권 국가들은 '개인들 사이에서 이뤄지는 표현의 자유 행사 차원'으로 언론자유를 바라보며 그만큼 언론자유의 보편적 요소에 훨씬 더 중점을 둔다. 따라서 이들은 국가가 표현(그 주체가 개인이건, 집단이건, 전문적 언론기관이건)의 자유를 침해할 가능성을 최우선의 문제로 보고 이를 원칙적으로 금지하는 것에 최상위 가치를 부여한다. 따라서 언론자유를 제약하는 법률이 없는 만큼 이들을 지원할 특수한 법률이나 정책도 없다. 언론(특히 신문)에 관련된 거의 모든 사안은 보통법(common law; 사회적 관습을 추상적인 법률로써 반영해놓고 당대의 사회적 맥락을 고려한 판례를 통해 규범의 구체성을 확보하는 법리. 우리의 민법과 유사하지만 그걸 운용하는 법철학은 여전히 큰 차이를 보임.) 차원에서 다뤄지거나, 언론기관 역시 경제법 등 제반의 일반법을 통해 여타 개인 혹은 사회주체와 동등하게 규율된다. 요컨대 언론은 그다지 특별하게 대우받지도 특별하게 억압받지도 않는다. 언론보도로 인해 피해를 입은 사람은 민사소송을 통해 문제를 해결하며, 여타 경제주체와 마찬가지로 때로는 (우리 언론이 그렇게나 치를 떠는) 징벌적 수준의 손해배상 결과를 얻어내는 일도 드물지 않다. 언론기업의 경제적 자유가 언론자유의 토대라고 보는 만큼 언론의 재정을 쥐고 흔드는 일도 없지만 언론에 대한 공적인 지원 역시 (어지간해서는) 없다. 그에 반해 대한민국은 어떠한가? 대통령이 그토록 자유를 외치고, 언론 다수도 그렇게나 언론자유를 목 놓아 부르는 만큼 개인과 언론기관은 동등한 입장에서 자유를 누리는가? 언론보도에 관련된 어떤 대통령과 공직자의 항의는 언론자유를 위협하는 심각한 행위라며 득달같이 반발하면서, 다른 대통령과 공직자가 특정 언론을 배제하는 행정행위를 하거나 민·형사소송에 돌입하는 것에 대해서는 집단적으로 침묵한다. 시장과 시의회가 시에 소속된 미디어재단의 특정 프로그램이 마음에 들지 않는다는 이유로 재정을 압박해도 오히려 불가피하거나 잘한 행동이라고 말한다. 그러면서 코로나19로 인해 매출이 줄었다는 이유로, 언론기업의 대표자 단체가 '정부광고료 집행을 실제 광고가 나가는 시기보다 당겨달라.'며 당당히 '선불'을 요구하는 데 일말의 주저함도 없다. 그와 정확히 똑같은 시기에 미국의 수많은 언론사들이 매출 감소로 인한 폐업을 감수해야 했던 것과 비교하면 그 차이는 실로 극명하다.

그러나, 둘째, 민주국가를 구성하는 규범적 차원의 언론자유 개념을 방어적 자유권의 고립된 틀 안에서만 사고하면 안 되는 이유가 있다. 무엇보다 방어적 자유권은 각각의 자유주체 사이에, 그리고 자유의 내용 사이에 발생하는 충돌을 피해갈 수 없기 때문이다. 예컨 대 언론자유의 서로 다른 주체들이 각자의 자유를 기초로 상대와 다 투게 되는 일은 비일비재하다. 기자로서의 책무를 다하지 못한 기자 를 '기레기'라고 비하하는 것은 언론자유인가 아니면 다른 언론자 유의 침해인가? 정부를 비판하거나 공직자에 대한 의혹 제기를 하 는 언론의 행위는 언론자유인가 아니면 언론자유의 남용인가? 거꾸 로 그런 언론을 '가짜뉴스'의 생산자라고 지목하면서 광고주들로 하 여금 그 언론에 광고를 싣지 말라고 명시적으로 압박하는 유력 정 치인의 발언은 언론자유인가 아니면 언론자유를 침해하는 행위인 가? 결국 방어권적 자유로서의 언론자유 개념은 무한한 표현자유의 허용과 경쟁으로는 해결할 수 없는(물론 여전히 그렇게 해결하는 게 옳다 고 보는 사람이나 사회도 없지는 않지만) 실천적 난제에 부딪히고 만다. 현 대 자유주의는 '나의 자유와 남의 자유가 충돌하는 지점'에서 멈출 것을 권고하고, 이를 위한 사법적 중재 과정, 즉 국가 개입을 허용하 는 길을 틔울 수밖에 없었다. 적어도 강대한 국가가 아닌 미약한 개 인에 대해서만큼은 다른 개인이나 언론기관의 '표현'이 예컨대 여타 자유권인 '사생활과 비밀의 자유'를 침해하거나 기타 인격권을 훼손 하지 못하도록 하는 법률적 장치를 마련해두었다. 특히 우리나라는 여전히 특정 이념이나 국가에 관련된 표현의 자유를 억압하는 법률 (대표적으로 국가보안법)을 마련해두고 있으며, 명예훼손을 형사적으로 처벌할 수 있는 법률 조항을 유지하고 있다. 그토록 자유주의를 숭 배하는 것처럼 보이는 우리 언론 다수가 이처럼 뚜렷하게 '반자유주의적인' 법적 장치의 철폐를 요구하는 목소리를 내는 걸 본 적이 없다. 오히려 종북몰이라는 반자유주의적 언론 행위를 일삼는 언론들은 자신들과는 다른 견해를 가진 개인, 집단, 심지어 다른 언론조차 국가보안법에 의해 실효적으로 제약받기를 바라마지 않는 것처럼 보인다. 특정 개인(대표적으로 이명박정부 시절의 미네르바 사건)이나 특정 언론(대표적으로 이명박정부 시절의 MBC 광우병 보도)이 (그것도 사실상 개인이 아닌 국가의) 명예를 훼손한 대가로 형사적 처벌을 받아야 한다는 함성을 집단적으로 내지르는 걸 본 적은 많다. 과거 언론기본법 등의 반자유주의적이고 반민주주의적인 입법은 물론, 아예 법률에 근거하지도 않는 언론탄압을 묵인하거나 동조했던 이력을 지닌 언론이 그 안에 다수 포함되어 있었다는 사실. 이들의 자유주의가 실상 그들 자신과 그들이 동조하는 대상만을 위한 자유지상주의에 불과함을 알 수 있는 대목이다.

따라서, 셋째, 규범적 차원의 언론자유 개념을 소극적 자유의 좁은 범주 안에만 묶어두어선 안 되는 또 다른 이유 역시 중요하다. 언론자유는 그 원리상 여타 기본권과 충돌할 수 있기 때문이다. 먼저 방어권적 자유권은 더 원초적인 기본권인 인간적 존엄의 추구 및 평등권의 실현과 조화될 수 있어야 한다. 자유권을 보장함으로써, 국가의 폭정으로부터 개인의 자유를 방어하는 것, 또는 국가가 개인의 자유를 침해하는 폭압적 기구가 되지 못하도록 제약하는 것이야말로 인간적 존엄과 행복추구라는 최상의 헌법적 가치규범을 실현하는 초석이라는 사실에는 변함이 없다. 그러나 이런 소극적 자유의 보장은 무엇보다 평등권의 실현과 상충하면서 다른 개인의 인간적 존엄을 해치고 그들의 행복추구를 방해하는 문제 역시 극복해야 한다. 예컨 대 언론자유는 정보 접근과 발언의 불균형이라는 불평등의 문제를 해소하기 위한 첫걸음이지만 실제에 있어서는 오히려 그 불평등을 심화시키는 결과를 빚을 수 있다. 이 때문에 우리 헌법은 제1조에서 부터 대한민국은 민주'공화국'임을 천명함으로써, 그리고 제11조에서 평등권을 제12조 이후로 규정된 자유권에 선행하여 규정해둠으로써 자유주의적 요소 이상의 공화주의적 요소를 수용해두고 있다. 이는 앞선 이정훈과 송현주의 논의와 같이, '국가에 의한 간섭의 부 재'라는 소극적 자유 개념에 국한된 자유(지상)주의를 넘어, '자의적 예속의 부재'로서의 공화주의적 자유관을 우리 헌법이 (적어도 부분적 으로는) 채택하고 있음을 보여준다. 특히 언론자유가 규정된 제21조 는 제4항을 통해 "타인의 명예나 권리 또는 공중도덕이나 사회윤리 를 침해하여서는 아니"되며, "피해자는 이에 대한 배상을 청구할 수 있다."고 규정함으로써 여타 자유권에 비해서도 더 구체적으로 제한 요건을 마련해두고 있다. 물론 신심 어린 자유주의적 시각에서는 이 조항이 독재 시기의 유산에 불과하다고 말할 수도 있다. 하지만 공 화주의적 시각에서 보면, 적어도 언론자유가 여타 방어권적 자유와 는 다른 성격의 것으로 규범화되어 있음을 의미한다. 만약 어느 시 각에서든 이 조항이 불안하거나 불완전한 것으로 비쳐진다면, 좀 더 명확한 규범 형성을 시도해볼 만도 하다. 권력이 이를 자의적으로 오용할 수 있는 가능성은 차단하면서, 단지 폭압적 국가에 의한 '간섭'이 없는 소극적 언론자유를 넘어, 우리 공동체 안의 '예속적' 커뮤니케이션과 '침해적' 표현을 제어함으로써, 평등하고 조화로운 소통 환경을 창출하기 위한 적극적 언론 규범 말이다.

그리하여, 넷째, 언론자유 규범은 자유권을 넘어 사회권에도 이르는 특성을 갖고 있다. 우리 헌법 제31조 이후로 규정되어 있는 사회권 가운데, 교육받을 권리, 인간다운 생활을 할 권리, 재해의 위험으로부터 안전할 권리, 건강하고 쾌적한 환경에서 생활할 권리 등은 특히 언론자유와 밀접한 연관성을 갖는다. 예를 들어, 복지국가의 적극적 형태를 창출한, 다시 말해 사회권적 요소를 대폭 수용한 북유럽권의 헌법을 보자. 이들은 국가와 사회생활의 전 과정에 온전히 참여할 국민의 권리를 국가가 적극적으로 구현하도록 규정한다. 여기에는 미디어를 통한 사회적 참여도 포함된다. 다원적 미디어 환경의 구축과 유지, 사실상 사회의 필수기구로서 전제되는 공영방송, 미디어에 대한 국가 지원을 통해 단순한 경제주체 이상의 사회제도이자 공적 기구로서의 성격도 같이 갖게 된 언론 등이 바로 이로부터 나온 것이다. 그리고 주지하듯, 이들 사회의 언론자유는 영미 '자유주의권' 사회에 비해서도 월등히 높은 수준을 견지하고 있다고 평가된다. 언론자유 규범이 방어적 자유권을 넘어 적극적 사회권에 이르렀을 때 오히려 그 자유의 본질이 더욱 잘 실현됨을 보여주는 대표적인 사례이다. 북유럽권이 이처럼 최상의 언론자유 구현태를 보여주면서도, 이른바 언론의 사회적 책임social responsibility과 같은 대안적 규범의 창을 통해 자유주의권의 소극적 언론자유 규범에 대한 학문적·사회적 성찰을 선도해오고 있는 것 역시 이런 배경에서이다 (Carlsson, 2013; Nordenstreng, 2007). 우리 사회의 언론자유 규범은 아직 이런 수준에 이르지는 못했지만, 적어도 가능성 측면에서는, 특히 우리 언중의 사회적 기대 측면에서는(예컨대 미디어 리터러시 교육의 필요성 등) 앞서 언급한 여러 사회권과 접합될 소지를 점점 더 키워가고 있다. 디지털 허위조작정보로 인해 혼란에 빠진 정보환경을 지칭하는 최근의 정보무질서information disorder 개념이나 코로나19를 둘러싼 비과학적 무지의 무분별한 확산을 가리키는 정보감염병infodemics 개념이 시사하는 바와 같이 만약 미디어가 일종의 재난과 재해에 연관되어 있다면? 또 미디어 생태학media ecology이 이미 오랜 기간 주장해왔던 것처럼 미디어가 우리 인간과 사회를 형성하는 자연환경 이상의 환경이 되고 있다면? 우리는 보건권이나 환경권 등의 기존 사회권 속에 미디어적 요소를 접합시키거나, 이 책의 김영욱과 채영길의 논의에서처럼, 아예 새로운 종류의 미디어 사회권을 창설해야 할 필요에 직면할 것이다.

앞에서 '헌법학적 혼란'을 이야기했지만, 사실 우리 헌법이 혼란한 것이라기보다는, 우리 헌법이 이미 다층적으로 규정해놓은 언론자유 규범을 언론인과 정치인, 그리고 언론학자들이 매우 혼란스럽고 비일관되고 부적절한 방식으로 호출해온 것이 문제이다. 우리 헌법이 제시하는 언론자유 규범은 자유권에서 사회권에 이르는 개념적 궤적을 통해, 비록 충분치는 않더라도, 어느 정도 북극성으로서의 역할을 감당할 수 있도록 설계되어 있다. 그러나 적어도 민주화 시기

전후로까진 어느 정도 의미를 지니고 있던 언론자유 규범은, 우리 입법자와 행정권력이 이를 자의적으로 활용하는 과정에서, 그리고 무엇보다 우리 언론인과 언론학자들이 기이할 정도로 속류적인 수준의 자유주의에, 그것도 지극히 선별적으로 치우침으로써, 민주화 이후로 점점 더 본원적 방향타로서의 기능을 상실해갔다. 특히나 이런 규범적 혼란은 '진북true north'을 가리키는 북극성이 흐릿해짐(혹은 그것을 의도적으로 가림)은 물론, '자북magnetic north'을 가리키는 나침반의 바늘이 지침으로서의 유용성을 잃고 있기 때문에 발생한다. 출입처 제도의 개선이나 언론보도로 인한 피해 구제처럼 '사회적 책임'을 논해야 할 때에 오히려 보편적 규범으로서의 언론자유를 호출해 특수한 사익을 방어하려 들면서도, 정작 공영방송의 자율성이나 개인의 언론자유를 침범하는 정치권력의 행위에 대해서는 방어권적 연대의 깃발을 높이 치켜들지 않는 의도적 혼돈, 이 자의적으로 흔들리는 바늘을 어느 누가 신뢰할 수 있을 것인가? 더욱이 그렇게 흔들리는 바늘은, 지구가 형성하는 본원적 자기장magnetic field이 아니라, 언론의 편협한 자기이익과 기타 정치·경제·사회 권력의 각종 사익이 내뿜는 자성磁性에 더 민감하게 반응하기 때문이니 말이다.

아무나 마실 수 없는 오아시스, 누구나 더럽힐 수 있는 물

언론자유 개념의 헌법학적 혼란, 즉 가치·규범적 혼돈은 다양한 이유로부터 온다. 우리 헌법과 법률이 기본권으로서의 언론자유를 명확히 위치 짓고 있지 못해서거나, 사회 주체들이 그것을 적절한 상황에 정당한 방식으로 적용하지 않아서거나, 변화된 사회 현실에 기성 규범과 사회 주체가 제대로 조응하지 못해서거나. 대한민국의 오늘을 사는 사람들이 경험하는 규범적 혼란은 이와 같은 이유가 복합적으로 작용한 결과이다. 때문에 언론자유 개념은 우리들이 경험하는 여러 사회 문제 가운데 하나인 언론 문제를 제대로 기술(description; 무엇이 문제이며 어떻게 나타나고 있는가?)하고 해명(explanation; 왜 그러한 일이 발생하는가?)하여 적절한 해결책(problem-solving; 이와 같은 문제를 제거하거나 개선하기 위해서는 어떤 대응이 필요한가?)으로 이끄는 수단이 되지 못한다. 언론자유 개념의 '사회학적 실패'란 이런 의미이다. 언론자유는 생각보다 혼란한 규범이며, 언론 현상을 적절히 다룰 수 있는 사회학적 개념으로서도 여러모로 부족한 면을 갖고 있다. 상황이 이러함에도 불구하고 언론자유 개념은 스스로의 능력을 과장한다. 마치 언론 현상에 관련된 거의 모든 사회적 문제가 결국 언론자유의 문제로 귀결되는 것인 양, 따라서 언론자유의 깃발을 치켜들거나 내리면 그런 문제가 일거에 해결될 수 있을 것처럼. 하지만 명백히 반민주적 조건에 처해 있는 경우를 제외하고는, 언론자유가 언론 문제의 알파(A: 시작점, 근원)이자 오메가(Ω: 종착점, 목표)인 경우는 거의 없다. 기껏해야 둘 중 하나이거나, 심지어 둘 다 아닌 경우조차 드물지 않다. 언론자유는 언론 문제의 다양한 측면을 포괄해낼 수 있는 용어catch-all term가 아니다.

그렇다면 사회 현실 속의 다양한 언론 문제를 열거해보고 이것이 언론자유 개념 아래에서 포괄될 수 있을 것인지, 만약 아니라면 어떤 대안적 사고틀이 필요할지 구체적으로 짚어보도록 하자. 당신은 무엇이 언론 '문제'라 느끼는가? 아마도 독자로서의 당신은 통칭 가짜뉴스라고 하는 허위조작정보를 지목할 것이다. 또 기사의 통속성이나 선정성을 문제 삼는 사람도 있고, 그것과 밀접하게 연계된 상업성에 분노하는 이도 적잖을 법하다. 한국 언론의 고질병으로 흔히 지목되는 정파성 문제도 있다. 그로부터 발생하는 편파성과 불공정성 역시 언론에 대해 당신이 제기하는 불만일 법하다. 그런데 이들 문제는 일견 언론자유가 너무 많아서 생기는 것일 수는 있지만 단순히 언론자유를 제한한다고 해서 사라지는 것은 아니다. 게다가 선정성, 정파성, 편파성, 불공정성 등을 판단하는 기준은 상당 부분 '주관적'이다. 누군가에게는 선정적인 것이 다른 누군가에게는 전혀 그렇지 않을 수도 있다. 따라서 이들 표현은 일단 그의 주관적 '자유' 안에 있다고 보는 것이 타당하다. 그렇게 표현된 바에 대해서 우리 사회가 어느 정도의 책임을 어떤 방식으로 물어야 할 것인가는 다른 차원의 문제이다. 애초에 주관적 자유의 영역 안에 있고, 또 이런 문제가 너무 많은 언론자유에 의해서'만' 생기는 것이 아니기 때문에, 그 자유를 제한하기도 어렵고 단순히 제한한다고 해서 해결될 수 있는 것이 아니다.

허위조작정보도 근본적으로는 마찬가지이다. 언론자유를 오용하여 거짓을 유포하고 의도적으로 현실을 조작하는 악의적 주체가 있는 것은 맞지만, 이들의 언론자유를 억제한다고 허위조작정보가 사라지리라 기대하기 힘들다. 허위조작정보만을 표적으로 작동하도록 언론자유를 제한하는 건 대단히 어려운 일이기 때문이다. 오히려 미국 전 대통령 트럼프가 그랬듯, 그리고 대한민국의 현재 정치권력이 그러하듯, 자신에 대한 비판을 '악의적 가짜뉴스'로 낙인찍고 특정 언론에 대한 집중적 탄압을 정당화하는 언술로 활용되기 일쑤이다. 설혹 어떤 공명정대한 규제자가 나타나서 언론자유 일반을 강하게 통제한다고 해도, 마치 항암제가 암세포는 물론 정상세포도 공격하듯, 또 항암제에 대한 회피능력을 가진 고약한 암세포가 항암 치료 과정에서 취약해진 신체를 잠식하듯, 우리 커뮤니케이션을 건강하지 못한 상태로 추락시킬 위험이 크다. 물론 특정 암세포만을 제거할 수 있는 고도로 발달된 항암제가 언젠가는 만들어질 수도 있다. 그렇다고 해서 끊임없이 암을 생성하는 우리 신체의 작동이 멈추지는 않는다. 마찬가지로 허위조작정보는 과잉하거나 과소한 언론자유'만'으로 만들어지는 것이 아니라, 여러 이유로 생성된 사회 불만과 우리의 인지적 편향이 디지털 플랫폼 환경과 만나 증폭된 결과물이다. 따라서 이 문제의 해결은 항암제의 투약만으로 성취되기는 어렵다. 마찬가지로 허위조작정보의 해결은 단순히 언론자유의 약화 혹은 강화의 틀로만 다루어질 수 없다.

　시각을 바꿔(비록 어렵고 내키지 않는다 해도) 언론인의 관점을 채택해 보자. 낮은 임금에 비해 과도한 노동 강도와 업무 스트레스를 먼저 떠올릴 수 있다. 이것은 주로 경제적 토대에서 발생하는 문제이다.

줄어드는 구독자, 얇아지는 광고 수입, 그다지 탄탄하지 못한 수익성으로 인해, 디지털 환경에 부응할 만한 투자는커녕 당장의 비즈니스를 운영하기에도 급급한 여건. 장기적인 시야에서 탄탄한 사실과 깊이 있는 분석을 담은 기사를 쓰고 싶지만 출입처에서 나오는 순간순간의 '소식'을 모두가 주목할 만한 '뉴스'로 포장하는 데 급급한 하루 일과. 그러다 보니 제목이라도 자극적이게 만들어야 하고, 별 것 아닌 내용을 마치 대단한 일인 것처럼 과장해야 한다. 이러한 조건 위에서 필연적으로 뒤따르는 선정성이나 편파성은 신념에 의해서라기보다는 부주의와 시간 부족, 시장으로부터의 압박 때문에 만들어진다. 불공정에 대한 비판을 피해가려고 선택한 관습적이고 어설픈 균형false balance이 오히려 공정을 해치기도 한다. 이 역시 근본적으로 언론자유만의 문제는 아니다. 물론 제2장에서 송현주가 말하는 것처럼 언론사주의 수익 추구 행위라는 '외적' 자유가 언론인의 '내적' 자유로서의 양심의 자유와 직업적 자유를 해치는 것이라고 볼 여지는 있다. 그리고 제4장에서 김영욱이 비판하듯 근본적으로는 자본의 자유가 언론인의 부자유를 만들어낸다고 해도 좋다. 그럼에도 불구하고 이것을 언론자유의 억압이나 무절제함으로(만) 틀 짓는 것은 한계가 있다. 송현주와 김영욱의 논의 역시 언론자유라는 전통적이고 관습적인 문제 설정을 벗어나서 이 사안을 조망할 때 언론 문제의 원인 파악과 해결책 모색이 가능하다는 판단에 기울어 있다.

민주주의와 시민을 위한 적극적 자유의 구현이 어려운 현재의 우리 민주주의 정체(政體, regime)와 자본주의 경제 구조로부터 이 문제가 비롯된 것이라면, 정치체제를 바꾸거나 경제구조를 근본적으로 변환시켜야 할 것이다. 적어도 우리 공화정에 어울리는 현대화된 형태의 시민적 덕성virtu을 촉진하는 한편, 현행 헌법 체제하에서라도 최소한 이 방향으로의 헌법 해석을 통해 관련 법률과 제도 그리고 무엇보다 절제된 시장 구조를 형성하기 위한 범사회적 노력이 시작될 필요가 있다. 이를테면 언론 영역에서만이라도 사회적 경제social economy를 활성화하는 등, 기본원리상 자유의 오남용을 초래하게 마련인 자본주의의 소외와 악덕을 제어하기 위한 사고와 실천의 전환이 요구된다. 물론 이런 방향으로의 변화는 매우 어렵고 또 더딜 것이다. 그렇기 때문에 이를 새로운 북극성 삼아 다시 머리를 들고 움직인다고 해도, 현실의 진단과 구체적 개선은 우리가 발을 붙이고 선 '지금 여기'에서 시작해야 한다. 예컨대 같은 정치·경제적 구조를 갖고 있다고 해도 구체적으로 문제시되는 언론 현실이 우리와 동일하지 않은 사회가 적지 않다. 무엇보다 각 사회의 언론인이 보여주는 의식과 관행 그리고 실천에서 적지 않은 차이가 나타난다. 현재 대한민국 사회에서 다수의 언론인들은 위와 같은 문제로부터 딱히 심각한 부자유를 느낄 만큼 치열하게 전문직업적 자유와 양심을 추구하는 것 같지도 않다. 결국 언론인의 시선에서 언론 문제를 바라본다고 해도, 그것을 언론자유의 틀을 통해 기술하고 해명하는 게 그다지 치밀하고 설득력 있어 보이지는 않는다. 결국 이런 문제 역시 현재 상태에서 단순히 언론자유를 더하거나 뺀다고 해서 해결될 수 없음은 물론이다.

나는 현재 우리가 경험하고 있는 언론 문제의 핵심에 '자유의 무능력'과 '신뢰의 위기'가 자리하고 있다고 판단한다. 새로울 것 없는 이야기이다. 또 그만큼 수시로 망각되는 지점이다. 신뢰信賴라는 건 '믿고trustworthiness 의지할 수 있다reliability'는 것이다. 나침반의 바늘이 이리저리 왔다 갔다 한다는 건 그것이 가리키는 방향을 믿고 앞으로 나아갈 수 없다는 뜻이다. 언론자유의 제도적 보장을 가능하게 했던 1987년 민주화 이후 우리는 그 나침반이 가리키는 좀 더 '자유로운' 언론을 향해, 때로는 갈 지之 자로 걷거나 심지어 역행하기도 했지만, 그래도 꾸준히 앞으로 나아갔다. 그 결과 우리가 도달해 있는 오아시스에는 적어도 외견상으로는 흘러넘칠 정도로 많은 물이 있다. 우리들 상당수는 별다른 의식이 없이(혹은 의식을 갖고 있어도 어쩔 수 없이) 그다지 맑고 깨끗하지 않아 보이는 물을 마시며 산다. 어떤 이들은 자기 나름대로 정수해서 먹거나 더 많은 돈을 들여 생수를 사 마시기도 한다. 그러나 그 정수기가 제대로 찌꺼기를 걸러내고 있는지, 그 생수에는 입에 맞고 몸에 좋다는 명목으로 너무 많은 미네랄이(때로는 중금속까지) 섞여 들어가 있는 것은 아닌지 확신하기 어렵다. 우리가 민주화를 위한 여정을 시작했던 까닭이 (언론)자유의 부재 혹은 결핍이었고, 그렇게 해서 도달한 종착점에 더 많은 (언론)자유가 부여되고 있는 건 맞지만, 이 자유에는 여러 가지 미진하고 께름칙한 구석이 있다. 무엇보다 언론자유는 신뢰할 만한 언론을 만들어내는 데 그다지 성공적이지 못했다. 자유는 완결이 아니었고 단지 계기였을 뿐이다. 그리고 이젠 그 수단에 대한 회의마저 찾아든다. 자유는 신뢰에 이르는 길이 아니라 오히려 장애였을지도 모른다는.

그런데 이것은 비단 일상 시사 정보의 저수지이자, 거름막이자, 언로言路인 언론기관만의 문제가 아니다. 상수관과 하수관을 딱히 가리지 않고 모아놓은 광대한 디지털 플랫폼이 그 수로(水路, channel)와 회로(回路, circuit)를 지배하게 되었다. 그렇다고 그 물길을 온전히 책임지지는 않는다. 그 길을 타고 흐르는 물의 수질에 대해서는 말할 것도 없다. 누가 걸러낸 물인지, 누가 마셨던 물인지, 누가 어떤 처치를 가한 물인지 알기 어려운 상태에서, 우리는 전보다 쉽게 물을 접하고 종종 배탈이 난다. 또 실은 우리 스스로 물을 흘려보내며 그 안에 배설물을 섞기도 한다. 그러고는 물장수의 악덕을 욕한다. 그런 우리가 완전히 틀린 것만은 아니다. 마실 물의 문제는 여전히 그 물을 가져다준 물장수에게 일차적인 책임이 돌아간다. 그러나 동시에 물장수만의 책임도 아니고, '물장수의 자유' 문제로 환원될 수는 더더욱 없다. 사실 고도로 도시화된 사회에 살고 있는 우리가 마시는 건 근면하고 성실한 물장수가 매일 새벽 길어다주는 물이 아니다. 소박한 미덕과 그에 대한 상호 신뢰로 이어져 있던 사회는 이미 과거 속으로 사라져버렸다. "날마다 아침마다 기다려지"던 북청 물장수는 그저 꿈이었거나 기성세대의 왜곡된 추억일 뿐이다. "새벽마다 고요히 꿈길을 밟고 와서 / 머리맡에 찬물을 솨아 퍼붓고는 / 그만 가슴을 디디면서 멀리 사라지는 / 북청 물장수"는 시인 김동환(1924)의 "물에 젖은 꿈"이 말라버리듯 "온 자취도 없이" 증발해버렸다. 그 자리를 극도로 복잡한 상·하수도 체계가 대체했다. 게다가 지금은 그 관로가 어디에서 시작해서 어디로 이어지는지를 아는 이조차 없다. 구체적이고 실물적이었던 신뢰는 추상적이고 상징적인 위임의 체계로 바뀌었다.

신뢰와 책임의 관점에서 바라본 언론 문제와 언론자유

하나의 사회현상으로서 언론 문제를 종종 자의적으로 과잉 이념화되는 '자유'의 틀에 가두지 않고 현실 속의 사회관계를 형성하는 '신뢰'의 창을 통해 바라보면 사뭇 다른 정경이 펼쳐진다. 일반적인 사회관계에서 신뢰는 대칭적 차원과 비대칭적 차원을 갖는다. 대칭적 신뢰는 호혜적인 것이고 묵시적·명시적 계약에 기초를 둔다. 나는 **너를** 믿는다. 그리고 너도 **나를** 믿는다. 우정이나 애정, 의리, 동료의식, 소속감 같은 감정이 이 신뢰의 대칭성과 안정성을 담보한다. 향약의 4대덕목이 우리 전통사회가 구축했던 대칭적 신뢰 관계의 특성을 잘 보여준다. 그 가운데 특히 예속상교(禮俗相交; 예로써 서로 사귄다)는 그런 신뢰를 뒷받침하는 (단순한 예절 이상의) 적절한 행위 기대를, 그리고 무엇보다 과실상규(過失相規; 잘못이 발생하면 서로 세워둔 원칙에 따라 규율한다)는 그런 신뢰가 유지될 수 있도록 하는 비법률적 제재 규범을 대표한다. 본래 이런 종류의 관계로부터 '사회(社會, society)'라는 것이 구축되며, 이 자체가 이미 하나의 작은 사회이다.

국가는 이런 사회에 함부로 개입하지 않는다. 그런 의미에서 대칭적 신뢰로 이어 붙여진 관계를 의미하는 모든 사회는 자율적自律的 체계, 즉 자기 원칙에 따른 설립, 운영, 제재의 체계이다.

그에 반해 비대칭적 신뢰는 일방적인 것이다. 어느 일방이 다른 일방에게 특정한 행위 영역에 관련된 권한을 위임함으로써 발생한다. 아니 신뢰하기 때문에 그런 위임이 가능한 것이다. 나는 **'무엇'에 대해** 너를 믿는다. 왜냐하면 너는 나보다 **'그것'을 더 잘 알/할** 것이기 때문이다. 우리는 질병의 진단과 처치에 관련해서는 의사를 신뢰하고, 약에 관련해서는 약사를 신뢰한다. 비단 전문직 영역뿐 아니라 일상 속에서도 이런 비대칭적 신뢰는 흔하다. 복어의 독이 잘 제거된 탕국일 것이라는 믿음으로 식당에서 복어탕을 먹고, 술에 취해 졸음운전을 하지 않을 것이라는 믿음으로 택시를 탄다. 이런 비대칭적 신뢰의 책임은 당연히 권한을 가진 쪽, 나의 명시적·묵시적 위임을 받는 쪽, 그럼으로써 그런 행위를 주도하는 쪽에게 확연히 기울어진다. 피위임자가 행사하는 권한이 위임자의 기대를 충족시키지 못할 때 신뢰는 파괴되는데 그런 행위의 결과는 대체로 파국적이어서 강한 책임 이슈가 대두된다. 그릇된 질병 진단과 처치, 잘못된 약 조제, 독성이 들어간 복어탕, 절벽에서 떨어지는 자동차 등으로 인해 발생하는 손해는 근원적 회복 자체가 불가능할 경우가 많다. 앞서 언급했던 대칭적 신뢰 관계 속에서의 '자유'는 묵시적 계약에 의해 제한되고, 그로부터 발생하는 책임은 대체로 해당 상호관계 안에서 끝난다. 깨진 연애 관계의 책임을 묻기 위해 공권력이 개입하지는 않는 것이다. 반면에 비대칭적 신뢰 관계 속에서의 자유는 행위를 위임받는 자의 권한 독립성과 자율 안에서 '우선' 행사된다. 위임하는 자는 그 자율의 내부를 들여다보기 어렵다. 이 때문에 행위는 자율적이지만 행위 결과로부터 발생하는 책임까지 온전히 자율적으로 해결되리라 기대할 수 없다. 비대칭적 신뢰 관계 속에서 열위 inferior position에 놓인 위임자는 책임 소재를 규명하기도, 추궁하기도 힘에 부치게 마련이다. 따라서 이 관계 바깥으로부터 더 강한 규제력을 지닌 존재의 개입을 요청하게 되고, 그것을 가능하게 해줄 구체적 법률 규범을 전제해야 한다.

자, 이런 일반론 위에서 다시 언론 문제를 조망해보자. 이를 위해 먼저 던져야 할 질문은 이것이다. 언론은 신뢰에 토대를 둔 관계를 형성하는가? 그렇다면 그것은 어떤 종류의 관계 유형에 속하는가? 언론기관의 언론 행위가 단순히 개인 표현의 연장일 뿐이라고 생각하는 원자론적 자유주의 시각에서는, 표현이란 것이 언제나 일방적인 것이 아니라 쌍방적인 관계 안에서 이뤄진다는 사고가 부족하다. 개인이든 언론기관이든 각자 자기표현을 할 뿐이고 그것을 선택하고 수용하는 것 역시 각자의 자유라는 것이다. 그런데 표현은 발화로 끝나지 않는다. 게다가 언론기관의 표현은 개인의 표현과 동등하지 않다. 전자는 후자에 비해 훨씬 더 큰 노출 기회를 갖고 더 넓은 범위에 도달한다. 이에 상당 부분 일방적으로 노출된 개인은 그 표현을 수용함으로써 일정한 신뢰 관계속에 들어간다. 일상적 구독에서부터 단편적 이용에 이르기까지, 언론의 표현과 개인의 수용 행위가 만나 비대칭적 신뢰 관계를 형성한다. 개인 수용자는 해당 표현이 사회적 현실을 반영한 것이라 '믿고' 자신을 둘러싼 환경에 대한 정보 수집과 의견 형성의 기초로서 '의지한다.' 때때로 자신이 접한 언론기관의 표현을 '불신'하는 수용자도 있다. 하지만 그렇다고 해서 개별 불신이 기존의 비대칭적 신뢰 관계를 곧바로 파괴하는 것은 아니다. 그 수용자는 개별적인 불신이 발생한 이후로도 해당 언론기관이 전파하는 표현에 직·간접적으로 노출될 수 있고, 그것을 의식적·무의식적으로 수용하는 상황에 놓일 수 있다. 혹여 지속적으로 그것을 거부한다고 해도 자신과는 달리 그것을 수용하는 다른 개인들에 둘러싸여 일종의 '환경적 압박'을 받을 수 있다. 흔히 제3자 효과(third-person effect; 나는 그 뉴스에 의해 영향을 받지 않지만, 사정을 잘 모르는 타인은 영향을 받을 수 있다고 생각하여 나의 태도에 변화가 발생하는 현상), 점화 효과(priming effect; 특정 뉴스를 그대로 수용하지는 않는다고 하더라도 그것이 유발하는 연상효과로 인해 인식과 태도가 특정 방향으로 유도되는 현상), 편승 효과(bandwagon effect; 여럿이 크게 한 목소리를 내면 자신도 모르게 그에 동참하게 되는 현상), 침묵의 나선(spiral of silence; 자신과는 다른 목소리가 압도적이라 느끼면 자신의 의견을 숨기는 이들이 늘어나면서 그 목소리가 점점 더 지배력을 획득하게 되는 현상) 등으로 지칭되는 경우가 그것이다. 결국 언론기관의 표현은 그것에 노출된 개인이 완벽하게 그것을 거부하거나 아예 원천적으로 노출을 회피하는 상황에 이르기 전까지는 일정한 비대칭적 신뢰 관계를 형성하는 경향이 있다.

개별 언론기관과 개인의 상호작용을 넘어, 제도화된 언론 환경과 개인이 만나는 조건에서는 비대칭적 신뢰 관계의 특성이 더욱 강력해진다. 예컨대 특정 개인이 특정 의사의 진단을 불신하여 거부할 수는 있어도, 그 개인이 의료체계 자체를 불신하여 보건의료적 관계에 대한 참여 자체를 거부하는 일은 거의 발생하지 않는다. 언론과의 관계 역시 마찬가지이다. 특정 개인이 특정 언론과의 비대칭적 신뢰 관계를 거부하고 그것으로부터 빠져나오는 일은 가능할 수 있어도, 언론체계의 방대한 그물망을 벗어나 철저히 독자적인 형태의 비언론적 정보체계 속에 들어가는 일은 여간해선 발생하지 않는다. "뉴스를 끊었다."고 말하는 사람일지라도 특정 언론을 불신할 뿐 다른 언론이나 그와 유사한 표현기관과의 비대칭적 신뢰 관계를 완전히 끊어내는 데 지속적으로 성공하는 경우는 거의 없다고 해도 무방하다. 루만(Luhmann, 2000)이 "우리 사회에 대해, 혹은 우리가 살고 있는 세계에 대해 우리가 알고 있는 게 무엇이든 사실상 그건 **대중매체를 통해서 알게 된 것**이다. (중략) 다른 한편 우리는 대중매체에 대해 많은 것을, 즉 이들이 그리 **신뢰할 만한** 정보의 원천이 아니라는 것을 또한 안다."고 말한 의미가 이것이다. 고도로 발달된 현대사회에서 언론은 하나의 독자적 사회체계를 형성했다. 그리고 그 체계는 사회적 정보 일반에 관련하여 비대칭적 신뢰 관계를 재생산한다. 이렇게 구축된 체계의 특징은 그것의 비밀, 즉 그것이 알려주는 정보가 실은 현실과 완벽히 동일한 것이 아니라는 사실이 드러난다고 해도 그리 쉽게 파괴되거나 대체되지 않는다는 데 있다.

그런데 앞에서 나는 현재 언론 문제의 핵심은 과잉하거나 결핍된 언론자유가 아니라 '신뢰의 위기' 측면에서 파악되어야 한다고 말한 바 있다. 개별 언론에 대해서도 선별적으로 불신하는 것도 어렵다고 하고, 제도화된 언론 환경을 대체하는 일은 더욱더 난망하다고 한다면 대체 위기는 언제 어떻게 찾아오는 것인가? 지금 이 상황을 위기라고 진단하는 게 타당한가? 위기crisis라는 단어가 무시무시한 느낌을 주는 건 사실이지만, 그렇다고 해서 위기가 곧 임박한 붕괴를 의미하는 것은 아니다. 위기 이후에 반드시 붕괴가 찾아든다면 자본주의 시장 경제는 이미 망해도 진작 망했을 것이다. 오히려 자본주의 경제는 주기적인 위기를 통해 스스로를 갱신한다. 위기는 체계의 약점을 드러내는 계기일 뿐이지 체계의 필연적 파국에 선행하는 징후가 아니다. 위기는 체계의 붕괴를 유도하는 게 아니라 체계 작동의 부산물로서 찾아오는 주기적인 손님이다. 이런 위기 국면에서는 기존의 전제와 관행에 대한 '회의skepticism'가 커지고 기성 권위authority에 대한 도전이 발생한다. 언론이 우리 사회에 시사 정보를 제공하는 독자적 제도로서 하나의 사회체계를 수립할 수 있었던 건, 이들이 뉴스라는 형태로 세상사에 관련된 믿을만한 지식 정보를 제공할 역량을 지니고 있다고 받아들여진 결과 저널리즘 영역의 '문화적 권위'가 구축되었기 때문이다(Carlson, 2017). 그런데 지금 우리는 기자를 기레기라 부르고, 언론기관에 대한 불신을 넘어 적대감을 표출하며, 대단히 선별적이고 냉소적인 뉴스 이용 행태로 이동해왔다. 현실의 언론이 이른바 '객관주의 언론'이라는 자아상과 사회적 기대에 충실하지 않다고 보고 신뢰를 철회하는 이들이 있고, 아예 반대로 '기계적 중립'을 외피로 삼는 '교묘한 편향'에 반기를 들고 대안적 주체, 포맷, 매체 영역이 우후죽순으로 성장하고 있다. 기존 언론 체계에 위기가 왔음을 보여주는 징후이다. 이와 같은 '문화적 권위의 위기'와 함께 찾아든 것이 바로 '경제적 재생산의 위기'이다. 종이신문의 구독자수와 그에 바탕을 둔 구독료 매출은 지속적으로 줄어들었고, 그만큼 광고 수입과 (수익 목적의 컨퍼런스 개최 등, 언론 행위와는 거리가 먼) 기타 수익사업의 비중이 크게 확대되고 있다. 광고 재원의 질도 급격히 나빠졌다. 파급력은 물론 영향력과 신뢰성에 수반되는 '후광효과'에 대해 큰돈을 지불하던 광고주 대신, 페이지뷰 단위로 푼돈을 매겨주는 소형 광고주나 아예 기사 자체를 홍보도구로 활용하겠다는 광고주가 크게 늘었다. 이것은 언론자유를 '시장 행위의 자유'와 사실상 동일시했던 자유주의 상업언론이 맞부딪힌 필연이라고도 볼 수 있지만, 무엇보다 디지털 플랫폼 주도의 저널리즘 기술 환경 변화와 그에 부응하여 자신의 문화적 권위를 효과적으로 재구축하지 못했던 언론 자신의 실패에 기인하는 바가 크다. 기술 환경의 변화와 그에 따른 문화적 권위의 상실, 또 그에 결합되어 나타난 경제적 재생산 구조의 불안정성 증대. 바로 그것이 현재 언론 문제를 '신뢰의 위기'라는 틀을 통해 진단하는 배경이다.

이 신뢰의 위기를 해결하는 일은 먼저 관계의 비대칭성을 최대한 대칭적인 것으로 만드는 데에서 시작되어야 한다. 극단적으로 말하면 현재의 언론기업이나 언론기관 중 적어도 일정 수가 혹은 새로운 언론이 일종의 '언론향약' 같은 것을 지향하는 쪽으로 전환해야 할 필요가 있다는 것이다. 메릴 등(Merrill, et al., 2001)이 언론자유의 '여명twilight'을 이야기하면서 '보통사람들의people's 저널리즘'이 부상하고 있다고 말한 취지와 유사하다. 여명은 해가 지고 난 다음에도 남아 있는 노을을 가리키기도 하지만 해가 뜨기 직전에 번지는 새벽을 의미하기도 한다. 근대적 언론자유 개념을 중심으로 부상했던 저널리즘의 위기는 새로운 저널리즘의 부상과 그를 통한 언론자유의 재정의, 재구축, 그리고 확장에 맞닿아 있다고 본다. 물론 이것이 2000년대를 전후로 유행했던 '시민 저널리즘'과 다를 바가 무어냐고 물을 수도 있다. 또 현대적 미디어 환경에 부합하지 않는 일종의 향토 낭만주의적 반동reaction에 불과하다고 냉소할 수도 있다. 그러나 언론자유의 역설과 저널리즘의 딜레마는 바로 그 미디어 환경의 변화로 인해 찾아온 '대칭성'의 요구를 기성 언론 체계가 제대로 수용하지 못하고 있기 때문에 발생하는 현상이다. 직업적 저널리즘에 대항하는 균형추를 놓기 위해 시작된 시민 저널리즘은 그러나 '누구나 기자가 될 수 있다.'는 표어와 '기성 미디어 시장 속 대중을 향한 준전문적 저널리즘'의 현실 사이에서 표류한 면이 있다. 기성 미디어 시장에 소구하는 저널리즘은 단순히 시민이 기자가 됨으로써 성공하기에는 여러 가지로 한계가 있기 때문이다. 오히려 보통사람들의 저널리즘은 자발적으로 생성된 온라인 커뮤니티를 통해 구현되고 있다고 보는 게 맞다. 이들은 커뮤니티 바깥에 소구하기 위해 정보를 생성하고 공유하지 않는다. 본질적으로 이 정보는 커뮤니티의 안을 향한다. 그렇기 때문에 편향의 문제가 나선다. 그러나 그것은 그

안에서 해결할 일이다. 편향적 정보 커뮤니티를 바란다면 그것을, 비편향적 정보 커뮤니티를 바란다면 또 그것을 스스로 만들고 공유하면 된다. 다만 '예속상교'할 수 있는 내부적 시민성civility을 갖춰야 하고 이를 보장할 수 있는 '과실상규'의 원칙을 스스로 세워 동등하게 집행하는 게 중요할 따름이다. 덕업상권(德業相勸; 미덕을 서로 권장한다)과 환난상휼(患難相恤; 어려운 일이 있을 때는 서로 돕는다)의 규범까지도 세우고 실천할 수 있으면 더할 나위 없다. 그리고 이미 그렇게 하고 있는 커뮤니티도 적지 않다. 일베로 대표되는 문제적 커뮤니티의 악덕을 과장하여 마치 모든 온라인 커뮤니티가 가짜뉴스와 혐오의 온상인 것처럼 말하는 건 정보 대칭성의 요구를 이미 나름의 방식으로 실현해나가고 있는 공간과 실천을 폄훼하는 일이다. 요컨대 이들이 보통사람들의 '저널리즘'으로 스스로를 고양해낼 수 있도록 사회적으로 조율하기보다 기성 저널리즘에 대적하는 '마녀소굴'로서 배척하기 위한 '반동'에 가깝다.

그런데, 이런 대칭적 신뢰 관계를 (기업적이고 전문적인 저널리즘으로 한정하는 것이 아닌 동등한 정보 생성과 공유의 의미에서 확장된) 저널리즘 차원으로 고양하려는 노력만으로 신뢰의 위기가 해결되는 것은 아니다. 우리 사회가 지속적으로 분화된 사회로 나아가고 있는 건 그만큼 사회가 복잡화되는 경향을 역행하기 어렵기 때문이다. 우리는 더 이상 로빈슨 크루소처럼 자족적으로 생활할 수 없다. 그토록 많은 중년이 '자연인'을 꿈꾼다 해도 이들의 자연은 이미 복잡화된 사회 체계가 많은 비용과 노력을 들여 관리해내고 있기 때문에 그곳에 있는 자연이다. 복잡화된 사회체계는 지속적으로 분업을 야기하고 새로운 전문분야를 만들어낸다. 그리고 우리는 내가 하지 못할 일을 남의 손에 맡겨야 하는 상황 속에 불가피하게 놓이게 된다. 정보와 오락으로 구성되는 미디어 사회체계 역시 그래서 탄생한 것이다. 제 아무리 우리 손에 스마트폰이 주어진다고 한들, 그리고 그것을 모종의 '집합지능collective intelligence'으로 연결한다고 한들, 많은 자본과 인력이 투입되는 전문적 저널리즘과 대중오락을 생성할 수는 없다. 당신의 스마트폰으로 4K 영상을 만들 수 있다고 해도, 언제나 기업화된 전문 영역은 그것을 앞지르는 '아바타'를 만들어낼 것이고 대중은, 아니 이미 당신부터, 그것을 더 소비하려 할 것이다. 그렇다면 비대칭적 신뢰 관계의 완전한 해체를 꿈꾸기보다 이 역시 다른 방식으로 고양될 수 있도록 하는 것이 중요하다. 요컨대 우리가 권한을 위임하지 않을 수 없을 만큼 높은 수준에 다다르는 전문성을 통해 기성 저널리즘과 기성 전문분야에 새로운 문화적 권위를 부여할 수 있어야 한다는 뜻이다. 기성 저널리즘과 전문분야의 권위가 도전받으면서 '신뢰의 위기'가 발생하고 있는 이유는, 다시 말하건대, 나름의 전문성과 그걸 표현하고 전달할 수 있는 수단을 보유하게 된 대중의 눈에 그렇게 권위 있어 보이지 않기 때문이고, 그럼에도 불구하고 자신의 부족을 인정하거나 잘못 사용된 권한에 대한 책임을 이행하려 하지 않기 때문이다. 더 높은 수준의 탁월성excellency을 갖추고, 그에 부합하는 책임을 명확히 할 때에만 이 관계의 비대칭성이 사회적으로 정당화될 수 있다.

대칭성에 토대를 둔 '언론향약'과 보통사람들의 저널리즘, 그리고 비대칭성을 다시금 정당화할 수 있을 만큼의 정보적 권위와 책임을 장착한 직업적professional 저널리즘, 이 두 가지 상반된 방향 사이에 어중간하게 끼어 있는 많은 저널리즘 기업은 현재 그들이 마주한 신뢰의 위기를 돌파할 수 없다. 동등하지도 않고 탁월하지도 않으면서 책임은 지려 하지 않은 채 자신들만의 '자유'를 요구하는 그 모습은 수명이 다한 우리 언론 체계의 '신뢰성'을 더욱더 갉아먹으며 자신들의 생존을 연장하는 하책에 불과하다. 그런 자해적 행위를 통해 그들은 당분간 더 생존할 수 있을지도 모른다. 하지만 그것은 우리 사회 전반의 정보 환경이 점점 더 무질서한 쪽으로 향해가게 하고, 도무지 마실 수 없는 물을 뿜어내는 오아시스를 만들 뿐이다. 국가의 개입, 혹은 공동체의 개입은 바로 이 지점에 집중되어야 한다. 만약 국가가 자발적으로 구축된 언론시민사회의 영역에 개입하려 하거나, 직업적 탁월성을 갖춘 언론기관을 위축시키려 한다면 이들의 '자유'는 엄격히 옹호되어야 마땅하다. 이들은 '과실상규'의 체계를 (개인의 표현자유를 위해) 낮은 수준에서나마 갖춘 자율적 시민사회이거나 (언론기관의 자유를 위해) 매우 높은 수준으로 구축한 민주적 대행기구이기 때문이다. 그러나 이들 사이에 놓인, 이미 역사적 효력을 상실한 많은 언론기업들은, 한편으로는 시민사회 속으로 들어가는 것은 여전히 거부하고, 다른 한편으로는 이 시대에 맞는 민주적 표현기관의 지적·도덕적 권위도 갖추지 못한 채, 저열한 상업기관으로서의 자유, 즉 우리 사회의 정보 오아시스를 오염시켜도 책임을 지지 않을 자유만을 추구하고 있다. 그렇다고 이들에 대해 국가가 직접 개입하라는 이야기는 아니다. 국가는 정보 시장의 구조적 질서를 객관적으로(예컨대 명백한 상업광고를 기사로 둔갑시키는 행위 등을 '질서 교란 행위'로서 명확히 규정하는 식으로) 구축하여 관리하고, 일반적인 저널리즘 내용물에 대해서는 이들 집단이 시민사회와 함께 세운 자율적인 기준에 맞추어 스스로 규제하도록 하면 된다. 국가는 이와 같은 자율적 체계 안에 들어가 규제받기를 거부하는 기관에 대해, 입법부가 기준을 세우고 사법부가 그에 따라 판단하여 그 결과에 맞춰 행정부가 집행하도록 규제하는 시스템을 마련할 수 있다. 개별 언론기관은 민주적 대행기구로서의 자율 체계 안으로 들어갈 것이냐, 아니면 그와 같은 기준을 거부하고 국가와 공동체에 의한 타율에 직면할 것이냐를 선택할 '자유'를 갖는다.

신뢰를 지향하여, 자율을 매개로, 자유와 책임이 조화를 이루는 오아시스를 위하여

지금까지 나는 언론자유 개념이 우리 사회의 규범적 지표가 되기에도, 현실의 언론 문제를 정확히 기술하고 해결하기 위해서도 명백한 한계에 직면하게 되었음을 논했다. 그리고 현재 언론 문제의 본질은 '자유의 위기'가 아니라 '신뢰의 위기'임을, 언론자유는 신뢰의 보장을 위해 적극적으로 옹호되어야 하는 동시에 그 신뢰의 붕괴를

막기 위해 신중하게 절제되어야 함을 주장했다. 그렇다면 그에 맞는 헌법적 규범은 어떻게 정비되어야 하는지, 법률과 관행은 어떻게 만들어져야 하는지, 자유의 위축을 최소화하면서도 더 적절한 책임 수행을 통해 더 큰 신뢰를 형성하기 위한 중층적 자율-타율 규제는 어떻게 설계되어야 하는지에 관련해서는 별도의 구체적인 논의가 필요하다. 나와 우리 저자들은 이를 목표로 또 다른 사유와 대화의 자리를 마련하겠다고 약속하면서, 좀 더 구조적이고 장기적인 이슈에 대한 힌트는 후속되는 제4장과 제5장의 논의를 통해 부분적으로나마 발견할 수 있을 것이라 기대한다.

4장

언론자유의 패러독스와 시장 모델의 실패

김영욱

언론자유 논의가 낳은 패러독스

비판적인 접근의 학자들은 자유의 개념이 모순적이라고 보았다. 노동자는 노동력을 제공할 자유를 가지지만 생산수단을 소유하지 못할 자유를 또한 가진다. 어떤 선택의 자유는 선이지만, 필요를 충족하지 못할 자유는 악이다. 따라서 자본주의 사회에서는 약자를 착취하는 압력과 선동의 악한 자유와 함께, 언론의 자유, 양심의 자유, 집회의 자유와 같은 선한 자유가 공존한다. 자본주의 사회 자체가 자유의 문제에서 모순적이다. 하지만 문제는 이러한 언론의 자유, 양심의 자유와 같은 선한 측면의 자유도 실상은 자본주의라는 체제에서 벗어나 있지 않다는 점이다. 아무리 선한 자유라고 하더라도 결국은 자본주의 착취 시스템을 지탱해주는, 겉으로만 선량하고 무심한 이데올로기의 역할을 담당하고 있다는 것을 부정하기는 어렵다.

문제는 자유의 의미를 가장 자본주의적인 신자유주의가 독점하고 있다는 점이다. 비판적인 접근의 학자들은 필요가 충족되지 않는 사회에서 자유는 그 의미를 상실한다고 보았다. 많은 사람이 사회적인 안전망에서 탈락하고, 부의 불균형이 극심해지는 사회에서 오직 개인의 자유와 사유재산의 자유를 주장하는 것은 무슨 의미를 가질까? 언론의 자유도 이런 측면에서 지금까지 너무 순진한 자유 접근에 의존해온 측면이 있다. 부를 독점하고, 권력을 유지하기 위해 여론 시장을 조작하며 미디어 자산을 소유할 자유에 대해서 스스로 신성함을 부여함으로써 절대적인 가치가 된 언론의 자유가 어떤 의미를 가질 수 있을까?

언론자유는 보통 외적 자유와 내적 자유로 구분한다. 외적 자유는 언론자유의 잠재적 침해 요소가 언론사 외부에 있는 경우를 말하는데, 정치권으로부터의 자유가 대표적이다. 반면 내적 자유는 언론자유의 잠재적 침해 요소가 언론사 내부에 있는 경우를 말한다. 광고주-자본의 이해관계가 사주/경영진을 통해 편집국장/보도국장-데스크의 지휘 라인을 따라 일선 취재기자에게 영향력으로 행사될 때 언론의 내적 자유는 침해된다. 통상적으로 자본주의가 발달함에 따라 언론의 산업화/상업화가 심화할수록 언론의 내적 자유가 침해될 가능성은 커지는 반면, 같은 시기에 민주주의가 발전할수록 언론의 외적 자유가 침해될 가능성은 상대적으로 낮아진다. 그뿐만 아니라 언론의 내적 자유 침해는 대부분 언론사 내부에서 은밀하게 이루어지기 때문에 외부로 알려지지 않는 경우가 많고, 언론의 산업화/상업화가 심화하여 언론인의 샐러리맨화가 정착될 경우 내적 자유에 대한 내부 비판과 저항 또한 약화되기 쉽다. 하지만 결과적으로 보면, 자본을 통한 언론자유의 침해는 외적인 요소와 내적인 요소를 통괄한다. 외적인 영향력과 함께 내적인 순응이 동시에 작동하기 때문이다. 정치권력은 자본과 교묘하게 결합하여 여전히 압력을 발휘한다. 외적/내적 압력이 서로 긴밀하게 연결된 현재 언론 상황에서 외적/내적 자유 구분은 큰 의미를 가지기 힘들다. 따라서 이 장에서는 변화된 디지털 미디어 환경에서 이루어지는 언론의 자유와 침해 논의를 외적/내적으로 구분하는 전통적인 접근법보다는 자본주의 체제의 본질적인 모순이라는 접근을 통해 언론산업의 상업화와 시장의 실패라는 관점에서 다루어보고자 한다.

언론자유의 의미가 퇴색되는 것은 주목attention 경제를 중심으로 재편되는 디지털 미디어 환경에서 훨씬 더 심화하는 경향이 있다. 언론이 이윤 창출을 위해 주목을 끌고 주목 상품을 팔기 위한 활동으로 전락하는 한, 언론의 자유는 자본의 이윤 축적 활동을 비호하는 이데올로기로 작용할 수밖에 없다. 이것은 언론의 중심적인 비즈니스 모델이 자본이 제공하는 광고 중심에서 벗어나지 못하는 현실과 '자본의 언론 되기' 혹은 '언론의 자본 되기' 경향과 밀접하게 연관되어 있다. 이러한 현실을 벗어나기 위해서는 언론의 공공성과 자본으로부터 자유에 대한 논의가 좀 더 구체적이고 본격적으로 이루어질 필요가 있다. 언론자유가 이윤 착취를 수행할 자유를 논하기보다는, 함께 사회정의를 논의할 자유, 시민이 공론의 장에서 배제되지 않을 자유, 모두를 위해 미디어 권력에 적절한 통제를 가하고 소유를 분산할 자유에 대해서도 논의할 필요가 있기 때문이다.

언론자유 논의는 그 자체로 패러독스를 가진다. 예를 들어, 개인이 마땅히 누려야 하는 자유와 독점적으로 재산을 사유할 수 있는 자유가 유지되어야 하는 것은 언제나 충돌할 수밖에 없다. 마르크스Marx도 언론자유를 신봉했는데, 그의 언론자유에 대한 논의는 자본주의에 대한 비판으로 자연스럽게 연결된다. 마르크스 입장에서 언론자유는 권력으로부터 자율성을 추구해야 할 뿐만 아니라, 언론으로서 사적 이익을 추구하지 않아야 한다. 마르크스가 가장 혐오한 것은 언론이 이익을 내기 위한 조직으로서 스스로를 자리매김하는 경우이다(Fuchs, 2020). 따라서 언론은 지적인 시민의 양성에 필수적이고, 언론과 같이 사람들이 서로의 의견을 자유롭게 나눌 수 있는 장치가 확보되지 않는다는 것은 기본적인 시민의 권리를 침해하는 것이라고 보았다. 따라서 정부나 외부 권력이 언론 내용을 검열하는 것은 당연히 언론자유를 침범한다고 보았다. 외부의 검열을 받는 언론은 결과물이 아무리 좋더라도 자유로운 언론이라고 할 수 없고, 지적인 시민을 양성하는 데 아무런 도움이 될 수 없기 때문이다. 하지만 정부의 검열보다도 마르크스가 가장 우려한 외부 압력은 언론의 상업화이다. 이윤을 내기 위해서 존재하는 언론은 시민의 비판 능력을 함양하기 위해 존재할 수 없고, 공론의 장을 왜곡하는 데 이용될 가능성이 높다. 그래서 마르크스도 언론이 가지는 한계, 즉 언론자유는 필요하지만 사적 이익 추구를 반드시 경계해야 한다고 생각했던 것이다. 자본주의 사회에서 불평등을 조장하는 가장 위험한 요소는 국가의 권력, 자본의 강요, 지배계급의 이데올로기 등이다. 자본주의 체제에서 이러한 요소들은 동시에 작동하는 경향이 있는데, 국가와 자본, 지배계급의 이데올로기가 지향하는 점이 모두 부르주아 지배체제를 떠받치는 역할을 하기 때문이다. 이런 맥락에서 언론자유는 패러독스를 가진다. 언론자유는 공론장의 형성을 위해서 필요하지만, 언론자유가 유지되는 과정에서 지배권력이 헤게모니를 유지하고 이윤을 추구하기 위한 이데올로기를 반복해서 재생산하고 정보 접근의 불균형을 심화시킴으로써 기득권은 더욱 공고해지고 만다(Althusser, 1994; Herman & Chomsky, 1988).

언론이 언론자유 논리에 기반하여 제도로서 특권만을 강조하고 부여된 책임을 다하지 않기 때문에 언론 저널리즘의 위기를 불러온다는 것을 이 책의 다른 장들에서 설명하고 있다. 이 장에서는 이러한 맥락을 더 파고들어, 그 특권이 언론자유에 대한 개인 자유의 측면, 특히 재산권의 자유에 보다 초점이 맞추어져 있는 것이 가장 큰 문제 상황이라고 진단한다. 자유방임주의는 자본주의 체제에서 언론의 자유와 언론소유주의 사유 재산권 행사의 자유를 모호하게 만든다. 디지털 미디어 환경의 경쟁체제가 강화됨에 따라 생존을 위한 사유 재산권 행사의 자유가 정당화되고, 자유방임주의에 기반을 둔 신자유주의 접근이 언론 경영의 물적 토대로 더욱 강화된다. 따라서 제도로서 언론이 누리는 언론자유 특권은 언론 기업이 시장에서 경쟁우위를 확보하여 최대한의 이윤을 창출하는 활동을 정당화시키는 허울 또는 명분으로 적극적으로 이용된다. 이는 결국 언론자유에 대한 잘못된 해석이 갖는 패러독스가 디지털 미디어 환경과 시장 모델 의존을 통해서 심화하고, 언론자유가 추구하는 올바른 공론장의 확장이라는 본래의 이상과는 점점 더 멀어지고 있는 현재의 언론 상황을 그대로 보여준다.

언론자유가 낳은 이러한 패러독스는 자유주의 언론자유에 대한 비판과 연결되고, 결국 근본적으로 자본주의의 모순과 연결될 수밖에 없다. 현재의 언론이 이윤 추구를 생존 전략으로 하는 신자유주의에 매몰되어 있고, 디지털 환경의 변화에 따라 주목 상품이 가치의 정점에 놓이게 됨에 따라, 언론 위기가 일반화되는 것은 당연하다. 언론이 자신의 특권만을 강조하는 이데올로기에 의존하면 할수록 실제로 운영되는 언론의 물적 토대와는 유리될 수밖에 없다. 여기에 디지털 생산력을 기반으로 하는 언론 환경의 변화에도 불구하고, 기존의 언론 중심 사회관계를 그대로 유지하려는 노력은 수용자들의 반발을 불러오고 언론 위기를 더욱 심화시키게 된다. 이러한 위기 상황을 타개하기 위한 방안들도 다양하게 논의되고 있지만 (Reese, 2021; Zelizer, Boczkowski, & Anderson, 2022), 결국 언론자유의 본질적인 문제에 대한 논의로 돌아가서, 이러한 논의를 어떻게 자본이 언론을 상업화하고 시장의 실패를 불러왔는지와 연결하는 것이 필요해진다. 이 장에서는 언론자유의 패러독스를 심층적으로 이해하기 위해, 언론자유에 대한 기존 논의와 자유주의에 대한 비판을 살펴보고, 언론자유 논의가 방향성을 잃으면서 나타난 저널리즘의 딜레마와 위기 상황을 진단한다. 그런 다음, 이러한 위기 상황을 초래한 근본적인 원인인 자본의 영향력과 언론 상업화 현상을 살펴보고, 이러한 위기 상황을 해결하기 위한 새로운 언론 비즈니스 모델 접근 방법과 새로운 접근을 현실화하기 위한 구체적인 수단들을 살펴보고자 한다.

언론자유를 보는 다양한 시각과 자유주의 비판

언론자유에 대한 논의를 매우 포괄적으로 대립하는 시각을 중심으로 정리해보면, 크게 자유주의, 공화주의, 시민 공론장, 논쟁적 민주주의, 비판적 정치경제학 접근 등으로 나누어볼 수 있다. 언론자유에 대한 논의는 역사적으로 자유주의에서 시작하고, 자유주의는 지금도 가장 강력한 패러다임 접근을 형성한다. 자유주의는 정부 등 권력으로부터 자유와 함께, 개인이 스스로를 마음대로 표현할 수 있는 자유를 의미한다. 자유주의는 필연적으로 자유시장 논리와 맞물린다(Fenton & Titley, 2015). 이러한 논리는 개인이 언론을 소유할 자유, 즉 재산권에 대한 절대적인 보호 주장과 여론 시장이 모든 문제를 해결해줄 것이라는 방임주의와 연결된다. 하지만 이러한 언론자유주의 논의에는 언론 소유권과 제도로서 언론의 특권이 강조됨으로써 일반 시민이 소외될 가능성을 내포한다. 따라서 만약 자유 논의에서 시민이 제외되기 시작한다면, 언론의 자유가 결국 소유주, 저널리스트만을 위한 자유로 축소될 위험성이 높아지게 된다.

공화주의는 자유주의가 개인의 자유를 너무 절대적으로 강조함으로써, 시민의 자유를 침해할 수 없도록 스스로 제도화를 이루어가는 덕성을 갖춘 시민의 참여를 심각하게 고려하지 않고 있다고 비판한다(Petit, 1997; Skinner, 2012). 공화주의는 시민의 참여, 시민의 민주주의 덕성 함양, 이를 충분히 제공할 수 있는 언론자유의 제도화 등을 더 중요한 화두로 삼는다. 실제로 자유주의하에서는 언론에 의한 시민의 자유 침해, 언론의 경제적인 기능 약화로 인한 기득권의 간섭 강화와 같은 현상들이 빈번하게 일어난다. 언론자유 논의에서 시민이 빠져 있기 때문에 언론자유는 시민의 언론자유를 제약할 수 있게된다. 이런 차원에서 공화주의 언론자유 문제는 언론이 자유를 가지는가 하는 관점에서 언론이 공론장 형성에 도움이 되는가 하는 관점으로 초점이 이동하게 된다.

하지만 공화주의의 문제는 비지배의 제도화를 위한 실질적인 합의 창출 방법을 제시하지는 않는다는 점이다. 대의민주주의가 모든 문제를 해결해줄 수는 없다. 정부와 기업으로부터 독립도 중요한 의제이지만, 하버마스는 근본적으로 체계의 생활세계 식민지화로부터 벗어날 수 있는 시민 공론장의 필요성을 역설했고, 이를 실행하기 위한 이상적인 커뮤니케이션 상황을 수립하기 위해 노력했다(Habermas, 1991). 이런 시각은 저널리즘을 이상적으로 설정한 언론자유 관념에 맞추기보다는 자유주의가 잉태한 권력과 시장의 사유화에 맞서는 것이 더 중요한 일이 된다고 주장한다. 하지만 이러한

하버마스의 이상은 실현하는 과정에서 많은 난관에 봉착한다(Fenton & Titley, 2015). 시민의 참여를 통한 숙의민주주의는 이미 시장의 덫에 빠진 시민들의 외면을 받기 일쑤이고, 그나마 공론장에 참여하는 구성원들의 불평등은 권력의 불균형을 더 심화시키게 된다. 실제로 언론자유 논의는 이러한 현상을 부채질하는 경향이 있다. 언론자유 논의가 시민의 공론장을 활성화하기보다는 권력과 시장의 역할을 더 강화하는 방향으로 사용되기 때문에 공허한 기표로 끝나는 경우가 대부분이다. 결국, 중요한 것은 언론이 중심이 된 공론장이 아니라 시민이 중심이 된 공론장을 어떻게 형성할 것인가 하는 점이다. 어떻게 시민이 중심이 된 공론장과 사회 구성체를 만들 것인가 하는 논의는 논쟁적인 민주주의agnostic democracy와 비판적인 정치경제학 논의로 좀 더 나아간다.

하버마스의 시민 공론장 논의는 권력 불균형을 해소하는 문제에 대해서 확실한 답을 제시하지 못하고, 불균형을 심화함으로써 스스로 정당성을 획득하는 데 실패하는 경향이 있다. 무페(Mouffe, 2011)의 논쟁적 다원주의agonistic pluralism 입장에서는 어떤 합의를 도출하고 갈등을 제거하려는 노력 자체가 기존 권력을 강화하는 수단으로 작용할 수 있으며, 근본주의적이고 일방적인 해결책을 제시할 가능성이 크다고 주장한다. 언론자유를 신장시키기 위해서는 이념으로서 절대적인 언론자유가 설정되기보다는 사회의 다양한 적대관계를 활성화함으로써 논쟁을 통해서 어느 한쪽이 완전히 지배하지 못하는, 변화하고 경합하는 여론이 형성되는 것이 중요하다. 경제적인 자유에 초점을 맞추는 신자유주의 경향은 오히려 권력과 시장의 논리를 강화할 뿐이며, 언론 또한 경제활동의 자유, 소유의 자유, 이를 뒷받침할 여론 시장의 독점을 획책할 가능성을 높이게 된다. 경합, 논쟁, 다원주의가 확보되지 못하는 언론은 죽은 언론이고, 그러한 사회는 민주주의의 역설democratic paradox에 빠질 가능성이 높다(Mouffe, 2000). 누구나 헤게모니를 획득할 수 있는, 경합하고 논쟁하는 민주주의의 활성화만이 언론자유가 민주주의의 역설 가운데서 찾아야 할 유일하게 정당한 역할이다. 경합을 활성화하고, 기존 권력이 언제든지 교체될 수 있는 활발한 공론장 구성에 언론이 기여할 수 없다면, 언론의 자유 또한 기존 권력의 외피를 바꾼 이데올로기에 불과하게 된다. 지배관계를 드러내고, 논쟁과 경합을 주도할 수 없는 언론이라면 언론자유는 의미를 상실하게 된다.

무페는 본질적인 접근을 거부하고 다양한 사회 주체들의 비본질적인 경합에 더 강조점을 두었다. 자유주의, 사회주의, 공동체주의 등이 내세우는 본질적인 접근이 문제의 해결을 너무 단순화하는 환원주의적인 오류를 범하고 있다고 보았기 때문이다(Mouffe, 2000). 하지만 이러한 논쟁적 민주주의가 과연 사회가 직면하고 있는 권력의 문제를 해결하는가에 대해서는 회의적인 면이 존재한다. 무페는 모든 근본적인 해결책이나 좌와 우로 나누는 시각에 대해서 반대했지만, 그럼에도 불구하고 투쟁의 동력을 살리고 사회변화를 일으키기 위해서는 계급적인 기반을 공유하는 집단 구성원의 집중된 노력이 필요해진다. 결국 이를 위해서는 비판적인 정치경제학의 계급투쟁 관점을 도입할 수밖에 없다(Marx & Engels, 2012). 특히 사회가 디지털화하면서 생산수단의 독점이 더 심화될 뿐만 아니라, 디지털 사회 공장을 중심으로 새로운 형태의 착취 노동이 나타나면서, 취약한 노동자 계급이 더욱 늘어나고 있는 현실을 고려하면 더욱 그러하다.

이런 상황에서 사회가 직면한 불평등을 분명하게 드러내면서 디지털 생산력에 걸맞은 새로운 생산관계를 만들어내는 시도를 기획하는 것은 의미가 있다. 하버마스 공론장과 논쟁적인 공론장 모두 힘의 불균형을 담론적인 장치를 통해서 해결해보려고 하지만, 실제 공중들이 가진 힘의 불균형은 시민을 공론장으로부터 배제하거나 무력화 시킨다. 이런 맥락에서 언론자유는 경제적인 이권을 수호하고, 기득권을 유지하기 위한 부르주아 계급의 이데올로기 생산 도구에 불과해진다. 비판적인 디지털 정치경제학에 따르면, 디지털 시대에 심화되는 생산력과 생산관계의 대립을 해결할 방법은 노동에 대한 새로운 정의를 바탕으로 디지털 노동자 계급을 결집하고 디지털에 기반을 둔 노동 착취적인 사회 시스템을 혁명적으로 바꾸어가는 것밖에 없다. 결국, 이러한 관점에서 보면 언론자유에 대한 논의도 사회 다양한 계층의 계급적 불균형을 해소하는 것과 연결된다.

언론자유에 대해 포괄적으로 대립하는 시각을 비교하는 과정에서 알게 되는 것은, 비정치적인 용어로 전락한 언론자유를 정치적인 용어로 되살리는 것이 필요하다는 점이다. 그래서 시민이 언론자유를 기본적인 권리로 인식하는 것과 함께, 마땅히 갖추어야 할 능력으로서 자신의 목소리를 가지고 시민들을 공론의 장에 참여하게 하는 것이 중요해진다. 공화주의, 시민 공론장, 논쟁적 민주주의, 비판적 정치경제학 접근 모두 시민이 중심이 되는 공론의 장이 형성되고, 그것이 건강하게 유지될 수 있는 방법에 대해서 고민했다. 하지만 지금의 언론자유 논의에서는 시민의 목소리가 사라지고, 공허한 기표로 작용하는 언론자유 용어만이 난무하고 있다. 이렇게 되면 언론자유는 책임지지 않는 권력을 향유하려는 몇몇 언론 권력과 그들을 둘러싼 이권 집단을 보호하기 위한 장치로 악용될 가능성이 높아진다. 이것은 또한 언론자유에 대한 자유주의 논의가 갖는 한계를 의미한다. 자유주의 논의에서 언론자유는 규범적인 원칙들이 장황하게 서술될 뿐, 실제로 그런 원칙들이 현실에서 지켜지지는 않는다.

언론자유와 관련하여 지금까지 제시된 규범적인 접근들은 주로 시민의 참여, 민주적인 공론장의 형성, 이를 위한 언론 고유의 정보 전달 목적에 초점이 맞추어져 왔다(Nielson, 2017). 언론자유는 언론 기관을 포함해서 언론 자체만의 말할 수 있는 자유를 의미하기보다는 언론이 얼마나 민주적인 절차에 필요한 정보를 제공하고, 사회적인 가치를 공유하며, 민주 시민의 능력을 고양하고, 소외당하는 공중들의 목소리를 대변하는가에 더 방점을 둔다(Hesmondhalph, 2017; Sen, 2009). 언론, 혹은 이를 수행하는 주체에 더 초점을 맞추어 흔히 미디어라고 부르는 사회 기능은, 시민을 효과적으로 민주적인 절차에 참여하게 함으로써 비로소 자신들이 주장하는 역사적인 역할을 수행하게 된다. 하지만 이런 이상에도 불구하고, 오늘날의 언론이 이런 기능을 수행하는가에 대해서는 회의적이다.

언론자유는 공론의 장을 효과적으로 구성해오기보다는 시민이 참여하는 공론의 장을 교란시키는 개념으로 사용된 경우가 많았다. 실제로 언론자유는 공론장의 정당성을 무너뜨리고, 그 효능을 오히려 줄이는 방향으로 사용되고 있다(Dawes, 2022). 또한, 언론자유는 공론의 장에서 정당한 목소리를 가지지 못하는 소외 집단의 목소리를 억압하기 위한 수단으로 사용되거나, 시민이 자신의 정당한 권리를 돌려받기 위한 시도 자체를 언론자유라는 이름으로 막는 데 사용되기도 한다(O'Neil, 2014). 언론이 공론의 장을 훼손하거나 시민의 정당한 권리를 침해한다면 당연히 사회적인 규제를 받아야 하지만, 언론자유라는 공허한 이상은 이 모든 시도를 무력화시킨다. 이러한 언론의 부작용과 이에 대한 사회적으로 비판적인 통념은 자유주의 전통의 문제점과 밀접하게 관련되어 있다. 특히 국가, 자본, 언론이 일체가 되어 시민 공론의 장을 억압하는 신자유주의의 도래는 이런 경향을 더 심화시키고 있다(Pickard, 2019). 여기서 말하는 신자유주의는 자유주의가 정치적인 이데올로기로 내세우는 자유시장 개념과 연계된 것으로, 1970년대 이후로 세계적으로 유행하게 된 시장경제와 경쟁을 신조로 해서 형성된 일종의 자유주의와 자본주의의 혼합된 체제를 의미한다(Phelan & Dawes, 2018).

자유주 접근이 가져오는 언론의 역할에 대한 비판을 공론의 장 확장 논의에 적용해서 크게 정리해보면, 불평등과 대표성 문제, 그리고 책임성의 문제로 나누어 볼 수 있다(Dawes, 2022). 불평등과 대표성은 공론장에 참여하는 시민들이 같은 영향력을 가질 수 없고, 자신의 목소리를 대변할 통로를 찾지 못한다는 것과 연결된다. 이런 상황에서는 공론장의 정당성에 의문이 제기될 수밖에 없다. 언론은 기존 권력의 이데올로기를 전파하는 데 집중하는 경향이 있고, 사회적으로 소수자들의 목소리를 대변하지 못한다. 또한, 언론은 현실적으로 공론장을 주도함에도 불구하고, 그 결과에 대해서는 아무런 책임을 지지 않는다. 언론자유의 이상이 개인의 자유에 초점을 맞추다 보니, 언론은 책임성이라는 측면에서는 개별적인 자유에 초점을 맞출 뿐, 공적인 의무를 이행한다는 책임감을 느끼지는 않는다. 한마디로 언론은 공허한 언론자유 이상 뒤에 숨어 있다(Carpentier, 2022). 언론은 시민의 자유와 권력기관으로서의 지위 사이를 마음대로 오가면서 자신에게 유리한 담론을 마음대로 채택한다. 무페(Mouffe, 2000)가 제기한 대로 자유민주주의는 민주주의의 역설 속에 있다. 개인의 자유를 마음대로 향유하는 것과 민주주의라는 시민의 집합체 속에서 일정한 합의를 만들어내는 것 사이에는 모순이 존재한다. 따라서 언론은 이러한 역설 속에서 자신의 역할을 정립해나가야 하지만, 현재는 지나치게 자유에 방점을 두기 때문에 자신이 민주주의 공론장을 형성하기 위해서 해야 할 책임과 의무를 방기하는 경향이 있다.

또한 언론자유 논의에서 흔히 빠져 있는 부분은 언론 자체가 권력을 보유하고 있다는 것을 인정하는 것이다(Freedman, 2014). 권력을 쥔 존재에게 시민 공론의 장은 언제든지 위협받을 수 있으며, 시민의 자유는 언론자유 논의에서 소외되기에 십상이다. 특히 신자유주의 아래서 언론 권력이 다른 권력과 결탁한 형태를 띠기 때문에 언론자유는 권력의 소유물이 되거나 통제 아래 놓이기 쉽다. 현실에서 적용되는 것을 살펴보면, 대부분의 언론자유 논의는 언론 소유주와 언론 종사자의 자유를 의미할 뿐, 시민의 언론자유를 등한시하는 경우를 발견하게 된다. 이것이 자유주의 언론자유 논의의 한계이다.

따라서 자유주의를 벗어난 언론자유 논의의 확장 필요성이 제기된다. 자유주의 접근에서 언론자유는 개인 차원의 자유에 방점을 두고, 제도화된 언론과 시민을 구분하지 않으면서 결과적으로 최대한의 자유가 언론에 주어지는 것을 의미한다. 하지만 공화주의, 시민 공론장 접근을 포함해서 시민의 언론자유를 중시하는 다른 접근은 시민의 참여에 오히려 방점을 둔다. 시민의 참여를 독려하는 언론은 시민의 덕성과 참여 의지를 고양하고, 민주적인 절차에 시민의 의견을 개진할 수 있는 효율적인 통로를 제공한다. 하지만 현재 우리나라 언론자유 논의는 기껏해야 자유주의 수준에 머물고 있으며, 공화주의, 시민 공론장, 경합 민주주의, 비판적인 정치경제학 접근 등의 다양한 논의를 담아내지 못하고 있다. 이는 아직 언론자유 논의가 제도로서 언론 자체의 개별적인 자유에 초점을 맞추고 있을 뿐, 시민을 중심으로 건강한 민주주의를 형성하려는 언론의 의무와 책임성에 중점을 두고 있지 않기 때문이다.

결국, 중요한 것은 공론장이 제대로 기능할 수 있도록 시민이 언론을 통제할 장치가 마련되어야 한다는 점이다. 공론장에서 목소리를 낼 수 있는 능력을 언론이 독점하는 것에서 벗어나서 시민들이 자신의 목소리를 낼 수 있어야만 진정한 공론장이 작동할 수 있다.

이러한 주장은 공론장의 작동을 지나치게 언론의 자율성과 능력에만 맡겨두지 말고, 공중들이 자기 목소리를 낼 수 있도록 제도적인 장치를 마련해야 한다는 논의와 연결된다(Dawes, 2022). 결국 공론장에서 다른 사람을 자신의 아래에 둘 자유, 시민이 적절하게 대변되지 않을 자유, 자신의 주장에 책임을 지지 않을 자유가 언론에게 보장된 것은 아니다. 따라서 언론 혹은 미디어 자유 논의에서 시민의 목소리 확보로 언론자유의 초점이 옮겨질 필요성이 제기된다. 언론 자유에 대한 논의를 자유주의 논의에 대한 비판에서 시작해서 좀 더 시민의 시각에서 살펴보는 것으로 이동할 필요가 있다. 또한, 이런 논의는 자본, 국가, 기업이 결탁하여 혼탁해진 신자유주의 언론 환경을 비판적으로 분석하고 한국 언론의 발전을 위한 대안을 제시하는 것으로 연결되어야 한다.

시장 의존과 저널리즘의 위기

자유주의 접근의 언론자유 논의는 실질적인 공론의 장 형성과는 무관하게 규범적인 언론자유 논의로 이어지는 경향이 있다. 실제로는 상업적인 경향이 강화되고 있지만, 언론은 여전히 민주주의의 최후 보루로서 언론의 역할을 강조한다. 이러한 현실과 이상의 괴리가 저널리즘을 점점 더 사람들로부터 외면받게 만드는 단초를 제공하게 된다(Nielson, 2017). 언론이 현재 누리는 자유는 모든 시민에게 마땅히 부여되는 표현의 자유와 공적인 제도로서 누리는 특권적인 자유, 자유롭게 이윤을 추구할 수 있는 영업의 자유가 혼재되어 있는데, 현재의 상태는 영업과 이윤 추구의 자유가 모든 자유 논의를 압도하는 것이 문제가 된다. 제도로서 언론은 누릴 수 있는 모든 특권을 누리지만, 최소한의 책임만을 지려고 할 뿐만 아니라 공론의 장 형성보다는 자신들의 생존에 초점을 맞추기 때문에 언론이 마땅히 해야 할 의무를 방기하게 된다.

이런 상황이 계속되다 보니, 언론은 상황을 개선할 수 있는 노력을 하기보다는 현실에 존재하지 않는 규범적인 이상을 기계적으로 반복해서 말하거나 습관적으로 강요함으로써 저널리즘의 위기를 오히려 강화하고 있다. 언론 수용자 입장에서는 현실에서 조금도 실현되지 못하는 저널리즘 규범들이 오히려 역으로 비판의 고리가 되어 '기레기'와 같은 언론을 향한 혐오적인 담론으로 나타나고 있다. 언론이 상부구조를 통한 이데올로기 형성에 쓸데없는 희망을 품고 있는 동안, 언론산업의 토대는 빠르게 생존을 위한 이윤 창출 체제로 재편되었고, 사람들은 더 이상 언론의 존재 이유를 과거만큼 신뢰하지 않게 되었다.

언론이 상업주의 언론으로 정착하게 된 데는 정치권력으로부터 독립하여 언론기업으로서 자율성을 확보하기 위한 노력의 일환이었다고 말할 수도 있다. 하지만 자유주의가 자유방임을 신조로 무한 경쟁의 논리를 도입한 신자유주의로 넘어가면서 언론이 시장에 절대적으로 의존하는 체제가 형성되고, 이러한 자본의 간섭 강화는 언론자유를 위협할 뿐만 아니라 자율성을 스스로 심하게 훼손하고 있다. 결과적으로 언론은 시장을 통해 자율성을 확보하려고 했지만, 오히려 자율성이 더 하락하고 있을 뿐만 아니라 물적 토대로서 제도의 실패와 시장 의존은 언론이 마땅히 져야 할 책임을 방기하고, 뉴스의 상업화, 언론기업의 독점화, 공공성의 폐기와 같은 심각한 부작용만을 낳고 있다. 언론의 상업주의는 언론의 자유를 위축시키거나 위태롭게 할 뿐만 아니라 저널리즘 원칙을 현실과 유리시키는 가장 큰 동인으로 작용하고 있다.

제도institution로서 언론과 저널리즘 원칙은 거의 붕괴되고 있다고 해도 과언이 아니다. 그런 현상은 곳곳에서 찾아볼 수 있는데, 특히 양극화되어 공정성을 잃어버린 기사, 디지털 환경 속에서 주목에 목을 매는 취재 환경, 저널리즘 가치의 일상적인 붕괴는 제도로서 언론이 제 기능을 못한다는 것을 잘 보여준다(Reese, 2021). 하지만 언론이 변화할 조짐은 잘 보이지 않는다. 제도로서 언론은 크게 네 가지의 착각illusion에 빠져 있다(Zelizer, Boczkowski, & Anderson, 2022). 그것은 자율성, 중심성, 응집성, 영구성에 대한 착각이다. 언론은 이제 더는 우리 사회에서 독립적으로 존재하고, 중심적이지도 않을 뿐만 아니라, 언론의 범위를 묶어주는 응집력도 약화하였으며, 사회 속에서 영구히 존재할 것이라고 당연히 받아들이기는 더욱더 어렵게 되었다. 이러한 착각은 지금 언론 자체와 언론의 운영 원리를 대변하는 저널리즘이 겪고 있는 위기와 밀접하게 연결되어 있다. 시장 의존이 극심해지면서, 언론의 위상은 이미 눈에 띄게 변화했지만, 교과서나 저널리즘 관련 논의에서는 여전히 이러한 착각에 기반을 둔 규범이나 절차rituals가 소중한 가치로 추앙된다. 이러한 현실과 이상의 격차가 제도언론의 위기를 더욱 심화시키고 있다. 또한, 저널리즘이 겪고 있는 이상과 현실의 격차는 우리 모두에게 패러독스로 작용한다. 현재 저널리즘이 정상으로 작동하고 있지 않으며, 심각한 패러독스에 빠져 있다는 점은 곳곳에서 발견된다. 이러한 위기 현상을 몇 가지 짚어보면 다음과 같다.

첫째, 언론의 엘리트주의와 언론 위기의 심화는 서로 연결되어 있다. 엘리트주의는 지금 언론의 위기를 언론 스스로 충분히 해결해나갈 수 있다고 본다(Schudson, 2020). 실제로 언론이 예전처럼 영향력을 가지고 있지 않고, 현실 속에서 규범을 지켜나가지 못하는 경우가 대부분이지만, 미투Me Too 캠페인이나 박근혜 대통령 탄핵과 같은 몇몇 성공사례에서 보듯이 여전히 민주주의 발전에 중요한 역할을 하고 있다고 주장할 수 있는 사례들을 찾을 수 있다. 하지만 이러한 엘리트주의가 사회 기득권 엘리트에 대한 진정한 대응력으로 작용하는지는 의문이 제기된다. 언론 인덱싱indexing 이론에 따르면, 언론은 정부에 이미 존재하는 목소리들을 인덱스해서 보도하는 역할에 머문다고 주장한다(Bennett, 2015). 이 이론은 언론이 다양한 의견을 다루는 것 같은 흉내만 낼 뿐, 실상은 사회 엘리트 그룹의 목소리에 심각하게 의존하고 있다는 것을 보여준다. 현재의 언론 보도는 엘리트 그룹에 과도하게 의존하고 있을 뿐만 아니라, 더 심각한 상황은 언론 스스로도 자신을 엘리트 그룹의 일부라고 자임하는 점이다.

따라서 언론의 탐사 보도가 많아지는 행위는 엘리트 그룹에 대한 견제와 대항의 의미보다는 스스로 엘리트 그룹에 정당성을 부여하고 사회 시스템이 잘 작동하고 있다는 것을 보여주기 위한 요식 행위에 불과하게 된다. 언론이 탐사 보도를 통해서 사회의 부조리를 보도하게 될수록 사회 시스템이 가진 근본적인 문제가 드러나기보다는, 이 사회 시스템은 정상 작동하고 있으며 시스템 안에서 문제가 해결될 수 있다는 헛된 희망을 심어주게 된다. 실제로 박근혜 대통령 탄핵을 거치면서 우리 사회가 얼마나 근본적으로 변화했는지 돌아보면 작은 승리에는 도취할 수 있지만, 근본적인 개혁은 이루어지지 않았다는 것을 알 수 있다. 언론은 탐사보도를 통해서 존재가치를 증명하려고 하지만 실제로 탐사보도 자체는 사회 엘리트 그룹이 만들어둔 범위 안에서 작동하며 시민들의 요구 사항과는 유리된다. 예를 들어, 보이스피싱, 보험사기 사건과 같은 경우에는 탐사 보도가 활성화되지만, 동성애 등 소수자 권리와 종교적인 편견, 재벌 세습의 문제는 탐사 보도의 대상이 되기 힘들다.

둘째, 언론이 강조하는 규범들은 기득권을 보호하고 강화하는 데 사용될 가능성이 높다. 언론이 객관성objectivity과 공정성fairness을 강조할수록 논쟁적인 쟁점은 줄어들고 기존 관점을 강화하는 경향이 있다. 이는 정당한 논쟁이 필요하다고 여기는 영역에 대해서만 언론이 객관성과 공정성의 잣대를 가져와서 활발하게 보도하는 경향을 보이지만, 사회적으로 이미 합의가 이루어졌다고 가정하거나 일반적인 사회규범에서 현저히 벗어나 있다고 여기는 쟁점에 대해서는 침묵하는 경향과 궤를 같이한다(Hallin, 1989). 언론은 보통 사회적인 합의가 이루어져 있다고 가정하는 쟁점에 대해서는 사회의 책임감 있는 구성원으로서 역할을 강조하고, 갈등이 표면화된 쟁점에 대해서 매우 객관적이고 공정한 입장을 유지하는 것처럼 보도한다. 실상 이러한 거리 두기나 사안에 따른 비판적인 접근은 기득권의 허용 범위 안에서 작동하며 객관성과 공정성은 언론이 책임에서 벗어나기 위한 수단으로 사용되는 경향이 있다.

　사회적으로 허용되는 논쟁에는 언론의 규범이 적용되지만, 사회의 근본적인 변화가 필요한 부분에 대해서 언론은 침묵한다. 언론이 사용하는 규범에서 대표적인 것이 현실주의realism와 실용주의 pragmatism이다(Hearns-Branaman, 2016). 현실주의는 언론의 보도가 현실을 그대로 반영해야 한다는 규범이고, 실용주의는 언론의 보도가 한쪽의 의견만을 반영하는 것이 아니라 다양한 의견을 공정하게 반영해야 한다는 규범이다. 따라서 언론은 현실주의를 반영하기 위해서 직접 인용이나 권위 있는 정보원을 활용하고, 실용주의를 반영하기 위해서 다양한 정보원을 언론 보도에 활용하기 위해서 노력한다. 하지만 이러한 노력은 실제로는 객관적이고 공정한 언론이라는 정체성을 유지하기 위한 전략적인 절차strategic rituals에 지나지 않는다 (Tuchman, 1972). 언론이 형식적인 면에서 객관성과 공정성을 갖추었다고 해서 실제 현실을 그대로 반영했다고 할 수는 없다. 단지 현실을 반영하는 것처럼 보이기 위한 미시적인 수단만이 강조될 뿐, 기득권이 권력을 유지하기 위한 수단적인 현실이 사회적으로 재구성되는 경향이 농후하다.

셋째, 저널리즘의 이상이 강조될수록 내부적인 부조리는 더 심화되는 경향이 있다(Jung & Kim, 2012; Song & Jung, 2021). 저널리즘은 공공의 이익을 위해서 존재한다. 하지만 이런 이상이 저널리즘 내부의 문제를 해결해주는 것은 아니다. 언론 조직 내부 운영 원리와 저널리즘의 작동에도 우리 사회의 자본주의 부조리가 그대로 투영되어 있다. 저널리즘의 이상이 강조될수록 직업적인 불안정성과 불공정한 인사, 남녀 차별, 직장 내 성희롱, 저임금과 폭주하는 노동 강도, 불합리한 취재 지시, 광고 강제 유치 등 내부 구성원이 겪어야 하는 부조리에는 눈을 감는 경향이 강화된다. 언론 구성원들이 겪고 있는 인권 유린의 상황은 저널리즘의 이상에 의해 쉽게 용인되기도 한다. 저널리즘 규범이 문제의 해결책으로 강조되는 것은 현실의 실질적인 문제를 외면하려는 것일 뿐만 아니라, 문제의 핵심을 은폐하는 결과를 가져온다.

넷째, 언론이 수용자를 중심에 두는 노력은 단지 이윤 추구를 목적으로 이루어진다. 애초에 저널리즘은 언론 수용자의 의견으로부터 독립적으로 기사를 쓰는 것에 가치를 두어왔다. 언론 수용자의 기호가 반영되는 기사는 객관성이 떨어질 뿐만 아니라 현실을 정확하게 반영할 수 없다고 보았다. 언론의 역할은 수용자에게 객관적인 정보를 주는 것이고, 그것이 언론의 전문성professionalism이라고 보았다. 하지만 디지털 미디어 시대로 접어들면서 이런 원칙은 깨어지고 있다. 수용자들의 주목 능력에도 한계가 있을 뿐만 아니라 수용자와 상호작용하지 않는 언론은 점점 더 고립되고 경제적으로도 한계점에 다다르고 있다(Zelizer et al., 2022). 하지만 언론이 수용자 중심주의를 강조하면 할수록, 그 수단들은 진정한 수용자와의 상호작용을 도모하기보다는 새로운 이익을 창출하기 위한 경제적인 수단에 집중되는 경향이 있다. 또한, 광고가 소셜미디어로 집중되는 현상을 타개하기 위해서 기존 언론도 수용자 중심의 정책을 내어놓고 있지만, 실제로는 수용자의 주목을 확보하고, 수용자 데이터를 활용하며, 광고를 다양화하기 위한 전략에 집중되고 있다. 클릭을 통한 수익 창출, 수용자 데이터를 활용한 리타겟팅retargeting 마케팅, 광고와 기사의 구분을 희미하게 만드는 네이티브 광고native advertising 등이 이런 경향을 보여준다.

　이러한 현재 언론이 겪고 있는 저널리즘 위기는 기본적으로 언론자유의 패러독스와 이를 바라보는 다양한 시각과 밀접하게 연결되어 있다. 언론 엘리트주의, 저널리즘 규범의 남용, 내부 언론 조직의 부조리, 수용자 주목 중심의 이윤 추구는 모두 언론이 가져야 하는 자유와 자율성이 어디까지 허용되어야 하는가의 문제와 직접적으로 연결된다. 언론자유 논의는 언론의 엘리트주의를 고양하고, 현실에서 괴리된 규범적인 이상을 제시하는 수단으로 사용될 뿐, 언론과 언론 내부 구성원이 실제 현실에서 겪고 있는 문제를 해결하거나, 디지털 환경 변화에 따른 시장 중심의 이익추구를 견제하는 데 전혀 도움이 되지 않고 있다. 언론자유 논의가 현실적인 언론의 문제를 해결하기 위한 방안으로 진행되기보다는 이상을 강조함으로써 현실의 기득권을 유지하거나 강화하기 위한 수단으로 이용되고 있는 경우가 많기 때문이다.

또한, 언론자유에 대한 문제의식은 현재 언론이 대체적으로 추구하는 신자유주의적인 경향과 언론의 상업화로 모아진다(Calabrese & Fenton, 2015). 언론의 자유는 시민이 바른 여론을 형성하는 데 기여하는 자유를 의미하지만, 현재의 언론자유는 언론이 마땅히 부여된 책임을 방기하고 비즈니스를 마음대로 할 수 있는 자유에 더 방점을 둔다. 이러한 신자유주의적인 경향은 이미 언론 시장을 대부분 점령했으며, 언론의 자유가 시민의 자유로 연결되기보다는 마음대로 이윤을 창출하고 시장에서 경쟁할 자유로 변질되어버렸다. 따라서 이러한 신자유주의적인 언론은 시민에 봉사하기보다는 이윤 창출을 위해 권력과 기득권에 봉사하는 경향이 강해진다. 이런 분위기 속에서 언론의 자유와 언론을 떠받치는 모든 규범은 시장에서 이윤을 극대화하기 위한 수단으로 이용되거나 무비판적인 경쟁을 방치하는 결과를 불러오게 된다. 현 상태에서는 언론의 자유가 강조될수록 언론은 상업화되고 저널리즘의 위기는 악화될 수밖에 없다.

디지털 환경, 상업화의 심화, 시장중심 비즈니스 모델의 한계

디지털 환경 속에서 제도로서 언론의 현실은 전통적인 언론과는 다른 모습의 언론 유사 조직들과 저널리즘 가치 실현과 수용자의 주목을 두고 경쟁해야 하는 상황에 놓여 있다(Kunelius, 2013). 따라서 현재 언론이 누리는 자유에 대한 논의는 역사적인 환경의 변화와 기술의 발전을 반영하여 다시 생각해볼 필요가 있다. 현재의 언론자유 논의는 기존 언론의 자유를 보장하는 문제와 함께, 어떻게 기존의 언론 범위를 벗어난 환경에도 적용될 수 있는 새로운 언론자유의 규범을 만들어낼 것인가를 함께 고민해보아야 한다. 하지만 작금의 언론자유 논의는 지나치게 자유주의에 경도되어 있어서 기존의 언론에게 어떻게 수용자의 주목을 끌 자유를 보장할 것인가로 집중되는 경향이 있다. 이런 의미의 언론자유는 공론장의 구축에 도움이 되지 않으면서, 상업화에 경도된 자유를 강조함으로써 민주주의의 실행에 오히려 방해가 될 가능성이 크다.

현재의 언론 위기는 대부분 광고를 통한 이익에 과도하게 의존하는 상업주의와 연결되어 있다(Pickard, 2019). 미디어 환경이 민주적인 시민 양성에 목표를 두기보다는 클릭 전쟁을 통해서 미디어 스스로 생존을 도모해야 하는 시장 경쟁 상황으로 내몰고 있다 보니, 대부분의 언론이 이런 시장의 영향력으로부터 벗어날 수 없게 되었다. 이러한 상황은 디지털 환경을 통해서 발생하는 잘못된 정보의 유통, 전문직 저널리즘이 보여주는 이상과 현실의 괴리, 내부 구성원의 사기 저하와 밀접하게 관련이 되어 있다. 결국 언론이 안고 있는 대부분 문제의 근원에는 광고와 주목에 기반한 언론의 상업주의 비즈니스 모델이 자리 잡고 있다.

이러한 언론의 상업주의와 시장 실패를 통한 저널리즘의 위기 담론은 자유주의 언론자유 논의가 가지는 잘못된 신념들과 연결된다. 자유주의는 선택의 자유를 억압하는 모든 간섭을 배제하고, 언론 내부의 혁신과 변화를 통해서 저널리즘이 겪고 있는 문제를 해결할 수 있다고 주장한다. 이러한 외부 간섭의 배제와 연결되는 논리가 광고에 의존하는 언론 비즈니스 모델이다. 외부 간섭을 배제하기 위해서 독립적인 수익 모델이 필요한데, 그것은 스스로 광고를 통해서 수익을 창출하는 것이라고 본다. 발생할 수 있는 광고를 통한 압력은 편집과 광고의 완벽한 분리, 즉 전문직 저널리즘의 규범을 준수함으로써 해결될 수 있다고 보았다. 이러한 이상적인 편집/광고 분리는 정보원source이 언론에 정보 유통을 전적으로 의존하고, 언론의 수익이 보장되는 시점에서는 가능했다. 하지만 디지털 환경의 도래에 따라 정보원이 직접적으로 정보를 유통할 수단을 가지고 되고, 광고 수주를 두고 전통 미디어, 디지털 미디어, 대안 미디어가 총체적으로 경쟁하는 시대에는 편집/광고의 분리를 통한 저널리즘 이상의 유지는 공염불이 되고 만다(Carlson, 2017).

　《아레오파지티카》《자유론》 등 전통적인 언론자유 논의에서 기본적인 원칙은 개인의 자유와 사회의 자유가 양립을 이루어야 한다는 것이다(Milton, 2008; Mill, 2003). 사회의 자유는 공론장의 확대라는 문제와 연결될 수 있는데, 이는 주목이 아니라 건전한 논쟁의 촉발이 언론자유의 이유가 되어야 한다는 점을 의미한다. 관용이 공론장 형성의 전제 조건이 되어야 한다는 것은 밀턴Milton, 밀Mill, 하버마스Habermas를 가로지르는 중심 논리이고 이는 마땅히 존중되어야 한다. 그렇지만 이는 개인의 자유가 시민사회의 형성, 민주주의 공론장의 형성을 무시해도 된다는 의미는 아니다. 하지만 대체적으로 언론자유의 의미가 자유주의로 경도되면서, 언론에 대해 무제한의 관용이 중요시되고 공론장을 형성해야 하는 책임은 소홀히 취급되고 있는 것이 현재의 상황이다.

언론자유가 누구를 위한 자유인가 하는 것은 중요한 문제이다. 언론자유가 공동체의 이익에 도움이 되는가를 기준으로 판단하지 않는다면, 언론자유는 언론사의 자유, 마음대로 이윤을 추구할 자유로 나아가기 쉽다. 우리가 경험하는 것처럼 언론의 자유가 신장되더라도 사회적 대립과 양극화가 극심해지는 사회가 정착되는 것은 이 때문이다. 언론자유는 언론사주 개인재산권의 자유를 의미하지 않는다(Merrill, Gade, & Blevens, 2001). 이 말은 언론자유가 미디어를 소유한 사람의 재산에 대한 자유와 이와 관련하여 편집권을 시장의 원리에 맡겨둘 자유를 의미하지는 않는다는 뜻이다. 언론자유가 언론사의 이익 추구와 생존에만 복무한다면 공동체에 아무 도움이 안 된다. 이러한 비즈니스 모델하에서 언론자유는 민주주의의 보루가 아니라 지배세력의 기득권 유지 수단으로 작용할 뿐이다.

공론장의 확장을 위한 언론자유를 위해서는 이익 추구에만 매달리는 언론사의 자유가 규제되는 것이 필요하다. 현재의 언론 시스템은 디지털 환경의 심화에 따라 주목 경제를 통한 수익 창출을 활성화하기 위해 자극적인 의제에 집중하거나 개인 주목을 데이터화하여 이익 창출에 활용하는 비즈니스 모델에 의존하고 있다. 이러한 시스템하에서 언론자유 논의는 일반 시민이 다양한 의견을 듣고, 판단하고, 말할 수 있는 환경에 대한 것이 아니고, 직업 언론에 독점적인 권한을 주고, 편집권을 도구로 상업적인 이익을 마음대로 추구할 권리를 의미한다. 우리나라 언론에서 소비자와 어린이를 볼모로 하는 상업적인 콘텐츠, 차별적이고 자극적인 언어, 개인 사생활 침해, 소수자에 대한 낙인, 잘못된 정보와 의도적인 오보가 넘쳐나는 것은 이러한 상업적인 이익 추구의 자유가 방종에 가깝게 용인되어 왔기 때문이다.

디지털 언론 환경의 변화와 함께 표현의 자유freedom of speech, 언론의 자유freedom of press는 그 역할을 새롭게 논의해볼 필요가 있다. 개인에게 남에게 피해를 끼치지 않는 한harm principle 무한정으로 표현의 자유를 주는 것과 언론사에 무한정의 자유를 주는 것은 다른 의미이다. 제도로서 언론에 무한정의 자유를 줄 수 없는 것은 어떤 특정 사람이나 집단의 소유권과 연결되어 있고, 무한정의 자유가 자신이 쓰고 싶은 것만 쓰고 다양한 의견 제시의 기회를 박탈함으로써 공론장을 위협할 가능성이 크기 때문이다(Rønning, 2013). 특히 언론에 무한정의 자유를 주게 되면, 현재 시스템하에서 경영상의 이윤을 확보해야 하기 때문에 상업적인 이익을 위해서 언론자유를 오용하게 될 가능성이 매우 높다. 이것은 현재 우리나라 언론 환경에서 쉽게 찾아볼 수 있는 현상이다.

《아레오파지티카》와 《자유론》의 언론자유 주장은 실제로 자유방임의 언론을 이야기한 것이기보다는 사회책임에 기반을 둔 자유로운 언론을 주장한 것이라고 보아야 한다. 진리가 자유로운 시장 원리를 통해서 자연적으로 생성될 것이라는 자유주의 신화에는 아무 근거가 없다(Nordenstreng, 2013). 책임을 지지 않는 언론은 여론을 얼마든지 왜곡할 수 있고, 공론장을 교란시킬 수 있다. 따라서 제도로서 언론에 대한 완벽한 자유보다는 직업 언론이 어떤 잘못된 정치적인 영향력을 가지는 것은 아닌지, 이익을 추구하기 위해서 공론장을 교란시키는 것은 아닌지, 언론 소유권이 기사 내용에 영향을 미치는 것은 아닌지 경계할 필요가 있다.

언론의 자유는 소극적인 자유와 적극적인 자유가 조화를 이룰 때 완성된다. 소극적인 자유는 개인의 자유가 침해받지 않을 자유 freedom from이고, 적극적인 자유는 개인이 온전한 선택을 통해서 자신과 관련된 어떤 결정을 내리는 자유freedom for를 의미한다(Berlin, 2002). 민주주의의 실현이라는 의미에서 보면 개인의 자유가 침해되지 않는 소극적인 자유가 좀 더 근본적인 인간의 자유 욕구에 가깝다. 적극적인 자유도 소극적인 자유가 있을 때 가능하고, 개인이 가지는 자율성의 확장으로 이어질 수 있기 때문이다. 하지만 현재의 상업적인 이익 추구를 기반으로 하는 언론 시스템은 소극적인 자유를 위태롭게 한다.

현재의 언론 상황과 연결시켜 보면, 언론의 일방적인 주장과 이익 추구를 위한 주목끌기 콘텐츠는 수용자 입장에서 간섭받지 않을 자유를 심대하게 침해한다. 강제적으로 언론에 접근해야 하는 것은 아니기 때문에 자유가 침해당한 것은 아니라고 주장할 수도 있지만, 강제성을 물리적인 강제보다 필요needs라는 측면에서 본다면 분명히 언론 접근도 강제성과 연결된다. 실제로 언론을 무시하고 살아갈 사람들이 얼마나 되겠는가? 언론의 이익 추구 정보를 수용자 입장에서 거부하기 힘든 사회 환경이 조성되었다면 개인의 입장에서는 자유를 침해당했다고 말할 수 있다. 우리나라 언론이 상업주의 원칙을 가지고 선택지를 강요하는 한, 개인의 자유는 침해당할 수밖에 없다. 결국 언론이 다원주의를 고양하고, 공론장을 확대하기 위해 노력하지 않는다면, 진정한 언론자유의 신장은 요원한 일이 된다.

광고에 대부분 의존하는 상업주의 비즈니스 모델이 만들어내는 저널리즘의 붕괴는 확연하다. 특히 디지털 환경으로 변화하면서 저널리즘의 위기는 분명해지고 있다(Pickard, 2019). 수용자의 주목과 광고수주에 기반한 비즈니스 모델은 사람들의 주목을 끌 수 있는 콘텐츠 위주로 기사나 프로그램이 제작됨으로써 시장원리가 저널리즘의 원리를 지배하는 지경으로 몰아가고 있다. 따라서 상업적인 모델은 광고 지원을 이끌어낼 수 있느냐를 기준으로 언론 콘텐츠를 바라보기 때문에 시장의 논리가 지배력을 가짐으로써 저널리즘에 위기를 불러올 수밖에 없다. 결국, 언론의 이익 최대화 노력은 경쟁을 최대치로 끌어올리고, 살아남는 언론의 독점을 완성하여 점점 더 저널리즘의 질을 무시하는 경향으로 나아가게 된다.

디지털 환경에서 상업주의 비즈니스 모델은 보통 수용자의 주목을 광고주에게 판매하여 수익을 올리기 때문에 언론 콘텐츠는 공짜로 주어지는 경우가 많다. 즉 언론 콘텐츠는 공짜 점심free lunch으로 주어지고, 실제로 중요한 것은 광고주에게 수용자의 주목을 상품화 하여 파는 것이다(Smythe, 1977). 따라서 광고주가 요구하는 것이 언론 기사에 반영될 수밖에 없고, 광고주가 요구하는 것은 주목의 양이지, 기사의 질이 아니다. 비판적인 커뮤니케이션 정치경제학에서 논의되어온 수용자 상품audience commodity 중심의 언론 비즈니스 모델과 디지털 환경의 독점적인 플랫폼 모델이 만나게 되면 문제는 더욱 심각해진다(Mosco, 2017). 플랫폼 모델을 통해서 뉴스를 전달하게 되면 오직 수용자의 주목이 뉴스 평가의 기준이 되어버린다. 기사의 질과 관련된 모든 기준은 무너진다. 또한, 플랫폼들이 그나마 유지되던 온라인광고를 잠식해버리게 되면, 그나마 남아 있던 저널리즘 원칙은 사라지고 수용자를 확보하기 위한 자극적이고 정파적인 글쓰기 경쟁은 더욱 치열해지게 된다. 디지털 환경에서 저널리즘에 대한 시장의 실패는 확연해질 뿐만 아니라 언론의 생존과 민주주의의 미래를 걱정해야 하는 지경까지 이르고 있다.

디지털 환경에서 저널리즘이 위기로 가고 있다는 징후는 분명하다(Pickard, 2019; Reese, 2022). 주목의 양이 기사 평가의 척도가 되다 보니 뉴스 제작 환경도 상업적인 속성으로 재편되고 있다. 기사 작성은 민주주의 참여자로서 시민을 대상으로 하는 것이 아니라 자극에 반응하는 수동적 군중을 대상으로 하게 된다. 비판적인 정치경제학 분석에서 제기하는 문제들, 기사의 상품화, 존재하지 않는 수요의 끊임없는 창조, 물신주의fetishism 등이 언론 환경을 지배하게 된다.

좀 더 많은 논란거리를 만들고 사람들의 입에 회자되도록 하는 것이 언론의 기준이 되어버린다. 그러다 보니 사람들이 기존에 가지고 있는 편견이나 정치적인 성향과 결합하여 기사의 휘발성을 증폭시키려는 시도를 하게 되고, 이는 의견의 양극화, 위험의 사회적인 확산, 사회적인 갈등의 조장으로 이어지는 경우가 빈번하게 발생하게 된다.

이러한 상업주의 체제는 언론과 정보원의 경계도 무너뜨린다. 언론은 전통적으로 공적인 정보원을 이용해서 자신들의 저널리즘 권위journalistic authority를 세우려고 했지만, 디지털 환경에서는 더 이상 정보원들이 언론에 의존하지 않고도 뉴스를 내보낼 수 있는 도구를 가지게 되었다(Carlson, 2017). 언론이 정보원에 의존하면서도 권위를 세울 수 있는 수단들이 사라지면서, 언론이 정보원의 눈치를 봐야 하는 상황은 더욱더 극대화되고 있다. 더욱 아이러니한 것은 정보원 메시지의 중계 수단으로 전락한 언론의 역할이다. 우리나라 언론에서는 소셜미디어 인플루언서나 선동가 혹은 프로보커터provocateur의 말을 그대로 기사화하는 현상이 두드러지고 있다. 어떤 정보원의 공적인 권위를 빌려와서 저널리즘의 권위를 세우는 것이 아니라, 오히려 주목을 통해서 자격 없는 정보원에 권위를 부여하는 일들이 빈번해지고 있는 것이다. 이러다 보니 언론이 사회적인 약자를 보호하거나 민주주의 공론장을 풍부하게 하기 위한 노력에 집중하기보다는 오로지 주목을 끌기 위해 선동적인 정보원을 끌어오거나 스스로 만들어내는 일에 몰두하고 있다. 이러한 경향은 디지털 미디어의 발달과 함께 정보원의 미디어 되기가 급속히 진전되면서 더욱더 전통 언론과 저널리즘의 위기를 가속화하게 된다.

이러한 상업주의 체제에서 언론의 입지가 점점 더 줄어듦에 따라, 광고주의 입김은 점점 더 세지고 있다. 이익 추구 중심의 언론 환경에서 언론의 자존심을 유일하게 지탱해주던 뉴스/광고 분리 원칙은 쓰레기통에 버려진 지 오래되었다(Carlson, 2015). 대표적으로 나타나는 현상이 네이티브 광고, 브랜드 저널리즘brand journalism, 매복 마케팅stealth marketing 같은 애매모호한 개념들이다. 광고와 기사의 경계를 허물어버리는 네이티브 광고는 저널리즘의 위기를 가속화하는 측면이 있는데, 이는 저널리즘과 상업주의의 경계를 여지없이 허물기 때문에 저널리즘 최후의 자존심을 무너뜨리는 데 결정적인 역할을 한다. 기사처럼 쓰인 광고는 진정성authenticity을 조작하기 때문에 수용자의 경계를 해제한다. 언론의 진정성을 지키기 위해서는 상대적이고 주관적인 진정성 기준에서 벗어나서 좀 더 높은 도덕적인 진정성 기준을 세워서 현재의 언론이 빠진 모순으로부터 벗어나야 한다는 주장들이 많지만(Glasser, Varma, & Zou, 2019), 상업주의 비즈니스 모델의 도도한 물결은 뉴스 기사를 광고주의 의도가 포장될 수 있는 대상으로 만들어버렸다.

네이티브 광고를 기사보다 더 질 좋은 내용으로 채우고, 소비자로서 수용자도 만족하고 언론도 좋은 정보를 내보낼 수 있다면 누이 좋고 매부 좋은 것 아니냐는 식의 논리가 진정성을 상대적이고 주관적인 개념으로 만들어버린다. 이는 상업주의 비즈니스 모델에서 언론이 생존을 위해 저널리즘 위기를 자초하는 대표적인 현상이 되었다. 뉴스는 어디서든 만들어질 수 있지만, 저널리즘은 뉴스 기관이 가져야 하는 어떤 신념체계를 의미한다(Nerone, 2012). 뉴스는 저널리즘이라는 신념체계를 통해서 시민을 위한 공적인 목적을 달성하기 위해서 제작되어야 한다. 하지만 상업주의 언론 비즈니스 모델은 저널리즘 신념체계를 묵살하고 광고주와 소비자를 위하는 진정성을 확대해석하여 스스로 존재가치를 자위하고 마는 시스템으로 전락하고 있다.

주목을 근간으로 하는 비즈니스 구조에서는 개인정보가 수익 창출의 기본을 이룬다. 이는 필연적으로 감시의 문제와 연결될 수밖에 없다. 디지털 감시는 기존의 파놉티콘적인 감시와 함께 몰인간적인inhumane 감시의 속성이 더 강화되고, 이는 궁극적으로 모든 사회와 개인이 자발적으로 감시사회의 정체성을 체화하는 방향으로 나아가는 특징을 지닌다(김영욱, 2018). 우리는 일상생활 속에서 누군가 우리를 지켜보고 있다는 것을 인식하고 있지만, 디지털 사회의 편리함에 젖어서 감시 문화를 수용하고 있을 뿐만 아니라, 감시를 통해 사람을 분류하고, 알고리즘의 영역에서 사고형태를 조작하며, 플랫폼 빅브라더가 끊임없이 노동을 착취하는 행태를 외면하고 있다. 이런 몰인간적인 감시사회의 원리는 언론의 수익 구조에도 그대로 반영되어 있다. 실제로 언론사들은 광고주와 결탁하여 수용자 데이터를 수익 창출에 사용하고 있다(Pickard, 2019). 끊임없이 반복되는 리타겟팅 마케팅 시도들은 모두 이런 수용자 데이터를 통한 수익 창출과 연결되어 있다. 개인정보를 축적하고 이를 수익화하려는 언론의 시도는 계속 늘어나고 있는데, 이는 페이스북, 인스타그램 등 인터넷 기업의 유사 언론 활동과 결합하여 더욱 정교화되는 경향이 있다. 이런 디지털 감시에 바탕을 둔 수익 창출은 언론 활동을 점점 더 수익 창출의 도구로 만들게 되고, 결국은 언론이 민주주의 공론장을 확장하는 것이 아니라 수익의 효율성만으로 인간을 평가하는 빅브라더 사회를 만드는 데 기여하게 만든다.

상업주의 비즈니스 모델은 저널리즘의 기반을 뿌리부터 흔든다. 주목을 두고 벌이는 경쟁이 생존의 조건이 되다 보니, 언론 구성원들의 모든 직업 관행과 언론 내부 조직 구성도 상업주의 경쟁에 맞추어서 재편되고 있다. 누가 얼마나 오래 보는가를 기준으로 기사를 평가하다 보니, 저널리즘 원칙과 기사의 질은 논외로 취급되는 경우가 많다. 하루 종일 새로운 기사를 써야 하고, 경쟁사보다 빨리 기사를 업로드해야 하며, 트래픽을 증가시키기 위해 기존의 데스킹 desking 관행을 포함해서 대부분의 저널리즘 관행을 경제적인 가치 아래 종속시키게 된다.

이러한 모든 언론의 문제는 또한 언론 구성원, 특히 기자들의 문제로 귀결된다. 심층 보도가 거의 불가능한 상황에서 기자들에게 저널리즘의 원칙을 지키라고 말하는 것은 현실을 무시한 공염불에 불과하다. 기자들의 직업 환경은 점점 더 취약해지고 있다(박영흠, 2020; Pickard, 2019). 디지털 환경 속에서 하루에 써야 하는 기사의 양이 늘어나고, 트래픽을 확보할 수 있는 기사를 써야 하는 압박이 늘어나다 보니 기사의 질보다는 독자의 관심을 끌 수 있는 속칭 영혼 없는 기사를 써야 하는 경우가 늘어나고 있다. 청년 실업이라는 사회 환경 속에서, 예비 언론 노동자 수가 어느 정도 확보되어 있기 때문에 비정규직이나 인턴 등 고용 불안을 이용해서 노동력을 착취하려는 시도들도 늘어나고 있다.

이런 직업 환경의 불안정성은 언론이라는 직업에 대한 사회적인 평가를 낮출 뿐만 아니라, 기존 언론 노동자의 불만과 탈락을 높이고, 예비 언론 노동자의 유입을 방해하는 요소로 작용하고 있다. 만약 예비 언론 노동자의 수가 줄고, 언론에 대한 사회적인 평가가 '기레기' 수준에 계속 머문다면 언론의 직업적인 환경은 더욱 악화될 가능성이 농후하다. 기존 언론에서 단물을 경험한 기자들과 새롭게 유입된 기자들의 경험치 차이에서 발생하는 조직 내부의 갈등 요소 또한 이런 어두운 전망에 힘을 싣는다. 실제로 이러한 현상은 지역 언론에서 더욱 심각해지고 있는데, 우리나라에서 지역 언론이 고사하는 상황은 기존의 수익 창출 모델로는 언론의 안정적인 직업 환경을 유지할 수 없다는 것을 잘 보여준다. 결국 상업주의 언론 비즈니스 모델은 누구도 행복하게 만들지 못하고, 시장의 폭력이 저널리즘의 위기를 가속화하는 데만 기여하고 있다.

상업주의 비즈니스 모델의 가장 큰 문제점은 언론이 이익을 내기 위해서 존재해야 한다는 점이다. 언론은 이익을 창출해야만 생존할 수 있고, 이러한 조건은 또한 언론을 소유한 사람에게 엄청난 권한을 부여한다. 광고를 기반으로 하는 언론의 비즈니스 모델은 디지털 환경 변화와 함께 물적 토대가 붕괴됨에 따라 이러한 이익 중심의 경영에 집중하게 만듦으로써 저널리즘의 위기를 앞당기고 있다(문상현, 2020). 이러한 위기 상황에서도 가족 기업으로 이어져온 우리나라의 대표적인 보수 신문들은 아직도 광고 기반 수익과 기업 협찬을 독점하면서 사회적인 영향력과 언론 조직 내부의 권력을 여전히 장악하고 있다. 인사권과 예산권을 독점한 사주는 중요한 보도의 방향성을 결정하거나 언론 구성원의 뉴스 제작에 영향력을 행사한다(박영흠, 2020). 실제로 우리나라 언론 중에서 사주의 세계관이나 이해관계에 반하는 기사를 쓸 수 있는 언론사가 존재할 수 있을까? 물론 사주가 없고, 사장이 지명되거나 선출되는 언론사도 비슷하게 언론자유를 규제하는 내적 통제와 외부적인 압력이 작용하지만, 사주 언론의 폐해는 훨씬 더 심각하다고 할 수 있다.

언론사주는 재산권에 바탕을 둔 언론자유를 기반으로, 편집국의 간부들을 장악하고, 상업주의 비즈니스 모델의 근간을 이루는 광고주 및 권력과의 영향력 주고받기 상호작용을 통해서 자신의 권력을 공고하게 다져 나간다. 상업주의 비즈니스 모델과 언론사주의 권력 강화는 동전의 양면처럼 연결되어 있다. 하지만 이런 소유구조와 사주의 언론권력이 계속 유지될 수 있을지는 알 수 없다. 디지털 환경의 도래와 함께 전통 언론의 영향력이 줄어들고, 광고 수주가 급감하는 상황에서 이런 소유구조가 유지될 수 있을지에 대해서는 회의적인 시각이 많다. 미국의 예를 보면, 미국 언론들도 처음에는 개인이나 가족기업에서 시작해서 점점 언론 수익 구조가 나빠지면서 언론 기업을 공적으로 공개하는 형태로 변화하다가, 최근에는 투자회사에 의해서 완전히 수익 창출을 위해 언론 기업을 투자 목적으로 사용하는 경우가 대부분이다(Soloki, 2019). 수익 창출과 무관한 경우는 아마존Amazon과 같은 플랫폼 대기업이 사회적인 영향력을 더욱 확대하기 위해서 언론 기업에 투자하는 형태로 일부 나타나고 있다.

투자 수단으로서 언론은 수익률과 투자자에 대한 배당을 최우선의 가치로 여기기 때문에 언론의 사회적인 책임이나 저널리즘의 가치에 대해서 무신경하게 된다. 여기서 더 문제가 되는 것은 인터넷 재벌들이 투자목적에만 머물지 않고 사회적인 영향력을 키워서 여론을 자신들에게 유리한 방향으로 호도하려는 시도를 하게 된다는 점이다. 사회의 물적인 토대는 상부구조의 이데올로기 조작을 통해서 어느 정도 유지된다는 점이 최근의 언론 상황에서도 그대로 적용된다. 우리나라의 상황도 마찬가지다. 수익 창출을 최종 목표로 하는 다양한 소유 형태의 언론 기업은 결국 경쟁 속에서 언론의 사회적인 가치를 내려놓을 수밖에 없고, 이러한 언론 상황이 어느 정도는 유지될 수도 있지만 결국은 저널리즘의 마지막 숨통을 끊을 가능성이 높다. 상업주의 비즈니스 모델에 과도하게 의존하고, 사주의 권력이 비정상적으로 작동하는 언론이 저널리즘의 가치를 실질적으로 지킬 것이라고 예상하기는 어렵다. 결국, 상업주의 비즈니스 모델에서는 저널리즘의 실패와 함께 언론 구성원들은 지쳐가고 있으며, 수용자들은 분노하고 있을 뿐만 아니라, 궁극적으로 민주주의 공론장의 가치는 훼손되고 있다. 누구도 만족할 수 없다면, 이제 새로운 모델을 생각해볼 시점이 되었다.

시장 의존 극복과 언론의 공공성 강화를 위한 접근

지금까지 자유주의를 기본 원리로 하는 저널리즘의 문제가 언론의 상업주의 비즈니스 모델과 연결되어 있다는 것을 설명했다. 주목 중심의 디지털 수익 구조, 언론의 양극화, 저널리즘 규범의 붕괴는 문제를 해결하려는 노력보다는 신자유주의적인 경쟁에 매달려온 결과이다. 결국, 이것은 구조의 문제이다. 기존 저널리즘이 공론장에서 자기 역할을 할 수 없다면 이는 구조를 바꾸려는 노력으로 연결되어야 한다. 구조를 바꾸려는 노력은 언론의 비즈니스 모델을 바꾸려는 노력으로 이어져야 한다. 이는 저널리즘의 형태를 조합assemblage이나 혼성체hybrid로 바꾸려는 노력과도 연결된다(Reese, 2021; Russell, 2019). 언론의 범주를 기존의 전통적인 언론 조직으로 제한할 수 없고, 소셜미디어와 연계된 다양한 형태의 시민 저널리즘을 포함해야 한다는 주장은 의미가 있다. 하지만 이런 논의들도 언론의 사회적인 공공성을 강화하기 위한 언론 수용자들의 자각 및 참여와 연결되지 못한다면, 디지털 시대 신자유주의의 속도감에 매몰되어버릴 가능성이 농후하다. 따라서 문제점을 해결하기 위한 접근 방법은 크게 수용자 차원의 접근과 공급자 차원의 접근으로 나누어볼 수 있다. 수용자 차원의 접근은 언론 수용자들이 언론 환경을 바꾸는 데 필요한 노력을 다루고, 공급자 차원의 접근은 기존 언론의 형태를 변화시키는 것과 관련된다.

수용자 차원에서 접근하는 것은 언론에 대한 시각을 바꾸는 것과 함께, 현 상황을 개선할 수 있는 실천적인 대항에 돌입하는 것이다. 언론에 대한 시각을 바꾸는 것은 언론을 논쟁이 자유롭게 경합하는 환경으로 만드는 것과 사회적인 약자들이 미디어에 대한 접근 권리를 되찾아오는 것과 연관된다. 언론에 대한 시각을 바꾸는 두 가지 관점은 경합적 민주주의와 비판적 정치경제학 접근에 기반을 두고 있다. 첫 번째 접근은 경합하는 의견들이 풍부하게 공론의 장에 쏟아져서 담론의 경쟁을 활성화하는 것이다(Mouffe, 2000; 2011; 2013). 이러한 접근은 경합적 혹은 논쟁적 민주주의 개념을 발전시켜 언론이 사회의 담론경쟁discourse struggles을 활성화할 수 있도록 사회적인 압력을 가하고, 법적인 장치를 마련하는 것과 연결된다. 자유주의에 기반을 둔 시장의 자유가 아니라 사회적으로 힘을 갖지 못한 사람들이 디지털 미디어 환경을 통해서 떳떳하게 경합할 수 있고, 여론 헤게모니를 획득할 수 있다면 디지털 시대 언론은 시민을 위한 기능을 수행할 수 있다. 이는 긍정적인 다원주의optimistic pluralism, 즉 사회적으로 힘이 약한 집단이 디지털 미디어 환경을 통해서 여론의 헤게모니를 스스로 획득하는 과정을 설명한다(Davis, 2002). 이런 사회적인 담론의 경쟁을 목적으로 하는 언론은 헤게모니 경합을 원활하게 하고 적대적인 관계antagonism가 아니라 경합하는 관계agonism를 활성화함으로써 기존 권력이 자신의 기득권을 강화하는 장치를 마련하는 것을 막을 수 있다.

둘째는 비판적인 디지털 정치경제학 접근의 활성화이다. 이러한 접근은 시민이 생산수단에 대한 소유권을 획득하거나, 디지털 미디어에 대한 통제권을 되찾아오는 것과 연결된다. 신문으로 대변되는 초기 언론은 구독료에 의존하는 비즈니스 모델을 가지고 있었기 때문에 언론 상품의 질이 중요했다. 언론이 만들어내는 정보 상품의 질이 떨어지면 사람들이 보지 않았기 때문에 독자들의 비판적인 정보 욕구를 충족시키는 것이 무엇보다 필요했다. 하지만 기계화와 대량생산으로 대변되는 산업자본주의의 등장은 언론의 성격을 완전히 바꾸어버렸다(김승수, 1989). 자본주의 시스템이 발달하고 언론이 그 체제 속으로 귀속됨에 따라 점점 더 광고에 의존하게 되고, 광고주의 요구를 충족시키기 위해서 소비자의 눈길을 끄는 장치들이 점점 더 필요해지게 된다. 폭로 저널리즘이나 사람들의 눈길을 끌기 위한 선정주의가 자연스럽게 언론의 전면에 등장하게 된 것이다.

자본주의 체제의 강화와 언론의 산업화는 필연적으로 기술의 도입에 따른 경쟁의 격화를 불러오게 된다. 이윤율 저하의 법칙에 시달리는 모든 자본주의 조직이 그러하듯, 언론도 경쟁으로부터 생존하기 위해서는 상업적인 경쟁에 더욱 매달릴 수밖에 없게 된다. 언론은 더욱 선정주의에 빠질 수밖에 없게 되고, 팔 수 있는 모든 것, 이윤을 남길 수 있는 모든 활동으로 투자와 영역을 넓혀 나가게 된다. 이는 곧 언론자유의 상업화를 의미한다. 그나마 독자들의 눈치를 살피면서 정보 상품의 질에 신경 쓰던 언론은 사라지고, 자본주의 경쟁에서 살아남기 위해 점점 더 자본주의 속성을 강화하는 언론만이 남게 된 것이다.

　이러한 언론의 상업화 과정이 아날로그 시대 언론 비즈니스 모델의 변천 역사이다. 디지털 시대로 접어들면서 이러한 경쟁은 더욱 심화된다. 광고 수입은 하락하고 클릭 경쟁은 더욱 격화된다. 경쟁의 성격이 변하면서 언론의 운영 방식에도 근본적인 변화가 찾아온다. 경쟁 대상이 확대되고, 상품화를 통한 돌파구 마련만이 당면한 목표로 등장한다. 가장 눈에 띄는 변화는 노동의 의미변화이다. 아날로그 시대에는 가치를 창출하기 위해 미디어 노동자의 미디어 관련 노동에 의존했다면, 디지털 시대에는 미디어 노동자와 함께 수용자의 성격 변화에 기반한 생산소비자prosumer의 노동이 함께 투여된다 (Fuchs, 2012, 2015). 이러한 논의는 미디어 주목을 통한 수용자 상품론 audience commodity의 착취 논의(Jhally, 1987; Smythe, 1977)가 디지털 환경 속에서 스스로 미디어 콘텐츠 생산 능력을 가진 수용자로 확대·재해석된 것이라고 이해할 수 있다. 이러한 상황이다 보니 언론사로서는 이윤 창출을 위해 생산소비자의 주목 노동과 관련한 디지털 노동 획득에 매달리게 되고, 기사의 질에 대한 통제권을 기존의 저널리즘 규범 아래에서 유지하기는 점점 어려워지게 된다.

　하지만 디지털 노동의 형태가 다양해졌다고 해서, 기존 자본/노동 대립 구도에 변화가 있다고 보기는 어렵다. 대부분 언론사와 현직 기자들의 삶과 평판은 더욱 곤궁해지고 있으며, 가치가 창출되는 자극적인 기사에만 매달릴 수밖에 없는 환경으로 내몰리고 있다. 자본의 지배하에서 노동의 강도는 세지고, 디지털 노동을 포함하여 노동의 유형이 더욱 다양해진 것일 뿐, 착취의 기본 원리는 변하지 않고 있다. 언론노동자를 통한 잉여노동 착취는 노동시간의 연장을 통한 절대적인 잉여가치의 착취도 있지만, 기술을 통한 생산성 향상을 통해 상대적인 잉여가치의 착취도 점점 더 가속화되고 있다. 각종 디지털 기기와 이용 환경은 언론 종사자의 노동량을 획기적으로 늘리고 있다. 이와 함께 생산소비자인 언론 이용자들의 디지털 주목 노동의 강도도 계속 세지고 있다. 이러한 환경 속에서 언론에 대한 이용자들의 불만은 더욱 커지고 있으며, 언론의 신뢰도는 바닥을 모르게 추락하고 있다.

우리나라의 언론 상황도 비슷한 경로를 밟아왔다. 우리나라 언론은 독재정권과의 유착, 산업자본의 성장, 잉여 자본의 언론 투자를 통해서 발전해왔다. 하지만 민주화 이후, 자유경쟁이 격화되면서 광고의존이 심화되고, 상업성과 선정성이 강화되면서 점점 더 대중들과 유리되고, 언론 자체의 생존을 위한 시장논리가 지배적인 시스템으로 자리 잡고 있다. 이는 언론 자체의 상업화와 함께, 독점자본을 뒷받침하는 언론의 이데올로기 도구화로 나타나고 있다. 현재 우리나라 언론의 경우는 경영 면에서 어려움에 처했지만, 이윤의 저하라는 측면을 제외하고 여러 가지 사회 권력을 유지하려는 시도는 끊임없이 이루어지고 있다. 대표적인 것이 언론기업의 종합편성채널 진출과 같은 사업 다각화를 들 수 있다. 경영난에도 불구하고, 사회 권력을 유지함으로써 영향력을 계속 발휘하고 있는 것이 우리나라 언론산업의 현재 상황이다. 하지만 인터넷의 발달에 따른 대안 미디어의 발달, 경영난 악화의 심화와 이에 따른 광고주 의존 강화 등으로 언론의 영향력도 많이 약화되었을 뿐만 아니라, 그에 반비례해서 언론의 상업주의 속성은 절정에 달하고 있다고 평가할 수 있다.

이런 상황에서 언론자유는 언론의 무한 경쟁을 보장하고, 자본의 언론 지배를 공고하게 해주는 도구로 사용된다. 언론이 자본주의하에서 이윤 추구를 목표로 할 때 언론자유는 체제 유지를 위한 수단으로 전락하고 만다. 따라서 경합적 민주주의에 기반을 두고 사회적인 담론의 경쟁을 활성화하려는 노력과 함께, 언론 환경이 점점 더 기득권을 옹호하고 사회적인 약자에 대한 착취를 강화하는 현상을 해소하려는 비판적인 디지털 정치경제학 차원의 노력이 함께 중요해지게 된다. 이러한 사회철학적인 기반 위에 실질적으로 수용자들이 할 수 있는 방안을 고민해볼 수 있다. 현재 언론 수용자 입장에서 시도해볼 수 있는 방안은 우선 언론 수용자노조를 결성하여 주목 노동의 착취가 이루어지는 것과 비례하여 수용자로서 정당한 권리와 통제권을 가져오는 것이다. 또한, 현재 언론의 콘텐츠가 불만스럽다면 과감한 시민 불복종civil disobedience 운동의 한 형태로 '언론 보지 않기 운동'을 펼쳐가는 것이다. 이러한 운동은 언론을 거부하는 운동이 아니라 언론을 시민의 통제권하에 두면서 공론의 장을 활성화하기 위한 장치로 거듭나게 하려는 것이다.

언론이 여론 시장에서 독점적인 통제권을 행사하는 것은 생산수단의 독점과 연결된다. 뉴스가 점점 더 포털로 모이게 됨에 따라, 포털 등 미디어 생산수단을 독점한 미디어 자본이 언론의 생태계를 좌우하게 된 것이다. 이러한 포털 중심의 뉴스 생태계는 기존 언론의 상업주의 속성을 더욱 강화하게 되고, 선택 수단이 사라진 수용자들은 주어진 언론 환경에 순응하면서 미디어 자본의 이윤 착취에 도움이 되는 방향으로 디지털 미디어 환경에 적응하게 된다. 이러한 상황은 생산수단의 독점에 따른 잉여노동의 착취라는 비판적인 정치경제학의 기본 논리와 궤를 같이한다. 한 가지 특징이 있다면, 주목attention을 중심으로 주목을 이끌어내는 생산수단을 소유한 주목 자본가 계급과 주목을 매개로 끊임없이 디지털 노동을 제공하는 주목 노동자 계급으로 나뉜다는 점이다. 결국, 현재의 언론 상황도 여타 불균형한 생산 관계가 그러한 것처럼 생산수단 독점을 통한 통제권의 문제를 계급투쟁과 유사한 활동을 통해서 해결하지 못한다면 개선할 수 없다.

미디어 주목 노동은 미디어 콘텐츠에 주목하는 비물질 노동, 스스로 콘텐츠를 만들어서 올리고 사람들의 주목을 끌려는 물질 노동, 이러한 비물질 노동과 물질 노동이 전방위적으로 결합되어 이루어지는 플랫폼 노동 등으로 이루어져 있다(김영욱, 2022). 예를 들어, 네이버에서 광고를 시청하거나 콘텐츠 시청을 통해서 스스로 개인정보를 내주는 것은 비물질 노동이고, 블로그를 제작하거나 유튜브 영상을 제작해서 올리는 것은 물질 노동이다. 대부분의 플랫폼을 통한 활동은 이러한 비물질 노동과 물질 노동이 혼합되어 있다. 배달 노동 자체는 물질 노동이지만 앱을 통해서 행태 정보를 제공하는 행위는 비물질 노동이다. 기존의 언론은 기자들의 물질적인 주목 노동, 즉 어떤 주목 행위를 통해서 실질적인 뉴스 내용물을 만들어내는 역할을 담당해왔다. 그러한 뉴스 내용물이 시민에게 정보를 제공하거나 공론의 장을 형성하는 역할을 할 것이라고 기대한 것이 저널리즘 규범이다.

하지만 디지털 시대에 접어들면서 지금의 언론 활동은 모든 종류의 물질적인 혹은 비물질적인 노동과 연결되어 있다. 언론 수용자의 주목, 즉 비물질 노동을 끌어내지 못하면 언론이 생존할 수 없을 뿐만 아니라, 언론 수용자 스스로도 다른 수용자들의 주목끌기를 도모해서 언론의 역할을 대행해 나가기도 한다. 현재의 언론 비즈니스 모델은 미디어 수용자의 주목을 받지 못한다면 생존할 수가 없고, 플랫폼에 제공할 콘텐츠를 만들어내는 물질적인 주목 노동과 그것을 봐주어야 하는 비물질적인 주목 노동이 결합하지 못한다면 미디어 콘텐츠는 아무 의미도 가질 수가 없다. 언론 기사로만 좁혀봐도 마찬가지이다. 예를 들어, 기존 언론들이 만들어내는 기사들은 사람들의 주목을 확보한 포털에 등재되어야 하고, 사람들의 주목을 받지 못한다면 도태된다. 여기서 이런 이윤 창출 시스템의 정점에 있는 사람들은 포털을 소유한 미디어 자본, 즉 주목 생산수단을 소유한 주목 부르주아 계급이고, 언론의 역할은 이런 시스템에 종속될 수밖에 없다.

생산수단을 전유하고, 이익을 독점하는 미디어 시스템은 개혁될 필요가 있는데, 이는 주목 노동자 계급의 주목 부르주아 계급에 대한 저항을 통해서만 가능하다. 이는 전통적인 계급투쟁을 의미하는 것이 아니라, 주목 노동을 통해서 대부분의 이윤 창출 근거를 제공하는 수용자들이 디지털 미디어 환경의 통제권을 가져올 수 있는 담론 경쟁 차원의 사회운동과 인식의 전환이 필요하다는 의미다. 특히, 언론이 자유주의 논리에 입각해서 시민의 알권리를 보호하고 공론의 장을 확장한다는 차원에서 누렸던 모든 특권을 오직 자신들의 상업적인 이익 창출에 이용하고 있기 때문에, 언론사유화에 따른 자본주의 체제 모순의 심화를 극복하고, 언론을 시민의 품으로 돌려준다는 의미에서 주목의 집단적인 힘을 사용해서 시민들의 언론 통제권을 회복하는 것은 지극히 자연스러운 일이다.

그러한 수단의 하나로 거론되는 것이 온라인 수용자노조이다 (Fuchs, 2015). 잘못된 뉴스 가치와 관행은 언론의 상업화를 부추기는 자본주의 시스템에서 오기 때문에, 이러한 시스템을 깰 수 있다면 더 나은 언론 시스템을 기대해볼 수 있다. 수용자노조는 실제로 플랫폼 환경에서 언론 기업들이 수용자의 주목 노동에 의존하는 비즈니스 모델을 가지고 있기 때문에 매우 실질적이고 유효한 압력 수단이 될 수 있다. 플랫폼과 미디어 자본에 대해서 개인은 힘을 발휘하기 힘들지만, 주목의 힘에 대한 집단적인 각성이 이루어지면 자본을 통제할 방법이 비로소 생긴다. 이러한 수용자노조가 가능해진 것은 온라인을 통해서 힘을 모으고, 압력을 조직화할 수 있는 길이 열렸기 때문이다. 처음부터 노조라는 법적인 조직으로 인정받기는 힘들다고 하더라도, 언론에 압력을 행사할 수 있는 느슨한 압력 단체를 형성하는 것은 충분히 가능하다. 비정규직 노동자 연합체의 성격을 가지는 Ver.diVereinte Dienstleistungsgewerkschaft와 UNIUnion Network International 같은 단체의 예를 생각해볼 수 있다(Mosco, 2016). Ver.di는 지식 노동자 혹은 특수고용 형태의 노동자들이 정부나 기업에 맞서서 압력을 행사할 수 있는 이해 단체의 성격을 가지는데, 이는 전통적인 노조 시스템이 아니더라도 충분히 노동자들을 규합하고, 노동 조건을 개선하기 위한 압력을 만들어낼 수 있다는 것을 보여준다. 이와 함께 UNI의 경우처럼 국제적인 차원에서 느슨한 노동 연대를 만들어 온라인 관련 노동자 권리를 보호하고, 온라인 네트워크를 통해서 다국적 기업에 대항해서 노동자의 권리를 보장받기 위해 노력하는 것도 좋은 접근 방법이다.

온라인 수용자노조를 조직해서 언론에 압력을 가하고, 언론의 상업주의와 플랫폼 중심의 비즈니스 구조에 변화를 도모하는 것은 법적인 구성 요건과 상관없이 수용자 중심의 디지털 미디어 환경을 조성해 나간다는 차원에서도 의미 있는 시도이다. 온라인 뉴스 수용자들이 뉴스를 중심으로 이루어지는 주목 노동의 조건에 제동을 걸고, 어떤 뉴스가 가치를 가지는가에 대한 규범을 제시할 수 있다면 언론과 이를 구동하는 플랫폼의 입장에서는 수용자의 압력을 무시하기 힘들게 된다. 이러한 노력에서 제일 먼저 제기되어야 할 질문은 왜 언론은 시민 공론의 장에 기여하지 못하고 있으며, 어떤 점을 개선해야 하는가 하는 점이다. 따라서 온라인 수용자노조를 형성하는 것은 온라인을 통한 언론 개혁 운동의 성격을 가질 수 있다. 온라인을 통한 일반적인 조직화의 방법을 온라인 수용자노조 운동에도 원용해 볼 수 있는데(Potzsch & Schamberger, 2022), ① 소셜미디어를 통한 언론 수용자의 연결, ② 언론 주목 노동의 조건에 대한 공적인 관심의 환기, ③ 수용자를 동원한 주목 파업이나 시민 압력 단체의 형성, ④ 디지털 압력을 행사하는 회합이나 온라인 투표 등 압력 행위, ⑤ 새로운 방법의 수용자 조직화를 통한 언론 행위와 비즈니스 구조에 대한 압력 행사 등을 생각해볼 수 있다.

여기서 사용하는 주목 파업attention strike이라는 생소한 개념은 온라인 수용자노조 운동이 언론에 압력을 행사하고, 언론 수용자의 통제권을 되찾아온다는 의미를 가지지만, 결국은 이러한 압력의 행사가 주목이라는 언론 수용자의 주체적인 행위에 달려 있다는 것을 보여준다. 언론이 나쁜 기사를 쓴다면, 언론 수용자가 그런 기사에 주목하지 않음으로써 문제 상황을 개선할 수 있다. 언론 수용자가 클릭을 유도하는 자극적인 기사에 매달린다면 언론의 잘못된 관행을 바로잡을 기회를 상실하게 된다. 따라서 수요 측면의 또 다른 수단으로 언론 기사를 보지 않는 운동이나 선별적으로 보는 운동을 제기해볼 수 있다. 이러한 움직임은 언론 수용자의 주체적인 자기 결정권과 선택의 자유를 회복하려는 운동이 될 수 있다.

언론 수용자는 사실상 생산수단과 분리되어서 자유롭게 자신의 주목 노동을 제공하는 자유노동자라고 할 수 있는데, 실제 현실은 스스로 디지털 미디어 생산수단에서 분리될 수 없다는 잘못된 관념에 사로잡혀 있다. 예를 들어, 우리는 플랫폼을 통해서 뉴스를 시청하지 않으면 필요를 충족할 수 없고 삶이 어려워질 것으로 생각하지만, 클릭을 유도하는 자극적인 뉴스를 놓친다고 해서 우리가 받을 불이익은 실제로 그리 많지 않다. 이렇게 사회적인 환경변화로 인해서 필요가 강요된 사회에서는 언론 수용자 스스로 자유를 회복하는 것이 절실한데, 디지털 미디어를 통한 비물질 노동의 착취가 사회 전반에 걸쳐서 전방위적으로 작동하기 때문에 언론과 이를 작동시키는 플랫폼 자본의 기획에서 벗어나기는 매우 힘들다. 그렇다면 결국 미디어, 즉 생산수단을 가진 자본을 제어하기 위해서는 함량에 미달하는 언론 기사를 안 보는 방법과 선별적인 보기를 통해서 주목 노동의 존재를 보다 선명하게 드러내고, 수용자가 노동의 통제권을 강화하는 것이 무엇보다 필요하다. 그것만이 언론과 미디어 자본을 제어할 수 있는 지름길이다. 언론 콘텐츠를 플랫폼을 통해 강제적으로 볼 수밖에 없는 사회적인 맥락을 용인하기보다는 언론 기사를 보는 과정에서 개인의 통제권을 강화함으로써 미디어를 강제의 영역에서 선택의 영역으로 만들게 되면, 주체성의 회복, 언론과 플랫폼 자본 권력의 약화, 민주적인 시민 덕성의 강화라는 선순환 구조를 형성할 수 있게 된다.

지금까지는 수요 측면에서 언론의 통제권을 제어할 수 있는 방법을 찾아보았다. 두 번째로 중요한 측면이 공급 측면이다. 언론 수용자들이 언론의 역할에 대한 통제권을 되찾아오기 위한 노력을 하더라도, 결국은 언론 체제가 공공성을 강화하지 않는다면 지속 가능한 언론 환경을 만드는 것은 어렵다. 언론 환경이 어떻게 해서 상업화되었는가 하는 부분은 역사적인 맥락에서 살펴볼 필요가 있다. 초창기 언론은 언론/소유주가 일체화되어 있었고, 이 둘을 분리하기가 어려웠다. 따라서 언론자유의 개념이 표현의 자유 개념과 함께 논의된 것은 자연스러운 일이었다. 표현의 자유를 보호하는 것이 언론을 통한 표현을 보호하는 것이고, 그러한 언론을 보호하는 것은 언론 표현에 중심적인 역할을 하는 발행인을 보호하는 것이었기 때문이다. 이 당시에는 언론의 자유, 신문의 자유, 신문 소유주의 표현 자유, 발행인의 경영 자유가 중첩되거나, 구분이 어려웠다.

하지만 19세기 중반에 들어서면서 대중 신문이 등장하고 산업의 팽창과 함께 본격적으로 상업화가 시작되는데, 이때부터 광고를 통한 수익 증진이 언론의 목적이 되고, 선정적인 내용을 통한 보도 경쟁이 이루어진다. 이러한 시기에는 언론자유가 수익 창출을 위한 보호막이 되거나 언론소유주의 사적 이익을 보장하는 강력한 디딤돌로 작용했다. 20세기에 접어들면서 산업이 안정되고, 어지러운 언론 환경에 대한 반성이 일어나면서 편집권 독립과 같은 전문직주의에 대한 논의와 사회적 책임을 위한 자율규제 논의가 일부 이루어지기는 했지만, 상업화를 위한 대세는 흔들지 못했다(Nerone, 1995). 언론의 전문직 논의는 산업이 안정되고 여유를 가졌을 때만 가능한 논의였고, 산업 기반이 흔들릴 때는 상업주의 속성이 언제나 전면에 등장했다(Pickard, 2020). 언론이 엄청난 영향력을 발휘하는 일련의 사건들을 경험하면서 사회적인 평가는 공고해졌지만, 1980년대 미디어 경쟁이 격화되고 수익성이 감소하면서 한동안 이루어졌던 언론의 사회적인 가치에 대한 논의는 사라지고, 광고 수익 창출이 용이한 거대 미디어 기업이 언론 시장을 장악하는 시장 중심 상업주의가 언론 환경의 대세를 형성했다. 이러한 상업주의의 정착은 사회 전반에 불어 닥친 신자유주의의 물결이 언론을 완전히 장악하게 되었음을 의미한다.

우리나라의 경우는 다른 경로를 밟아왔지만, 종국에 와서 신자유주의의 물결에 점령당하는 비슷한 결과로 이어진다(배정근, 2013). 우리나라 언론은 1950년대 상업주의가 등장했지만, 1960년대와 1970년대를 거치면서 군사독재정권의 비호 아래 특혜를 통해 언론 자본이 덩치를 키우면서 경영이 안정되고, 언론의 영향력이 커지면서 상업주의 속성보다는 표면적으로 전문직주의가 강화되는 기현상이 일어난다. 하지만, 이러한 경영 안정화를 통한 전문직주의와 언론 영향력의 강화는 내재적인 역량의 강화에 기반을 둔 것이 아니라 외부적인 특혜와 후원에 기반한 것이기 때문에 1980년대 후반으로 접어들수록 시장 경쟁이 본격적으로 도입됨에 따라 시장 중심의 이익 창출을 목표로 하는 상업주의 언론이 본격적인 대세로 등장한다. 1990년대 후반 경제위기를 겪게 되면서 언론 경영은 심각한 타격을 받게 되고, 광고 매출의 감소는 광고주의 영향력이 언론을 압도하는 상황으로 언론 지형을 변화시킨다. 지금의 우리나라 언론은 생존을 위한 광고 의존이 언론 비즈니스 모델로 굳어졌으며, 디지털 환경변화는 이러한 신자유주의의 물결과 결합하여 언론의 상업주의를 더욱 강화하고 있다.

이러한 역사적인 분석을 통해 드러난 자유주의의 실패와 저널리즘의 위기에도 불구하고 여전히 공적인 미디어의 역할에 대한 오해가 우리 사회와 함께하는데, 특히 공적인 미디어는 정부의 역할을 신장시키고, 시장에 대한 통제를 강화함으로써 민주주의에 위협이 될 수 있다고 보는 오해가 대표적이다(McChesney, 2004; Pickard, 2020). 정부의 지원은 바람직하지 않고 선택의 자유를 억압할 뿐이라는 주장은 역사적으로 정부의 지원을 통해서 언론의 공공성이 강화되어왔던 전통을 무시하는 것이다. 우리나라의 경우를 보더라도 정부의 정책을 통해서 미디어 공공성이 강화될 수 있는 기회가 많았지만, 그러한 정책적인 지원이나 규제, 미디어 정책 적용이 미디어 기업의 상업적인 이윤 독점을 보장하고 미디어 공공성을 강화하는 것과는 거리가 멀었기 때문에 언론의 상업주의가 심화된 것이지, 반대로 언론의 공공성을 목표로 정부가 정책적인 수단을 강화했다면 오히려 많은 문제점이 개선될 수 있었다.

역사적으로 공적인 미디어에 대한 오해를 정리해보면, 주로 공적인 미디어는 문제가 많은 제도이고, 특히 정부의 지원은 언론의 자유에 도움이 되지 않는다는 시각이다. 지극히 언론 소유권 중심의 언론자유가 공적인 미디어에 대한 비판에 집중되면서, 역사적으로 상업적인 모델이 언론자유를 신장해왔으며, 외부의 간섭을 차단해왔다는 시각이 주를 이룬다. 또 다른 오해는 문제해결에 대한 낙관적인 사고이다. 저널리즘 내부의 문제는 구성원들의 자율 혁신을 통해서 해결할 수 있고, 디지털 기술의 발달과 같은 기술 환경적인 변화는 저널리즘이 직면한 문제를 해결할 것이라는 생각이다. 이러한 오해는 언론자유에 대한 자유주의 논의의 맹점과 직접적으로 연결된다. 개인 소유권 중심의 언론자유 논의는 공적인 미디어에 대한 논의를 언론자유에 대한 침해로 보지만, 실제로 개인이 통제하는 언론이 오히려 민주주의에 나쁜 영향을 미치는 경우가 많다.

미디어에 대한 사적인 통제는 광고와 후원을 통한 이윤극대화에 매달리게 하고, 언론의 자본 되기와 자본의 언론 되기가 결합하여 민주주의 발전을 방해한다. 사적인 이익이 중심이 되는 시각은 공적인 미디어를 위한 여러 가지 제도들, 예를 들어 미디어를 비영리 협동조합이나 기자들의 공공 소유하에 두거나, 시민의 통제를 기반으로 정부의 지원하에 비영리 기관으로 만드는 방법 등을 백안시하는 경향이 있다(McChesney, 2004). 사적 소유권을 강화하여 미디어 시장의 독점을 방치하고, 시민 공론의 장을 축소시키는 제도에 비해서, 공적인 소유권을 통해서 사회의 다양한 목소리를 반영하고, 미디어를 시민의 품으로 돌려주려고 시도하는 것은 자유주의를 둘러싼 오래된 오해로부터 벗어남으로써 시작할 수 있다.

공적인 미디어는 전체 시민을 대상으로 상업적인 이익을 배제하고 비영리로 운영되는 미디어를 의미한다. 특히, 광고를 통한 사적인 이익 추구를 배제하고, 시민이 건강한 민주주의의 구성원으로 자리매김할 수 있도록 도와주는 역할을 한다는 의미에서 시장의존적인 상업주의 미디어와는 구별된다. 광고에 의존하지 않는 언론 비즈니스 모델은 크게 네 가지로 구분해 볼 수 있다(Pickard, 2020). 그것은 구독모델subscription model, 시민저널리즘모델citizen journalism model, 비영리모델nonprofit model, 공공모델public model을 의미한다. 구독모델은 전문직주의와도 일면 연결되는데, 언론의 질을 높여서 사람들이 비용을 지불하고 기사를 구독하게 하는 모델이다. 시민저널리즘모델은 온라인 환경변화와 연결되는데, 일반 시민들이 크라우드펀딩이나 멤버십을 통해서 재원을 마련하거나, 블로그저널리즘처럼 시민 스스로 언론의 역할을 담당하는 것을 의미한다. 비영리모델은 비영리기관이 펀딩을 제공하거나 재단이나 기부를 통해서 미디어 운영기금을 마련하는 것을 말한다. 마지막으로 공공모델은 정부의 지속적인 재원을 통해서 운영되는 미디어를 의미한다. 공공모델이 가장 지속가능성이 높기 때문에 안정적인 모델이라고 할 수 있지만, 언론에 대한 정부의 간섭 가능성 주장이 문제가 될 수 있다. 따라서 현재와 같이 시장근본주의가 지배하는 언론 환경에서 공공모델은 언론자유에 대한 침해로 공격받기도 한다.

자유시장에 대한 믿음이 굳건한 상황에서 현실적으로 생각해볼 수 있는 비즈니스 모델은 재원을 다양화하는 혼합적인 모델을 들 수 있다. 한 가지 방법으로 안정적인 재원 마련을 위해서 시민들의 디지털 노동과 사회 기반 시설을 통해서 독점적인 이윤을 창출하는 플랫폼 기업에 일정 세금을 부과하고 이를 공적인 미디어 운영에 지원하는 방안을 고려해볼 필요가 있다. 사실 공적 미디어는 재원 마련의 문제에서 끝나지 않는다. 공적 미디어를 운영하기 위해서는 재원 측면과 함께 지배구조와 시민을 참여시키는 제도적인 장치 등 공적 미디어가 사회적인 역할을 성공적으로 수행하기 위한 다양한 요건들이 갖추어져야 한다. 공적 미디어 운영 면에서 제도로서 기존 언론 조직 형태를 답습하기보다는 제도로서 언론 조직과 시민 조직을 복합조직으로 조합하는 형태assemblage를 고려해볼 필요가 있다 (Reese, 2020; 2022). 공적인 미디어 재원을 정부에 절대적으로 의존하는 것이 아니라 언론 조직과 시민 조직의 복합적인 형태를 통해서 재원을 다양화할 뿐만 아니라, 기존의 언론 규범과 제도적인 가치 설정에서 벗어나서 자유로운 형태의 언론 형태를 실험해볼 수 있다. 이런 형태의 언론을 통해 공적인 지배구조를 도입함으로써 시민의 참여를 이끌어내고, 민주적인 조직 운영을 하기도 용이할 뿐만 아니라, 지역사회 단위로 다양한 언론 형태를 수용하는 것도 가능해진다.

공적인 미디어 논의에서 재원 마련은 일차적인 것이고, 어떻게 언론의 형태를 공론의 장을 확장하는 방향으로 가져가고, 시민의 적극적인 참여를 이끌어낼 수 있을 것인가를 고민하는 것이 필요하다. 이와 함께 공적 미디어에 대한 논의에서 비판의 대상이 되는 것은 어떤 형태의 지원이나 펀드가 마련되었을 때, 이를 어떻게 배분하고, 누구에게 지원할 것인가 하는 문제이다. 예를 들어, 세금을 들여 공적 미디어를 지원한다고 하면 그 대상을 선정하는 작업은 매우 정치적인 갈등을 유발할 수 있다. 이러한 문제를 해결하기 위해서 미디어 공공성 강화를 위한 독립적인 언론평가기관을 설립하는 것도 생각해볼 만한 장치이다. 1940년대 말 허친스위원회에서 논의된 이후로 독립적인 언론평가기관에 대한 논의는 거의 이루어지지 못했는

데, 새로운 형태의 언론 조직 형성을 염두에 두고 이에 대한 지원 여부를 공정하게 평가한다는 측면에서 반드시 필요한 제도라고 할 수 있다. 평가의 기준은 당연히 공론의 장을 확장하고, 다양한 여론 형성에 기여할 수 있는가에 두어야 한다.

그래서 우리가 가야 할 길

언론자유 개념은 표현의 자유를 넘어, 의견 형성의 자유가 포함될 필요가 있다. 의견 형성의 자유는 벌린Berlin의 소극적인 자유 개념을 넘어 외부로부터 간섭받지 않고 자신의 의견을 형성할 자유와 함께, 자신의 의견을 형성하는 데 있어 외부적인 압력이나 잘못된 정보를 받지 않을 자유를 광범위하게 포함한다. 적극적으로 꼭 어떤 목표를 달성하기 위한 자유가 아니더라도 최소한 어떤 의견을 형성하고 표현하는 데 있어 이성적인 공론의 장에 접근할 수 있는 자유는 기본적인 자유이다. 표현의 자유를 넘어 바르고 충분한 의견을 형성할 권리로 언론자유의 의미가 확대될 필요가 있다. 하지만 현재의 언론자유는 개인의 자유와 소유권이라는 개념을 발전시켜 자본주의에서 언론을 소유하고 자유롭게 시장 경쟁에 참여할 수 있는 자유를 의미하는 것으로 변질되어버렸다. 이런 자본주의 언론자유는 인권으로서 언론자유를 오히려 억압하거나 이성적인 공론의 장을 형성하는 데 방해 요소로 작용할 수도 있다. 이런 경향은 디지털 환경의 도래와 함께 더욱 심각한 우려를 자아내고 있다.

현재 언론 환경의 토대를 살펴보면, 디지털화와 함께 생산력과 생산관계가 변화하였고, 이는 신자유주의에 따른 이윤 추구 매몰, 디지털 노동 착취, 언론 노동 환경의 악화와 같은 급속한 언론 환경의 변화를 보여준다. 이에 반해 언론 환경의 상부구조는 여전히 자유주의에 기반한 규범이 강조되고, 현실과 동떨어진 이상이 교조적으로 지배하는 현상이 계속되고 있다. 이러한 토대와 상부구조의 현격한 차이가 현재 언론이 겪고 있는 저널리즘의 위기를 대변한다. 토대와 상부구조의 차이가 언론 환경에 대한 이해를 부조화로 이끌면서 저널리즘의 위기가 심화되고 있기 때문에 이러한 토대와 상부구조의 차이를 좁혀주는 노력을 강화하지 않으면 저널리즘의 위기는 해결할 수 없다. 따라서, 일단 변화하는 언론 토대를 언론의 공공성 강화를 통해서 상부구조와 일치시키면서 상부구조의 공허함을 해소하려는 노력이 필요하다. 토대의 작동 원리가 언론 공공성 강화를 통해서 상부구조의 언론 규범과 일치될 때 저널리즘 위기의 극복을 기약해 볼 수 있다. 물론 이러한 토대의 공공성을 강화하는 노력은 언론과 언론 수용자의 노력이 함께할 때 가능하다.

지금까지 언론의 시장 및 광고 의존을 극복하고 미디어 공공성을 회복하기 위한 방법에 대해서 논의했다. 크게 두 가지 접근 방법으로 나뉘는데, 공급자 시각에서 보면 공적인 미디어를 통해서 어떻게 생산수단을 시민이 공유할 것인가를 살펴보았다면, 수요자 시각에서는 실제로 이윤 창출의 발판을 제공하는 언론 수용자들이 미디어로부터 주목하는 노동의 통제권을 회복하는 것이 필요하다는 것을 역설했다. 이 두 가지 접근 방법은 통합되어야 하고, 이를 효과적으로 통합하는 것이 기존의 접근 방법이 가지는 한계를 뛰어넘게 한다. 통상의 경우에는 상업주의 미디어에 대응하고 미디어 공공성을 확보하기 위해서 정부 정책에 절대적으로 의존하는 경향을 보였는데, 그런 방법보다는 수용자 중심의 압력 형성을 통해서 공급자에 공공성을 강화할 수 있는 정책을 채택하게 만드는 방법을 사용하는 것이 더 효과적인 접근 방법이 될 수 있다. 즉, 미디어 수용자에서 시작해서 미디어 독점 기업의 통제력을 약화시키고, 미디어가 정부에 가하는 기득권을 통한 압력을 차단하는 것이 필요하다. 이런 공중들의 통제력이 어느 정도 회복된 후에, 정부의 미디어 공공성 정책에 압력을 가함으로써, 정책적인 수단을 통해 미디어 공공성을 제도화해 나갈 수 있게 된다.

　지금까지 정부 정책이 실패한 것은 미디어 수용자들이 힘을 합쳐 미디어 운영과 관련한 통제력을 우선 확보하지 못했기 때문에 벌어진 일이다. 밀실에서 나눠먹기 식으로 수립되는 미디어 정책은 아무리 겉보기에 투명한 접근 방법을 사용했다고 하더라도 결국은 기득권을 가진 미디어 기업에 특혜를 주는 정책으로 이어질 수밖에 없다. 미디어에 대한 공중들의 통제권이 확보되면, 정부가 미디어 공공성 정책을 펼치기도 훨씬 쉬워진다. 그렇다면 시민운동가들과 학자들의 관심도 미디어와 정부에 직접적인 압력을 가하는 것보다는, 수용자들을 교육하고 조직화함으로써 미디어 기업에 압력을 가하고,

정부 미디어 공공성 정책 수립에 실질적으로 참여하는 형태로 이어질 수 있게 된다. 하지만 디지털 사회의 심화는 우리에게 언론의 존재 필요성 자체에 끊임없는 의문을 제기하고 있다. 따라서 언론 수용자를 중심으로 변화의 동력을 만들어내고, 언론을 위기로부터 실질적으로 구해낼 시간이 그리 많이 남았다고 하기는 어렵다.

5장

표현의 자유에서
소통의 권리를 위한
헌법 개정

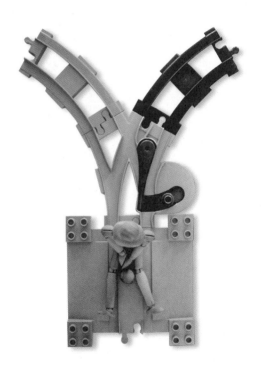

채 영 길

헌법 제 21조

국가 권력의 원천은 시민의 주권이며 헌법Constitution의 유일하고 가장 존엄한 목적도 시민의 주권을 보장하는 것이다. 만약 어떤 법과 제도가 헌법의 목적에 반하거나 이를 실현하는 데 결핍적인 요소가 있다면 법과 제도는 개정되어야 한다. 한편, 시민의 주권이 법의 목적이라면 이 주권은 모든 개인에게 정의로운 방식으로 실현되어야 한다. 헌법이라서 정당한 것이 아니라 정의로운 헌법이어야 정당하다. 주권이 특정인의 자유나 권리를 상대적으로 더 보장한다면 이는 위헌적이다. 헌법 제11조 중 "모든 국민은 법 앞에 평등하다."라는 조항은 바로 이러한 정의로운 주권이라는 헌법 철학을 명문화한 것이다. 존 롤스John Rawls의 《정의론A Theory of Justice》첫 구절도 "정의는 사회 체제의 첫 덕목이다. (중략) 아무리 유용하고 잘 짜여 있어도 부당하다면 법과 제도는 개혁되거나 폐지되어야 한다. 모든 개인은 정의에 기반한 불가침의 권리를 갖고 있다. 이는 전체 사회의 복지라는 가치조차 무시할 수 없는 덕목이다."라고 밝히고 있다. 따라서 헌법은 단순히 주권을 보장하는 것을 넘어서 그 내용과 실현 방식에 있어서도 정의로워야 한다. 만약 헌법이 주권을 보장하는 데 한계가 있거나 정당한 방식으로 보호하지 못한다면 당연히 헌법은 개정될 필요가 있다. 다른 모든 법과 제도를 결정하는 최고의 권위로서 헌법이 이러한 법의 목적과 정의적 실현 방식을 보장하는 데 실패한다면 시민의 기본적인 자유와 권리도 심대한 위기에 처할 것이기 때문이다.

그런데, 현재 언론과 표현의 자유를 보장하는 헌법 제21조 조항은, 시민주권을 정의로운 방식으로 보호하는 데 있어서 심대한 도전에 직면해 있다. 언론과 표현의 자유는 자유적 기본권으로서 국가 권력으로부터 시민들의 말과 글의 권력을 보장하고자 한다. 하지만 이 조항은 국가 권력을 실질적으로 구성하는 다양한 정치와 자본 권력들로부터 시민의 자유를 보호하는 데 한계가 있으며 더 나아가 시민의 생존과 복지 향상을 위한 사회적 기본권을 실현하는 데 있어서도 자주 모순적이고 제한적인 역할을 하고 있다. 즉, 헌법 제21조 언론과 표현의 자유 조항은 보호하고자 하는 시민의 말과 글의 권력을 약화시키며 오히려 그들의 권리 실현의 가능성마저 위축시키거나 심지어 무력화시키는 계기가 되고 있다. 더 나아가 이 헌법 조항이 보장하고자 하는 표현의 자유는 근본적으로 시민들의 '소통

communication'을 '표현expression'으로 축소·대체시킴으로써 오히려 시민들이 듣고, 말하고, 공유하는 소통의 자유를 위축시키고 있다. 나의 표현이 이웃과 공동체와 사회로부터 차단되어 있거나 타인의 표현도 나에게 도달하지 않아 서로 공감할 기회가 주어지지 않는다면 이 자유를 통해 보호하고자 하는 주권의 실체는 매우 모호해진다.

지난 30여 년간 시민의 기본적 삶의 조건과 관계 맺기의 방식은, 사회경제적 그리고 미디어를 중심으로 하는 소통 환경의 급변에 따라 엄청나게 변화했다. 불행히도 이 거대한 변화는 시민의 기본적 자유와 권리 상태를 악화시키고 있다. 다만 변화하지 않은 것이 있다면, 지난 30여 년간 시민의 기본권을 보장하고 강화하기 위한 헌법에는 어떠한 실질적인 개선 작업이 이루어지지 않았다는 사실이다. 심화되고 있는 정치·경제적 양극화와 불평등, 사회적 혐오와 배제 그리고 증오 범죄가 증가하여도 그 원인과 해결은 늘 지엽적이고 제한적인 법과 제도의 개정에 머물렀다. 현재의 헌법 제21조 역시 마찬가지이다. 지난 30여 년간 가장 큰 변화는 언론과 미디어를 포함한 표현의 방식과 소통 관계이지만, 이와 관련된 헌법 조항에 대해 근본적인 성찰과 개정 노력은 미비하다. 언론과 표현의 자유를 보장하는 데 있어서 "아무리 유용"하더라도 소통의 자유를 보장하는 데 있어서 "부당하다면", "개혁되거나 폐지"되어야 하지만 현실은 그렇지 못하다. 시민주권의 실현 방식과 내용이 형식화되고 불안정성이 심화되어 이제 거의 대다수 시민은 정치권력과 언론에 대해, 사법 기관에 대해, 그리고 이제는 이웃 시민조차도 신뢰하지 않게 되었다. 헌법은 모든 국민이 "인간으로서의 존엄과 가치를 가지며, 행복을 추구할 권리"(헌법 제10조)를 보장하고 "모든 국민은 법 앞에 평등하다."(헌법 제11조 1항)고 확인하고 있으나 많은 국민은 인간으로서의 존엄과 가치 그리고 행복을 실현하는 데 한계가 있다고 인식하고 있다. 시민들은 오로지 '법 앞에서만 평등'하다는 냉소로 법을 바라보고 있기까지 하다. 분명히 시민들은 선포된 권리와 그것을 실질적으로 실현해야 한다는 법 정당성 간에 분명한 간극이 존재한다고 믿고 있다. 국가는 "개인이 가지는 불가침의 기본적 인권을 확인하고 이를 보장할 의무"(헌법 제10조)를 지지만 이 의무를 불완전하게 수행하고 있으며 권리 조항 자체가 이를 강제하는 데 실패하고 있다. 헌법이 수호해야 할 '모든' 시민의 자유와 권리가 보장되고 있지 못하다고 알려주는 각종 사회경제적 지표를 단순히 '정책'의 실패로 치부할 수 없는 근본적인 법의 실패 문제가 있다. 헌법 제21조 언론과 표현의 자유 조항은 이러한 법의 목적과 가치를 실패하게 하는 근원적 원인을 제공하고 있다.

현재의 대한민국 헌법은 35년 전 민주화 운동의 결실인 87년 체제에서 만들어졌다. 시민 혁명을 통해 마련된 헌법 개정은 고질적인 선거 불공정의 문제, 여·야간의 불안정한 정권교체, 그리고 헌법재판소의 실질적 기능 수행의 문제 등이 상당히 해소되는 등 헌법 개정의 주요한 정치적 목표를 상당 부분 달성하였다. 하지만 당시 헌법은 시민들의 민주주의 열망을 여·야의 당리당략으로 대체하기 위해 "국민의 참여 범위를 최대한 제한했던 구체제 정치 엘리트들의 정치 게임의 결과였으며, 개헌 의제에서 직선제 개헌이라는 최소강령적 요구만을 실현"하고자 했던 근본적인 한계가 있었다(조소영, 2020, p. 6). 헌법 개정은 여·야 4인씩 8인의 국회의원들로 구성된 정치회담에서 결정되었다. 실망스럽게도 민주화 운동에 헌신한 시민들은 그러한 정치적 야합의 들러리로 전락했다. 헌법 개정을 통해 시민의 권력을 민주적으로 확장하고 이를 위한 기본권을 개혁하지 않은 채, 기존의 정치권력 구조를 최대한 유지하기 위하여 실질적인 민주적 법제화를 회피한 정치적 타협의 결과였다. 즉, 지난 35년은 민주주의를 위한 시민의 열망과 실질적인 민주화를 위한 근본적 법제화가 유보된 기간이라고도 할 수 있다.

2016년 촛불집회는 박근혜 대통령의 탄핵과 정권교체를 가져왔다. 하지만 당시 촛불집회를 통해 시민들이 열망한 것은 단순한 권력의 이양이 아니라 정치 민주화와 사회경제적 개혁이었다. 2,000만 명 가까운 시민들이 거리에서 헌정사상 초유의 대통령 탄핵을 이끌어낸 것은 "소위 87년 체제를 통해 공고화 과정을 겪어왔던 한국의 대의민주주의가 임계점을 넘어 촛불 항쟁이라는 시민주권의 열망이었다."(윤성현, 2020, p. 4). 그러나 헌법 개정에 대한 시민들의 열망에도 불구하고 2018년 6월, 여·야 의원들로 구성된 '헌법 개정 및 정치개혁특별위원회'는 활동 보고서를 내는 것 이외에 아무런 가시적 성과를 내지 못했다. 이에 문재인 대통령은 정부 발의로 대통령 4년 연임과 기본권·지방분권 강화 등을 핵심으로 한 개헌안을 발의했으나 이마저도 결국 부결되었다. 그러나, 문제는 단순히 개헌안이 부결된 것에만 있지 않다. 본질적인 문제는 이 개헌안의 논의 과정에서 87년 헌법 개정과 마찬가지로 또다시 시민들의 참여가 배제되었고, 그 상태에서 여·야 의원에 의해 제안된 개헌 내용도 시민의 권리를 실질적으로 확장할 수 있는 개혁적 조치와는 거리가 멀었다는 사실에 있다. 특히 언론과 표현의 자유와 관련하여 대통령 헌법 개정안은 현행 헌법과 비교해서 실질적인 권리 보호와 증진을 강화할 내용을 담지 못했다.

잘 알려진 대로 헌법 제21조는 국민의 언론과 출판 그리고 집회 및 결사의 자유를 보장하는 권리 내용을 담고 있다. 언론과 표현의 자유 조항이라고 할 수 있는 헌법 제21조는 미디어 민주주의 시대에 가장 핵심적인 권리 조항이라고 할 수 있다. 종교, 신체, 거주 및 이동의 자유를 주장하기 위해, 교육받고 노동하며, 인간다운 생활을 보장받을 권리 상태를 확인하고 개선을 요구하기 위해 시민들의 언론과 표현의 자유는 필수적이다. 언론과 표현의 자유를 '모든 시민'의 '모든 자유와 권리'를 보장하기 위한 '기본권을 위한 기본권'이라고 하는 이유이다. 주권자의 권리 보장이라는 헌법적 목적이 헌법의 내용적 권위라고 한다면 언론과 표현의 자유 조항은 그 권위를 외연화하는 실천적 권위의 성격을 가진다. 즉, 언론과 표현의 자유 조항에 결핍적인 요소가 있다면 이는 주권의 침해와 더불어 헌법의 권위를 약화시키게 된다. 그런데 헌법 제21조는 바로 그러한 위태로운 상태에 놓여 있다.

35년 전과 비교해 현저하게 달라진 시민들의 언론과 미디어 기술과 산업과 이용환경의 변화 속에서, 언론 불신의 문제, 가짜뉴스와 정보의 문제, 혐오와 증오 표현의 문제 등은 사회적 갈등과 차별 및 불평등의 심화와 관련된 모든 원인과 결부되어 있다. 이에 따라 언론개혁은 사회 일부의 요구가 아니라 시대의 요구가 되고 있으며 2016년 촛불집회에서도 언론개혁을 위한 헌법 개정이 주요하게 제기되었다. 그럼에도 불구하고 [표 1]에 담긴 2018년 정부의 헌법 개정안은 시민들의 실질적인 언론과 표현의 자유 및 권리를 보장하고 변화한 언론과 미디어 환경에 부응하는 실질적인 계기를 만드는 데 있어서 뚜렷한 한계가 있다. 구체적으로 살펴보면, 이 개정안에서 가장 두드러진 변화는 언론·출판의 자유와 집회·결사의 자유를 헌법 제20조 제1항과 제21조로 별도 규정으로 분리한 것이다. 둘째, 언론·출판의 자유를 언론·출판 등 표현의 자유로 확대하면서 다양한 매체와 방식의 표현 수단을 포괄하려고 했고 셋째, 통신 방송의 시설 기준 등을 규정한 내용을 삭제함으로써 보도의 자유를 보장하려고 했다. 그리고 언론 출판으로 인한 피해 구제를 위해 배상 외에 정정 청구까지 포함하여 인격권 보호 조치를 강화하고자 했다. 넷째, 제22조의 내용은 정보화 사회로의 변화를 반영하여 신설된 새로운 기본권 내용으로, 정보에 대한 평등한 접근권 및 개인 정보에 대한 자기 통제권을 명시적으로 확인하고 이에 대한 보장을 강화하고, 정보의 독점과 정보 격차에 대해서는 국가의 의무를 규정했다. 이처럼 개정안은 언론과 표현의 자유의 대상을 명확히 구분하면서 자유를 침해할 수 있는 조항을 정비하고 정보 사회에서 요구되는 알권리와

표 1 2018년 문재인 대통령 헌법 언론과 표현의 자유 조항 개헌안 비교

현행 헌법	대통령 헌법 개정안
제21조 ① 모든 국민은 언론 출판의 자유와 집회 결사의 자유를 가진다. ② 언론 출판에 대한 허가나 검열과 집회 결사에 대한 허가는 인정되지 아니한다. ③ 통신 방송의 시설 기준과 신문의 기능을 보장하는 데 필요한 사항은 법률로 정한다. ④ 언론 출판은 타인의 명예나 권리 또는 공중도덕이나 사회윤리를 침해하여서는 아니된다. 언론 출판이 타인의 명예나 권리를 침해한 때에는 피해자는 이에 대한 피해의 배상을 청구할 수 있다.	제20조 ① 언론 출판 등 표현의 자유는 보장되며, 이에 대한 허가나 검열은 금지된다. ② 통신 방송 신문의 기능을 보장하기 위하여 필요한 사항은 법률로 정한다. ③ 언론 출판은 타인의 명예나 권리 또는 공중도덕이나 사회윤리를 침해해서는 안 된다. 언론 출판이 타인의 명예나 권리를 침해한 경우 피해자는 이에 대한 배상 정정을 청구할 수 있다. 제21조 집회 결사의 자유는 보장되며, 이에 대한 허가는 금지된다. 제22조 ① 모든 국민은 알권리를 가진다. ② 모든 사람은 자신에 관한 정보를 보호받고 그 처리에 관하여 통제할 권리를 가진다. ③ 국가는 정보의 독점과 격차로 인한 폐해를 예방하고 시정하기 위하여 노력해야 한다.

정보에 대한 접근 및 통제권을 명시화했다는 점에서 진일보했다고 할 수 있다.

하지만 이 개정안은 기존의 언론과 표현의 자유 권리의 실현 방식과 내용을 근본적으로 변화시키지 못할 것이다. 본질적으로 이 개정안은 이전 헌법과 마찬가지로 언론과 표현의 자유가 실현되기 위한 소통의 조건과 과정에 대한 현실적 이해를 전혀 반영하지 못하고 있다. 시민들의 표현이 어떻게 다른 시민들에게 전달될 수 있으며, 공유될 수 있는지, 그리고 공유된 것이 어떻게 사회적으로 승인될 수 있는지에 대해서는 아무런 고려도 하지 않는다. 그렇기 때문에 표현의 자유는 보호될지 몰라도 표현하는 시민들이 소통하고 그로 인해 기본적 권리들을 실현할 가능성은 보장받지 못하다. 표현의 자유로서 실제 시민들이 소통하는 자유가 대체되고 있기에 오히려 표현의 자유가 소통의 권리를 억압하는 모양새이다. 더욱 심각한 문제는 표현의 수단과 방법이 다양화되고 고도화되고 있어 소통과정 역시 이전과 비교할 수 없을 정도로 복잡하게 우리 일상에 영향을 주고 있음에도 헌법은 '표현'의 자유라는 근대적인 패러다임에 머물러 있다는 것이다. 이에 따라 제안된 헌법 개정안은 단순히 기존의 표현의 자유만을 확장함으로써 표현하지 못하거나, 표현하더라도 공유되지 못하거나, 공유하더라도 사회적으로 승인받지 못하는 소통의 억압 및 기본권 침해의 문제를 방치하는 결과를 낳고 있다. 더군다나, 현행 언론과 표현의 자유를 규정한 헌법과 개정안 모두, 근본적으로 시민들의 차별적인 소통 자원과 역량의 차이 및 사회경제적 불평등성에 기인한 소통 구조의 불평등성 문제, 그리고 비대해지는 언론과 미디어 시장과 자본의 권력 문제 등에 대한 고려가 거의 반영되어 있지 않다. 법 조항의 개념적인 문제와 더불어 이러한 언론과 표현의 현실적 조건에 대한 고려가 제한적이기 때문에 헌법 제21조는 법 목적을 실현하는 데 한계가 있다. 언론과 표현의 자유는 다른 기본권을 보장하기 위한 사회권적인 성격을 가지고 있다. 그렇기 때문에 언론과 표현의 자유를 보장하는 이 헌법 조항의 문제들은 시민의 여타 기본권의 침해를 악화시킬 수 있다.

임의적인 시민의 언론과 표현의 자유

개정된 헌법안은 언론과 표현의 자유를 기존의 언론·출판에 한정하지 않고 새로운 미디어들로 확장할 필요가 있다는 요구를 반영하고 있다. 개인들의 소통 매체가 이전과는 비교도 안 될 정도로 확대되고 있어 표현의 수단과 방식의 다양화를 고려한 것은 합리적이고 타당하다. 하지만 자유가 제한적인 사회에서 단순히 표현의 수단을 추가하는 것이 자유 상태를 실질적으로 개선시킬 수는 없다. 표현의 자유가 이미 침해된 상태에서 수단의 단순한 확장은 침해된 시민의 자유 상태를 방치하고 오히려 더욱 악화시키는 효과를 낳을 수 있다. 표현의 자유는 개인의 의견과 주장이 억압되지 않고 표출될 수 있게 해주지만, 표현된 의견과 주장이 사회적 승인과 권위를 자동으로 갖지는 못한다. 이 둘은 전혀 별개의 문제이다. 개인이 자유롭게 표현한 언표들이 자유롭게 공적인 의제가 되고 사회적 권위를 갖는 것은 아니다. 말을 할 수 있는 수단을 아무리 추가하더라도 표출된 언표들이 선택되지 못하거나 언제든지 묵살되거나 무시된다면 표현의 자유는 개인의 권리를 결코 보장해주는 조건이 되지 못한다.

개인이 아닌 사회적 차원에서 표현할 자유는 전적으로 개인들의 표현할 의도와 역량에 의해 좌우되지 않는다. 개인의 언표가 만들어지고 공유되고 그것이 나를 포함한 공동체나 사회에서 의미를 갖게 되는 과정은 정치와 자본의 권력 구조에 의존하고 있으며 개인들의 표현된 언표들은 그 권력 구조에 의해 언제든지 취소되거나 박탈되거나 무위로 소멸될 수 있다. 표현의 자유는 있지만 표현된 것이 억압되는 구조라면 그 자유는 모순적이며 침해된 상태라고 할 수 있다. 표현할 수 있고 표현된 것의 사회적 과정을 결정할 수 있는 권리가 개인들에게 있지 않고 오로지 기존의 정치와 자본 권력 구조에 전적으로 주어져 있다면, 개인의 표현의 자유는 억압되어 있다고 할 수 있지 않을까? 자유는 수단의 '허용'에 의해 자동으로 유지 또는 증가하지 않는다. 자유를 공포하는 것만으로는 '잠재적' 자유만을 '임의적' 그리고 '예외적'으로 허용하는 것과 같은 효과만을 낳는다. 시민에게 언론과 표현의 자유가 있지만 이의 실현을 결정할 권리는 시민에게 있지 않기 때문이다. 이러한 자유의 '임의성'을 사회적 갈등이 발생하는 사례들에서 늘 목격할 수 있다.

지난 2017년 10월 20일, 언론은 신고리 원자력발전소 5·6호기 공론화위원회의 성과를 일제히 보도하면서 시민의 직접 참여와 소통에 의한 진정한 민주주의를 목격했다며 극찬했다. 한국에서 원전 문제는 에너지 문제에만 국한된 것이 아닌 첨예한 정치·경제적 이슈이다. 문재인 전 대통령은 재임 기간에 신고리 원자력발전소 5·6호기 건설 중단을 약속했지만, 정부가 일방적으로 이를 추진하면 엄청난 정치적 부담을 가질 수밖에 없었다. 사실 정부와 정치권이 어떤 결정을 하더라도 그로 인한 사회적 갈등은 악화될 수밖에 없었다. 이에 정부와 여당은 이 문제를 기존 정치권과 전문가 집단에 맡기지 않고 일반 시민이 직접 결정할 수 있게 '공론화위원회'를 조직하여 이에 일임하기로 하였다. 일반 시민 471명으로 구성된 신고리 원자력발전소 5·6호기 공론화위원회는 2017년 7월부터 10월까지 3개월간 토론과 숙의를 진행하면서 사회적 합의를 도출하기 위하여 노력했다. 그 결과는 대성공이었다. 공론화위원회의 논의 과정에서 시민들은 매우 드문, 실질적인 의사 표현의 자유라는 것이 어떠한 사회적 의미가 있을 수 있는지를 경험하였다. 시민들은 정치와 전문가에 의해 대리되지 않고도 사회적 공론 과정에서 자신을 스스로 대표할 수 있으며, 다른 시민들과 직접 대면하면서 토론해도 민감하고 복잡한 문제들의 내용과 성격, 그리고 의미를 심도 있게 이해하고 이를 공유하며 각자의 개별적 의견을 '발전' 및 '고양'하고 '의제화'시킬 수 있음을 체험했다. 논의 결과는 놀랍게도 여·야와 보수와 진보 언론 모두 거부할 수 없는 합리적인 결정으로 이어졌으며 사회는 공론화에 참여한 시민들을 "471명의 현자"라고 칭송하기까지 했다. 공론화위원회는 최종적으로 신고리 5·6호기 건설을 재개할 것을 권고하면서, 동시에 원자력발전을 축소하는 에너지정책을 추진할 것을 권고했다. 그리고 보완 조치로 원전의 안전 기준 강화, 신재생에너지 비중 증가 및 사용 후 핵연료 해결방안 마련 등도 추가로 제안했다. 이러한 권고와 제안은 누구도 부정하거나 거부하기 어려운 합리성과 타당성을 갖추고 있었을 뿐만 아니라 시민의 표현의 자유가 실질적으로 실현되었다는 점에서 법 제도적 정당성까지 충족시켰다. 시민의 표현의 자유가 주권에 의한 민주주의의 기초임을 확인시켜준 것이다.

"평소 대한민국의 시민의식이 낮다고 생각했는데 이번 토론을 하면서 잘못 생각했었다는 것을 알게 되었고, 시민으로 자부심을 느꼈습니다."
"나 한 사람의 의견과 선택이 나라의 미래를 결정한다는 것에 책임감을 느꼈고 공론화 과정의 토론방식에 많은 걸 배웠습니다. 다른 토론회에 나가도 이런 자세와 태도를 적용해볼까 합니다."
"공통의 결과를 도출해야 하는 것이 아니라 다른 사람의 의견을 듣고 토의하며 학습하고 숙의할 수 있는 경험을 가져본 것과 중요한 국가정책을 시민이 직접 참여하여 결정한다는 것에 대한 자부심을 느낍니다."
(신고리 5·6호기 공론화 시민참여형조사 보고서 중, p. 35)

공론화위원회에서 시민들의 자유로운 의사 표현은 다른 시민에 대한 신뢰, 시민의식, 토론과 숙의 등 합리적 소통에 대한 인식까지 고양시키고 있음을 보여준다. 공적인 공간에서 시민들이 다른 시민과 표현을 상호 교류하면서 진정한 시민들의 자유가 확장될 수 있다는 사실이 확인된다.

하지만, 그럼에도 불구하고 공론화위원회는 정치적인 결단에 의한 임의적인 소통 공간이었을 뿐임이 드러났다. 정치권력에 의해 예외적으로 열린 소통의 자유이자 한시적으로 '허용'된 자유일 뿐이었다. 임의적이고 한시적인 자유의 공간의 한계는 정치적 권력에 의해 분명히 드러났다. 윤석열정부는 친원전 정책을 국정 과제에 포함하면서 공론화위원회에서 권고하고 제안한 사항들을 무시하고, 원전 정책을 확대하고 있다. 일부 진보 언론을 제외한 다수 보수 언론 역시 원전 산업과 정치권력과 연대하여 탈원전 정책의 부작용을 공격하고 친원전 정책을 지지하고 있다. 이 과정에서 471명의 현자의 숙의 기억과 경험은 무시되고 흔적도 없이 소멸되었다. 시민의 표현의 자유는 정치-언론-원전 권력 구조 앞에서는 무용지물임이 드러났다. 오히려 친원전 정책의 부활 과정에서 시민들의 의견은 이를 지지하는 여론으로 효과적으로 '동원'됐다. 여론몰이에 표현의 자유가 동원되는 아이러니한 상황에서 시민들은 어떠한 공론화의 공간을 요구하지 않는다. 당연히, 이 과정에서 원전 축소, 원전의 안전 기준 강화, 그리고 신재생에너지 비율 증대와 사용 후 핵연료 처리 방안 마련 등 시민의 표현들은 흔적도 없이 그 자취를 감춰버렸다. 시민의 자유로운 의사 표현과 집단적인 의견들이 정치권력과 이들 권력과 연대한 언론 진영에 의해 일순간에 사라져버린 것이다. 시민의 언론과 표현의 자유가 정치와 언론 권력에 의해 자유롭게 취소되어도 표현의 자유가 억압되었다는 비판은 들리지 않는다.

공론화위원회의 사례는 시민의 언론과 표현의 자유가 '임의적'이고 '일시적'인 상태, 즉, 자유가 침해된 상태임을 증거하고 있다. 헌법에 명시적으로 선포된 언론과 표현의 자유는 모든 시민의 언표가 검열받지 않고 금지되지 않아야 함을 명확히 하고 있다. 그럼에도 불구하고 시민의 삶에 매우 중차대한 이슈와 문제에 대해서 시민들은 의견을 표명하고 공유하며 사회적으로 승인되는 공론화 과정에서 배제되어 있거나, 공론화위원회처럼 매우 예외적으로, 한시적으로, 우연히 초대될 뿐이다. 개인의 행복을 위한 기본적 조건을 결정짓는 문제에 있어서 시민에겐 표현의 자유가 있다고 선언되었지만, 실제로는 언론과 표현의 기회를 요구하거나 주어진 기회를 통해 의견을 사회화하는 과정 및 그것의 의미를 확정하고 통제할 수 있는 표현의 자유는 주어져 있지 않다. 그들의 자유가 굳이 검열되거나 금지되지 않더라도 표현의 자유는 침해된 상태이며 이마저도 언제든지 취소되고 박탈되는 조건에 처해 있다. 그런데도 헌법에서는 이러한 시민의 언론과 표현의 불평등한 권력 상태를 전제하고 있지 않다. 시민들의 소통과정에서 이것이 어떻게 구현될 수 있는지에 대한 고려는 없다. 선언적인 수준에서 평등한 표현의 자유를 보장하고 있다. 불평등한 권력 상태를 견제하고 조정하기 위한 개입적 조치가 없는 자유 선언은 법 앞의 불평등을 묵인하는 것과 유사한 효과를 낳는다. 공론화위원회라는 소중한 시민의 소통 공간도 사실은 임의적이고 예외적으로 조직된 것이다. 정치적 갈등을 우회하기 위해 일시적으로 평등한 자유로운 표현의 기회를 '허용'한 것이지 상시적 제도로서 조직되지 않았다. 이처럼 시민의 언론과 표현의 자유 상태는 기존의 정치와 언론 권력에 의해 언제든지 취소될 수 있는 불안정하며 임의적이고 예외적이라고 할 수 있다.

시민들의 표현의 자유의 침해 상태를 확인할 수 있는 시기는 권력 구조가 변화하는 때이다. 시민의 자유와 권리가 시민의 주권이 아니라 권력 구조에 의존적인 상태임이 이 시기에 드러나기 때문이다. 특히 언론과 미디어와 관련하여 정권이 교체될 때마다 우리는 시민의 언론과 표현의 자유가 시민들의 수중에 있지 않음을 확인할 수 있다. 예를 들면, 공영방송 KBS는 정치권력의 영향력을 축소하고 시민들의 공영방송에 대한 권리를 보장하기 위하여 대표 선임 과정에 시민들의 직접 참여를 확대하고자 했다. 이를 위해 KBS는 사장 후보자를 공모하여 이사회에서 1차 서류 평가를 진행하고 결격 사항이 없을 경우 '국민평가단'을 대상으로 공개설명회를 가졌다. 공개설명회는 200여 명의 시민참여단이 함께한 가운데 후보자들의 비전 발표를 듣고 질의응답과 시민 간 분임토의를 거쳐 후보자를 평가하는 과정을 가졌다. 시민들의 평가는 후보자 평가 점수의 40%를 차지하며 공영방송의 대표를 선임하는 과정에 중요한 평가 지표가 되었다. 단순히 평가 기준을 제시하는 것을 넘어서, 이 참여 과정을 통해 공영방송으로서의 KBS의 역할이 무엇이 되어야 하며, 이를 위해 어떠한 조직이 되어야 하는지 등을 고민할 수 있는 드문 기회를 제공했고, 참여 시민들은 동료 시민이 공영방송에 대해 어떤 의견을 가졌는지를 파악하고 이해할 수 있었다. 즉, 시민의 참여 공간은 단순히 공영방송의 대표를 시민들이 직접 선출하는 데 이바지할 뿐만 아니라 공영방송이라는 사회의 핵심적인 언론 기관에 대한 인식을 고양할 수 있게 했다. 개별 시민의 표현들이 다른 개인들과 만나고 그 과정이 사회적으로 승인되며 표현의 경합 과정이 사회적 의사 결정 과정과 연계될 때, 비로소 표현의 자유가 민주주의 가치 고양과 주권

실현을 가능하게 하는 것이다.

하지만 문재인정부에서 보수 야당인 윤석열정부로 정권이 이양되면서 KBS, TBS, MBC 등 모든 공영방송의 대표 체제에 대한 정당성이 부정되고 강압적인 대표 교체를 통해 언론과 미디어를 정치권력하에 두고자 하는 시도가 계속되고 있다. 보수 성향 단체와 노조의 국민감사 청구를 받아들인 감사원은 사장과 KBS 이사진을 대상으로 감사를 진행하면서 그러한 언론 장악 의도를 정당화하고, TBS에 대해서는 언론의 공정성을 문제 삼으면서 대표 사퇴를 요구하고 TBS에 대한 예산을 삭감했다. 이를 위해 보수 집권 여당이 장악한 서울시 의회는 미디어재단 TBS 지원의 근거인 지원 조례를 폐지하였다. 이처럼 국가와 정부 권력이 공영방송의 대표 체제를 폭력적으로 흔들고 관련 제도를 무력화하는 과정에도 시민들은 무기력하게 사태를 지켜볼 수밖에 없는 상황이다. 공영방송은 시민의 것이라는 사실과 공영방송의 대표 선출 과정에서 시민들의 참여가 있었다는 사실은 아무런 문제가 되지 않는다. 시민이 개입하여 합법적으로 선출된 공영방송의 대표가 정권의 언론 장악 의도에 의해 너무도 쉽게 무력화된다. 공영방송과 같은 미디어는 시민의 언론과 표현의 자유를 보호해야 하는 공적 책무를 가진다. 그러한 공영방송의 운영과 지배구조를 결정하는 과정에서 시민의 표현의 자유는 허용되지 않거나 허용되더라도 임의적이고 예외적이며 한시적일 뿐이다. 원자력발전소와 같은 사회적 의제를 결정하는 과정도 마찬가지였다. 환경권이라는 기본권과 직결된 제도를 결정하기 위해 시민의 표현의 권리는 시민이 아니라 기존의 정치와 언론 및 자본 권력에 있어 보인다. 기존의 권력이 시민의 참여와 의사 표현을 통해 결정한 지배 구조를 쉽사리 무력화시킬 수 있지만, 시민들은 이를 거부하고자 하더라도 거부할 표현의 자유만 있지 이 표현을 다른 시민과 공유하고, 사회적으로 승인받고, 공적 대안을 만들 권리는 갖지 못한다. 시민의 언론과 표현의 자유는 기존의 정치와 언론 권력에 의해 언제든지 취소될 수 있으며 상시적으로 대리되고, 마음대로 동원되며 예외적으로 승인되는, 자유의 상태가 매우 무기력하다고 할 수 있다.

방치되고 고립된 개인들의 표현의 자유

전 세계적으로 사회경제적 불평등 및 이의 양극화 현상이 악화되고 있다. 신자유주의 노동과 금융 정책이 자본가와 부자들에게만 유리하고 노동자와 가난한 이들을 차별하기 때문이다. 그런데, OECD 국가 중에서도 우리나라는 불평등 문제가 가장 심각하다. 2020년을 기준으로 빈곤율은 미국 다음으로 가장 높고, 성별 임금 격차는 OECD국 중에서 가장 크며, 사회적 갈등 지수는 멕시코와 이스라엘 다음인 3위로 나타났다. 그리고 이러한 사회경제적 소외와 불평등은 지난 30여 년간 지속적으로 악화되고 있으며 앞으로도 개선될 가능성은 희박해 보인다. 불평등과 양극화, 그리고 사회적 갈등이 신자유주의를 경제사회 정책으로 수용한 나라 중에서도 더 심각하다는 사실은 무엇을 의미하는가?

언론과 표현의 자유는 기본권을 위한 기본권이라는 사회적 권리의 성격을 가진다. 평등권, 자유권, 참정권, 청구권 등 기본적 권리가 실현되기 위해서는 이러한 권리가 침해되었을 때 부당함을 알리고 시정을 요구하는 공론화 과정이 필수적이기 때문이다. 만약 개인의 언론과 표현의 자유가 금지되거나 상시로 침해되고 제한된다면 법이 규정한 기본권의 보호와 증진도 침해될 수 있다. 바로 한국 사회에서 사회경제적 소외와 불평등이 다른 국가들보다 악화되는 이유는 이 기본권을 위한 기본권이라고 할 수 있는 언론과 표현의 자유의 심각한 침해 상태와 관련이 있을 수 있다.

실제로 한국 시민의 언론에 대한 신뢰도는 OECD국 중에서 최하위권이다. 언론이 시민의 자유를 보호하고 증진할 수 있는 믿을 만한 제도가 아니라고 믿고 있으며 오히려 이를 위협한다는 우려를 하고 있다. 더욱 심각한 것은 한국 시민들의 다른 동료 시민에 대한 신뢰도도 마찬가지로 OECD 국가 중에서 가장 낮다는 것이다. 언론과 다른 시민들의 의견과 주장 등을 믿지 못하는 사회에서 표현의 자유가 있다는 것은 무슨 의미인가? 언론과 다른 시민들이 노동과 인권의 평등성을 부정하고 능력주의와 시장주의를 주요하게 옹호하는 표현만이 사회적으로 승인되고 공유되며, 이에 반하는 개인과 공동체의 표현들은 배제되고 비난받으며 수용되지 못한다면, 표현의 자유가 모두에게 평등하게 배분되어 있다고 할 수 있는가? 소외된 시민이 다른 시민들을 만나 자신의 불평등과 비참함을 자유롭게 표현하고 공유하지 못한다면 표현의 자유는 어떤 의미가 있을까?

언론에 대한 불신은 단순히 언론을 신뢰하지 못하는 것이 아니라 언론이 그들의 자유에 위협이 된다고 인식하는 것일 수 있다. 시민들이 소외와 불평등에 처해 있더라도 언론은 이를 외면하거나 문제의 본질을 왜곡할 가능성이 크다고 믿는 것이다. 언론과 표현의 '자유'는 시민에게 결코 해방적인 권리가 아니라고 인식하고 오히려 개인과 공동체의 자유를 억압하고 배제시키는 '반자유'의 조건으로 인식하고 있을 가능성이 크다. 이 상황에서 매체 환경이 다양화되어 포괄적인 '표현의 자유'가 커진다고 해서 언론과 표현의 자유가 확대 보장된다고 할 수 있는가? 절대 그렇지 않다. 사실, 그러한 범주의 확대는 오히려 기존의 한계적 자유 상태를 재생산하는 것일 뿐이다. 다른 기본권을 실현할 수 있는 계기로서 언론과 표현의 자유가 되기 위해서는 실제 개인과 공동체의 소외와 불평등의 상태에 대한 이해와 그러한 억압적 상태를 만드는 소통 관계의 변화를 견인할 근본적인 언론과 표현의 자유 관념의 변화가 필요하다.

심각한 사회경제적 소외와 불평등 양상은 언론과 표현의 자유의 취약성과 무관하지 않다. 후자가 원인이라고 하기는 어렵지만, 전자와 매우 높은 상관관계가 있다(채영길, 2020). 우리가 통상적으로 일컫는 소외와 불평등의 문제들은 실제로는 우리의 상상 너머에 있는 무지의 영역이다. 우리에게 알려진 다른 개인과 공동체의 소외와 불평등은 극히 일부이다. 우리가 알고 있다고 믿는 것들도 파편적이거나 관념적인 수준일 가능성이 크다. 나와 나의 공동체들은 다른 시민과 그들의 소외와 불평등의 구체적 불행을 들을 기회가 거의 없으며 어쩌면, 그들은 자신들의 소외를 말할 방법과 수단도 알지 못할 가능성이 있다. 그럼에도 불구하고 우리는 마치 세상의 많은 소외를 인지하고 그 원인을 알고 있다는 듯이 그것들에 대해 종종 매우 단호한 의견들을 표명하곤 한다. 예를 들면 청소년 문제와 관련해서 우리는 각자 청소년들이 겪고 있는 소외와 불평등에 대한 전문가인 것처럼 청소년에 대해 진단하고 문제들을 나열하며 해법을 제시하고자 한다. 하지만, 청소년 소외와 불평등만 보더라도 소득, 연령, 성, 출생 또는 거주 지역, 거주 형태, 직종, 학력 수준, 부모 존속 여부, 부모 경제 및 학력 수준, 가족관계, 신체 또는 정신적 장애 여부와 정도, 이념과 가치의 차이 등 사회경제적 조건에 따라 그 양상이 무수히 달라진다. 여기에 더하여 개인과 공동체마다 겪게 되는 개별적 상황 또는 우연적 상황(사건, 사고, 편견, 트라우마 등)까지 중첩되면 청소년의 소외와 불평등의 종류와 정도를 일반화하는 것은 거의 불가능하다. 일반적인 소외는 결국 특정 개인과 공동체의 소외를 부차적인 것으로 만든다. 소외와 불평등을 일반화하려는 시도는 효율적 통제와 관리를 목적으로 할 수는 있지만, 이는 결코 소외와 불평등을 대하는 절대적이고 유일한 방식이 아니며, 오히려 경계해야 할 방식이다. 모든 개인과 공동체는 자신의 소외에 개별적으로 반응하며 내재화하면서 삶을 살아가기 때문이다. 우리 사회에서 소외되고 차별받는 이들이 누구인지도 모르며, 그들이 겪는 소외와 불평등의 내용도 알려지지 않았다. 그럼에도 불구하고 우리는 그들도 표현의 자유가 있다며 주어진 다양한 표현의 수단들을 통해 나와 이웃에게 그들의 비참을 드러낼 것을 기대한다. 하지만 이는 비현실적일 뿐만 아니라 오히려 소외와 불평등을 방치하고 심화시킨다. 예를 들면, 우리는 다른 나라들보다 압도적으로 높은 청소년 자살률에 대해서 걱정하고 있지만, 그들이 생을 포기하려고 하는 수만 가지 고통을 제대로 알 방도도 없으며 안다고 하더라도 이에 대해 공감할 수 있는 소통의 조건을 갖추고 있지도 않다. 청소년의 정신질환 범죄를 기사로 보도하거나 재판에서 판결하더라도 이들 정신질환자에 대한 우리의 이해는 매우 피상적이며, 심지어 중범죄자에 대해서는 정신질환 자체를 부정하는 편견에 갇혀 있으면서도 이 문제를 예외적으로 처분하고 당사자와 그 가족의 문제로 치부한다. 소년원이나 교도소 경험이 없으면서도, 부모 없이 보육원에서 살아본 경험은 고사하고, 소년부 아이들의 목소리를 직접 들어본 적도 없는 대다수 시민은 엄중한 목소리로 '촉법소년'에 대한 사법부의 강력한 처벌을 요구한다. 우리가 매일 만나는 동네 편의점이나 식당에서 일하는 청년들에 대한 노동 착취가 일상화되어 있어도 우리는 이를 모른다. 이들 청소년은 그들의 노동 소외 문제에 대해 다른 시민들과 공유할 수 없으며 사회 어디에도 호소하고 표현할 곳이 없음을 본능적으로 직감하며 오로지 그들만의 온라인 공동체에 의지하며 착취를 감내해 나간다(그리고 그곳에서만 표현의 자유를 만끽하곤 한다). 이러한 폐쇄적이고 단절된 표현의 자유는 자유가 억압된 상태를 증명할 뿐이다.

또한, 우리는 너무나 다양한 방식으로 착취하는 건설 현장에서 이를 어쩔 수 없이 받아들여야 하는 청년 건설 노동자들의 고충을 모르며, 불법파견 제도를 우회하는 기상천외한 편법 고용도 감내해야 하는 상황들에 대해서도 알지 못한다. 사실 시민 대부분은 이렇게 만연한 타인들의 불평등과 차별들에 대해 그다지 궁금해하지 않는다. 우리는 소외와 불평등의 기준을 도시 중산층의 정상적인 청소년과 대학생들이 경험할 만한 사례들에서 찾고 문제의 원인과 해법을 제시하는 데 익숙하다. 그렇기에 "오늘도 도서관과 학원, 아르바이트 일터를 분주히 뛰어다닐 청년들은 어디에도 털어놓을 수 없던 이야기"와 "이런 거 정말 잘못된 거 맞죠? 그런데 왜, 어느 누구도 우리에게 사과하지 않는 거죠?"라며 좌절하는 이야기를 예외적으로 접할 뿐이다.(최은숙, 2022)

대다수 소외와 불평등에 처한 개인들은 이웃으로부터, 그들이 속한 공동체로부터, 그리고 사회로부터 '단절'되어 있으며 오로지 언론이나 사회단체 등을 통해 예외적으로 드러난다. 사실 잠재적으로 모든 시민은 표현할 자유는 있지만 그들이 처한 불평등과 차별과 배제의 문제들을 다른 시민들과 공유하고 논의하며 대안을 찾을 수 있는 일련의 소통과정으로부터 소외되어 있다. 사회경제적 소외는 소통의 소외의 결과이다. 특정 개인이나 공동체의 소외와 불평등은 그들의 목소리로 '대신'하는 사회적 영향력, 혹은 표현의 영향력이 있는 누군가가 개입할 경우에만 우리에게 알려진다. 개인이나 공동체는 그러한 '자유'는 있으나 적절한 수단과 방식을 갖지 못하고 있다.

설사 기존의 언론과 특정 단체가 그러한 소외와 불평등을 정확히 사회에 전달하더라도 대부분은 '선택적'이며 '사후적'이고 '일시적'이다. 누군가 다치거나 죽거나 고통을 받은 후에야 비로소 그 소외와 불평등은 실체를 가지는 경우가 대부분이다. 그리고 그 고통과 죽음마저도 선택적이고 임의적이다. 결코 자살 이전에, 빈곤으로 내몰리기 이전에, 사고나 사건이 발생하기 이전에는 소외와 불평등은 우리에게 알려지지 않는다. 왜 사전에, 당사자나 동료 시민들이, 상시적으로 개인들의 소외와 불평등을 드러내고 공유하며 사회적으로 논의할 수 있는 과정을 조직할 수 없는 것일까?

언론과 표현의 자유가 실질적으로 시민의 기본권을 향유할 수 있게 하기 위해서는 시민의 기본적 자유와 권리에 영향을 미치는 주요한 공론의 제도와 조직 및 단체에 참여하여 의사 결정 과정에 개입할 수 있어야 한다. 이때 모든 시민은 참여에 있어서, 의사 결정 권한에 있어서 평등한 기회를 부여받아야 한다. 주류 언론과 미디어도 취재와 보도 및 편집, 기획 과정에서 시민의 목소리를 직접 '개입'시킬 수 있어야 하며 시민의 의견을 다른 시민들과 함께 논의할 기회가 매체 안에 주어지도록 노력해야 한다. 자신의 노동과 인권의 문제를 결정하는 조직과 제도에 일반 시민들이 참여하여 자신들의 의견을 표현할 자유는 결코 전문가와 지식인에 의해 대리되지 않아야 한다. 시민들은 언론과 각종 사회적 제도와 기구들에 참여하면서 매개되지 않은 상호주관적Unmediated Intersubjective 소통 구조를 가질 권리가 필요하다. 그 소통의 구조에서 표현의 자유를 실현하며 시민들의 소외와 불평등의 계기들을 발견하고 공유하며 현실에 대한 공통의 해석적 공간을 창출해낼 기회를 생성할 수 있는 권리가 필요하다. 개인의 표현의 자유가 아니라 개인과 다른 개인이 소통할 자유의 공간이 필요하다. 단순히 의견을 표명하는 상징적 권리가 아니라 그 공간에서 공통의 의제를 만들어 사회적으로 승인될 수 있는 실질적 권리의 공간이 필요하다.

불평등한 표현의 자유

자유가 침해된다는 것은 어떤 의미인가? 침해란 침범하여 해를 입히는 행위를 의미하기에 자유가 침해된다는 것은 나의 자유가 외부의 작용으로 인해 제한되어 유형, 무형의 피해를 본다는 것이다. 헌법에서는 언론과 표현의 자유와 관련하여 "타인의 명예나 권리 또는 공중도덕이나 사회윤리를 침해"하지 않아야 한다는 침해 금지 규정을 둠으로써 자유의 허용 범위를 명시적으로 밝히고 있다. 자유의 경계선을 명예, 권리, 공중도덕, 사회윤리로 구성하여 이 선을 기준으로 나의 자유 영역이 축소되거나 훼손 또는 소멸할 때 침해로 간주하여 이를 유발하는 행위를 기본적으로 금지한다는 것이다. 우리는 이러한 자유와 침해의 논리에서 영토적 관념을 발견할 수 있다. 자유라는 영토는 천부인권으로서 나에게 고유하게 배분된 침범될 수 없는 영지이기 때문에 나의 자유의 땅을 훼손하거나 무단으로 이용하려고 할 경우 나의 자유를 '침해'하는 것으로 간주한다. 자유라는 영토의 지리적 관념은 자유의 침범 불가능성을 반영하며 시민 모두가 사회에서 동일한 크기의 권리의 영지를 갖는 평등한 사회의 이념을 투영할 수 있게 한다. 다만, 이 관념은 근대의 영토적 관념으로 200년도 더 오래된 낡은 정신의 잔류물일 뿐이다. 오늘날 불평등이 제도적으로 재생산되고 시장과 자본 및 언론의 권력이 비대하며 미디어가 기술이 고도화된 사회에서 이러한 자유의 영토적 관념은 오히려 자유를 위협한다.

영토적 관념에 의해 헌법에서 표현의 자유는 모든 개인은 동일한 크기의 표현의 자유 영지를 소유하고 있다. 하지만, 이는 거짓이다. 자유라는 영토를 평등하게 배분만 하면, 다른 영주들로부터의 침해 가능성만 차단하면, 모두가 자유를 향유할 수 있다는 기대는 허구적일 뿐만 아니라 개인의 자유와 권리를 침해한다는 사실을 인정해야 한다. 헌법이 분배한 자유의 영토 크기는 동일하다. 하지만 현실에서 그 영토를 에워싸고 있는 성의 견고함, 가용 자원의 종류, 양, 그리고 그러한 것들의 생산 양태는 불균등하게 배분되어 있다. 표현의 자유가 평등하게 배분되어 있다는 허구적인 자유 관념이 실현되려면, 그 영토의 경계도 분명해야 하지만, 자신의 영토의 안전성과 영토 내 생산 가능한 잉여적 자원들 역시 평등하게 배분될 때에만 가능하다. 영토가 외부의 침범으로부터 더 높고 견고한 성을 구축한 영주는 그렇지 못한 이웃의 영주보다 더 안전하게 자신의 명예와 관계와 소유물을 지켜낼 수 있다. 자신의 영토 내에 더 많은 표현의 자원과 더 효과적인 표현의 역량을 확보한 영주는 자신의 명예와 관계와 소유물의 보호와 증식을 다른 영주보다 더 쉽게 재생산할 수 있다. 어떤 영주들은 이러한 자유의 실질적인 영향력을 이용해 다른 영주들과 연대하여 영토의 실질적인 확장을 하기도 한다. 이 과정에서 열악한 개별 영주들의 표현의 자유는 침해되지 않더라도 위축되거나 아무런 표현의 영향력도 갖지 못하는 무기력한 자유 상태에 놓이게 된다. 자유가 평등하게 배분되어 있다는 선언은 자유를 적극적으로 보호하기 위한 최소한의 조건이 아니라 불평등한 자유를 조장하는 효과적인 조건이다. 분명히 사회경제적으로 소외된 개인과 공동체의 언론과 표현의 자유는 보장되어 있지만 일상적으로 침해되어 그들의 명예와 권리가 상시적으로 훼손되며 공중도덕을 타락시켜도 침묵을 강요받는다.

점검 방문을 했는데 고객이 알몸으로 성큼 다가와서 너무 놀라 몸이 굳어버린 적이 있다고 전했다. 집에 들어오지 말라며 욕설과 함께 손을 휘두르는 고객도 겪었다고 했다. 계량기가 높은 곳에 있거나 담장 안에 있어 난간에 매달리거나 비좁은 틈에 들어가야 하는 업무의 특성상 일하다가 다치는 것도 빈번하지만 누구도 책임지지 않는다. 담을 넘다가 떨어져 산업재해를 신청했던 동료 점검원은 재계약을 하지 못했다. 지숙 씨는 농담처럼 말했다. "우리는 일하면서 개한테 세 번은 물려야 '가스밥' 먹는다고 해요."(남보라·박주희·전혼잎, 2021, p. 201)

오늘날 거의 모든 산업과 업종에 있는 파견 및 특수 고용직 노동자들과 마찬가지로 계량기 점검원은 하청노동자로서 임금뿐만 아니라 노동 현장에서 개인의 안전과 명예 및 존엄을 제대로 보호받지 못하고 있다. 노동 현장은 성추행과 신체적 위협으로부터 취약하지만 "누구도 책임지지 않는다." 그리고 "개한테 세 번은 물리는" 피해를 각오하지 않으면 안 되는, 즉, 자신의 자유를 '충분히' 침해받을 때까지 견뎌내지 않으면 업무에 적응하기 어려운 삶을 살아내고 있다. 이들에게는 표현의 자유가 있지만, 이들의 자유는 표현되지 못하고 억압되어 있다. 이들의 자유가 침해되는 상황은 그들의 '자유 영토' 밖으로 거의 알려지지 않거나 일부 보도를 통해 알려지더라도 다른 이들은 개별적으로 이를 접할 뿐이며(그것도 선별적으로), 전달되더라도 그 효과는 항상 사후적·일시적·임의적일 뿐이다. 하지만, 이들을 고용하거나 그 고용주들과 사회경제적으로 연대하고 있는 이들의 언론과 표현의 자유는 그 크기와 영향력이 더 크고 웅장하다. 그렇기 때문에 착취적인 파견 노동제도, 즉, 하청과 재하청의 중간 착취 노동제도를 옹호하는 주장들이 오히려 더 넓게 알려지고 더 효과적으로 제도가 오히려 강화된다. 사회경제적 불평등은 불평등한 언론과 표현의 자유를 필요로 하는 이유가 여기에 있다.

　언론과 미디어에 있어서 이들의 표현 여부와 방식 및 영향력은 지식, 심리 및 의식과 같이 상징적인 것들과 관계되어 있어서 사회적으로 승인되고 권위 있는 자들의 주장과 의견은 그렇지 못한 이들의 믿음과 가치와 행동에 직접적인 영향을 준다. 즉, 영토의 침범이 없어도 약한 영주는 강한 영주의 통제를 받을 수 있다. 심지어는 착취 현실에 무지하거나 인내하며 고통을 자연스럽게 수용할 수도 있다. 심지어는 계량기 점검원도 그들만의 표현의 자유 영지가 있다는 사실 자체에 놀랄 수도 있다. 왜냐하면 극소수만이 그들의 언론과 표현의 자유 영토를 실제로 본 적이 있거나 있다는 사실을 기억하고 있기 때문이다. 개에게 세 번 물리더라도 거의 알려지지 않는 그들의 언론자유 상태를 곁에서 목격한 이웃 영주들이 어떻게 이들이 언론과 표현의 자유 영토를 소유하고 있다고 생각할 수 있겠는가? 인내와 자포자기를 내면화하고 있는 영주들에게는 영토는 자유의 증거가 아니라 상실의 현실이기 때문이다. 단순히 언론과 표현의 자유가 모두에게 있다는 선언만으로는 부족하다. 오히려 그러한 선포는 풍요로운 자유의 영토의 그림자와 영향력에 의해 침해된 언론과 표현의 자유 영토의 침해를 승인하는 것처럼 보인다. 자유의 영토적 관념이 근본적으로 변화되어야 한다. 자유의 보호와 실현을 가능하게 하는 자원의 차등적인 배분을 통해 평등한 자유 영토를 시민 개인 스스로 보호하고 그것의 (재)생산을 증진하는 수단을 국가는 제공해야 한다. 사회경제적으로 소외된 이들의 자유를 위축시키고 소멸시키는 불평등한 소통 자원의 분배 상태를 극복하고 평등한 소통 구조를 구축하기 위한 소통 자원의 재분배적 조치가 필요하다.

표현의 자유에 대한 개념적인 한계로 인해 언론과 표현의 자유와 관련된 하위 법률들은 시민들의 소외와 배제를 정당화하는 데 오히려 이용된다. 예를 들면, 신문법과 방송법에 따라 각각 설치되는 신문사의 독자위원회와 방송사의 시청자위원회는 대표적으로 시민의 언론과 표현의 자유를 통한 독자 권익과 시청자 권익을 실현하고자 하는 제도들이다. 독자위원회는 2005년 신문 등의 자유와 기능 보장에 관한 법률(이하 신문법) 제6조에 의거, "신문사업자·인터넷신문사업자 및 인터넷 뉴스 서비스 사업자는 '독자의 권리 보호'를 위해 편집 또는 제작의 기본방침이 독자의 이익에 충실하도록 노력할 것과 독자 권익을 보호하기 위해 독자권익위원회를 둘 수 있다고 명시적으로 규정하고 있다. 이에 따라 전국 중앙지를 중심으로 하는 주요 신문사들은 일반적으로 한 달에 한 번 독자위원회를 열고 지면과 콘텐츠를 평가하거나 보도의 품질을 높이기 위한 의견들을 전달한다. 시청자위원회도 독자위원회와 마찬가지로 법률로 규정된 시청자 권익을 국가 기관 대신 방송사가 대리하여 보호하는 자율적 기구의 성격을 가진다. 시청자위원회는 방송법 87조에 따라 종합편성 방송사업자, 보도전문편성 방송사업자, 상품소개와 판매에 관한 전문편성을 행하는 방송사업자가 설치하고 방송편성, 방송사업자의 자체 심의 규정 및 방송프로그램에 관한 의견 제시 또는 시정 요구를 할 수 있으며, 시청자평가원의 선임과 기타 시청자의 권익 보호와 침해구제에 관한 업무를 수행할 것을 명확히 적시하고 있다.

그런데 이 독자위원회와 시청자위원회는 일반적으로 시민사회단체 등 분야 전문가, 법조인, 학계, 언론인 등으로 구성되며 신문과 방송 매체별로 상이하지만 대체로 해당 매체가 생산하는 뉴스, 프로그램, 콘텐츠를 전문가의 식견으로 비평하고 평가하며 개선책을 제안하는 경우가 일반적이다. 거의 모든 영향력 있는 언론과 미디어의 독자위원회와 시청자위원회는 명망 인사와 전문가들이 독자들과 시청자들을 대표하여 시민들의 권익들을 대변하게 된다. 일부 언론의 경우는 정치인과 기업 대표들이 위원으로 활동하기도 한다. 물론 이들의 참여를 배제할 필요는 없지만, 문제는 일반시민, 특히 소외된 시민들은 위원회에서 거의 찾아볼 수 없다는 것이다. 물론, 언론과 미디어들이 의도적으로 일반 시민들, 소외된 시민들을 일부러 배제하고자 하는 것은 아닐 것이다. 일부 매체들은 시민 위원을 공개 모집하여 일반인들에게도 참여 기회를 제공하기도 한다. 그러나 이미 시민들에게 있어 이러한 위원회는 그들의 자유의 영토 밖에 있는 영역이 된 지 오래이며 설령 그곳에 들어가기 위한 시도를 한다고 하더라도 선임의 결정권은 결국 전문가들에게 있다. 선임 과정을 통과된다고 하더라도 시민들이 자신들의 일과를 희생하면서 위원회 일정을 맞추기도 쉽지 않으며, 참석이 가능하다고 하더라도 기존의 위원회 운영과 진행방식, 토론과 의결 과정에 쉽게 적응하는 과정 자체도 어려울 것이다. 이처럼 위원회는 시민들에게 닫혀 있는 자유의 영토일 뿐만 아니라 발을 내딛더라도 낯설고 쉽사리 길을 잃을 수 있다. 눈에 보이지 않는 이러한 장벽들을 제거하기 위한 제도적 장치는 존재하지 않는다. 자유를 보장하기 위한 이 제도에서는 이러한 장벽들의 존재 자체를 인정하지 않기 때문이다. 자유로서 자유를 침해하는 제도적 메커니즘이 작동하고 있다고 할 수 있다. 참여의 자유를 보장하지만 시민 개인의 권익을 주장할 수 있는 공간은 명망가와 전문가에 의해 독과점 됨으로써 시민들의 자유는 실질적으로 침해되고 있다. 각종 위원회에 들어가고 의견을 표현하기 위한 수단과 방식이 제한적인 이들이 자유를 의심하고 자유를 허용하는 각종 제도를 불신하는 것은 당연해 보인다.

불행과 소외의 사건·사고 보도와 프로그램들은 항상 사후적·임의적·일시적이다. 하지만, 언론과 미디어 내부에서 이를 극복하기 위한 노력과 대안들도 대부분 형식적이고 일시적일 뿐이다. 상시적인 중간 착취와 위험한 노동 환경에도 불구하고 청년 노동자들은 중대 재해 사고가 났을 때 지면을 통해서 취재 대상으로 등장하지만, 위원회에는 단 한 명의 청년 노동자의 자리도 허락되지 않는다. 다만, 사고 이후, 위원회는 청년 노동자의 죽음에 대한 견실한 보도를 요청하는 것으로 그들의 책무를 완수한다. 독자위원회와 시청자위원회가 대리하는 목소리는 계량기 점검원과 청년노동자의 존엄과 명예를 보호할 수 없으며 죽음을 사전에 방지할 수도 없다. 사전적으로, 상시적으로, 의식적으로 그러한 사고와 사건을 사전에 방지하고 대책을 마련하여 시민들의 권익을 보호할 가능성은 그렇게 제도적으로 박탈된다. 이것이 표현의 자유의 침해 상태가 아니고 무엇일까? 그럼에도 불구하고 언론과 미디어는 명망가와 전문가들의 존재 자체가 위원회의 권위를 나타낼 수 있으며 그들의 양심과 지식 및 경험들이 언론과 미디어들의 전문성과 권위를 보호하고 유지하며 강화할 수 있는데 효과적이라고 주장한다. 굳건하게 세워진 성벽 안에서 풍요로운 자유의 영토를 가진 영주들의 자유만이 재생산되는 것

처럼 보인다. 이처럼 헌법에서 보장하는 모두를 위한 언론과 표현의
자유는 법률과 제도로서 시민들의 자유 영토를 침해하며 그들의 명
예와 권리에 손상을 가하며 자유와 권리도 명망가와 전문가들에 의
해 대리될 수 있다는 타락한 공중도덕과 사회윤리가 만들어진다.

시장이 독점하는 표현의 자유

1987년 헌법 개정으로 국가 등 공권력으로부터 언론과 표현의 자
유는 회복되기 시작했지만, 이때부터 사적private 권력으로부터의 자
유는 점차 위태로워졌다. 권위주의 체제에서 관리되어온 언론 카르
텔은 87년 민주화 이후 개별 언론사 간 경쟁 체제로 분화되면서 본
격적인 매체 경쟁이 시작되었다. 이 언론 시장 경쟁의 신호는 사적
자본과 정치권력을 더 많이 가진 언론들이 더 많은 언론과 표현의
자유와 권리를 가질 수 있음을 알리는 순간이었다. 87년 개정된 현
행 헌법은 언론과 표현의 자유를 '시장이라는 가상의 영토' 속에 귀
속시키면서 언론 시장의 자유로 대체하기 시작하였다. 언론 시장
Market이라는 공간에서 자유에 대한 규제는 시장 자유에 대한 통제
뿐만 아니라 언론과 표현의 자유에 대한 억압이라는 이중적 침해라
는 주장까지 공공연히 나오게 되었다. 언론들 역시 언론 시장에 대
한 규제는 언론 통제라는 담론을 성공적으로 확산시키면서 87년 이
후 지금까지 언론 시장에 대한 체계적인 규제를 모두 좌절시키는 데

성공한다. [그림 1]과 같이 이제는 언론과 국가 그리고 시민이 형성하는 공론장은 시장의 범주에 기반하지 않고서는 상상하기 어려운 상황에 부닥쳐 있다. 이 시장에 의해 구축된 공론장에서 개인의 자유와 권리의 문제 역시, 시장의 논리에 의해 표현된다. 시민은 개별적 소비자나 미디어 이용자로 파편화되고, 언론은 시장 경쟁력과 여론 시장 지배를 유지하는 것에 더 관심이 있으며, 국가는 미디어 산업 경쟁력을 강화하는 정책이 우선시된다. 언론과 표현의 자유 시장에서 시민주권은 소비자 주권으로 타락하고 있다.

비록 언론 시장Market이라는 공간은 법과 제도적으로 모두에게 개방되어 있고 누구나 자유롭게 경쟁할 수 있지만—최근의 개정 헌법에서는 언론사 등록을 위한 시설 규정까지 완화하면서 언론'자유'를 확장하고자 하였다—정치와 자본 그리고 기술적 자원의 불균등한 배분 상태로 인해 이 시장은 불평등할 수밖에 없다. 정치·경제적으로 우월한 영토를 가진 영주는 세습을 통해 이를 영속화하며 다른 정치·경제적으로 유력한 영주들과 연합하면서 언론과 자유의 영토를 실질적으로 확장시킨다. 현재의 언론과 표현의 자유는 시장 내에서의 자유만을 보장하고 확장시키기 때문에 어떠한 자유 확장의 시도도 무력화하고 기존의 우열한 영토 권력의 자유 질서를 유지한다. 시장 내에서 개별 시민들을 위한 표현의 자원 제공과 실효적인 언론의 영향력 제고를 위한 제도는 정치적 후견주의의 우려나 상업적 지속성의 어려움 등을 이유로 충분히 논의되지도 못한다.

언론 시장의 자유가 보호하는 것은 언론 시장에서 스스로 보호할

그림 1 공론장의 시장 중심의 구조화

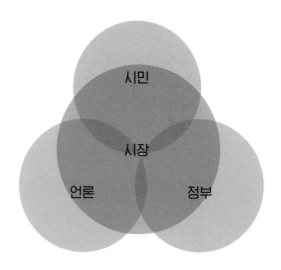

수 있는 언론들일 뿐이다. 언론사에 대한 정부 광고비 지출 과정과 내역은 불투명하게 관리되고 지방 정부의 계도지 예산은 지방 신문의 카르텔을 연명하는 데 활용되지만, 그 예산의 배분 과정은 시민들로부터 가려져 있다. 2009년에는 신문법을 개정해 신문·방송 겸영을 허가하였고, 방송법 개정을 통해서는 신문사와 대기업의 방송사 지분 소유를 가능하게 하였다. 공정거래법은 오로지 "창의적인 기업활동을 조장하고 소비자를 보호함과 아울러 국민경제의 균형있는 발전을 도모"할 뿐, 언론과 표현의 평등한 자유와 여론의 다양성을 보호하며 및 여론 독과점을 금지하는 데 별 소용이 없다. 이제는 노골적으로 시장 활성화와 산업 경쟁력 강화라는 명분으로 통신

산업 자본의 기존 미디어에 대한 인수와 합병을 통해 언론과 표현의 독과점을 허용하고 있다.

이에 따라 새로운 기술과 자본의 등장은 사회의 언론과 표현의 자유에 있어서 대안적인 시민들의 언론들을 위한 가능성이 창출되기보다도 오히려 기존의 독과점 구조를 재생산하는 방식으로 전개된다. 포털 저널리즘은 변화하는 기술 환경과 침체되기 시작한 경영 위기로부터 기존의 주류 언론들을 구해내면서 언론 시장의 독과점 구도를 더욱 고착화하는 데 이바지했다. 하지만 지난 20년간 한국 사회에서 포털은 저널리즘을 포털 '시장'에 종속시킴으로써 언론 공론장이라는 공유지를 황폐화했다. 시민들은 누구나 댓글을 달 수 있는 표현의 자유가 있지만 누구도 언론과 표현의 자유가 확장되거나 보장받고 있다고 인식하지 않는다. 오히려 사회적 자원인 뉴스를 이 기술 자본은 병목화함으로써 소통과 같은 의사 교환의 기회를 구조적으로 불평등하게 만들고 있으며 시민들의 주권은 더욱 악화되고 있다. 포털은 모든 영주들이 아니라 기존의 플레이어들이 담합한 카르텔적 결정에 따라서 누가 병목을 통과할 것인지 자격을 심사하며 그 병목에 들어올 수 있도록 다양한 유인을 제공하고 있다. 이에 따라 이 포털 '시장'에 최적화된 영주들은 포털 내에서 스스로의 발언과 표현의 기회를 더욱 사유화하며 일반 시민들과 공동체는 이를 무기력하게 지켜보거나 기껏해야 험담이나 하는 무기력한 군중의 상태로 남게 된다.

최근에는 SNS 등 다양한 플랫폼 기업들이 복잡한 데이터 기술과 정교한 마케팅 기법을 바탕으로 일반 시민과 공동체들을 자신들의 영토에 가두고 빠져나가지 못하게 한다. 아무런 장애 없이 누구나 선택과 이용을 할 수 있다고 하지만 그들의 이용 기록은 어딘가에 영원히 돌아다니게 되며, 알고리즘에 의해 이용 방식과 선택의 조건들이 결정되는 개방적 폐쇄와 자율적 구속이라는 모순 형용적 상황이 일상적으로 발생한다. 자유가 자유를 통제하는 기술 자본의 시대에 언론과 미디어를 통한 표현의 자유는 위태로운 상태이다. 지난 30년간 언론과 미디어 기술과 자본의 혁명적 확장 속은 명백히 시민들과 공동체의 언론과 표현의 사회적 자유를 급속도로 침해됐다. 헌법과 제도는 이러한 자유의 명백한 침해 상태조차도 인지하지 못하고 있는 듯하다. 언론과 표현의 자유가 시장의 자유로 대체되면서 개인들의 사적·공적 의견의 표현과 공유 및 다른 개인들과의 교환을 통한 민주주의 실현이라는 사회적 자유는 방치되어 정체되거나 후퇴하고 있다. 반면, 시장의 자유에 의한 기존 언론과 미디어의 표현과 주장들은 매우 역동적인 방식으로 확장되면서 자본과 정치와 기술의 독과점을 강화하고 있다. 언론과 표현은 대중의 지식, 인식, 태도에 영향력을 미치는 상징 권력을 주요 특성으로 하기에 특정 영주에게 집중된 이러한 권력은 군소 언론과 미디어 및 일반 시민들이 스스로 선택하고 결정할 지식, 인식, 태도의 자유를 상시적으로 침해하고 있다. 그러함에도 불구하고 시장의 자유만을 보호하는 법과 제도는 소수 영주들의 대중 선동력, 영향의 무차별성, 광범위성, 그리고 현실성을 외면하면서 결과적으로는 사회적 자유의 침해를 방치

하고 있다. 그럼에도 불구하고 현행 헌법뿐만 아니라 이를 개정하고
자 한 2018년 헌법 개정안은 사회적 차원에서 시민들의 언론과 표
현의 자유를 평등하고 실질적으로 재구조화하기 위한 적극적인 자
유의 법개념과 논리를 발명하고 구체화하는 데 실패하고 있다.

소통의 권리

모든 국민은 표현의 자유가 아니라 소통의 권리를 가져야 한다.
소통은 '표현'하는 행위를 넘어서는 상호 작용의 과정으로 구성된
다. 표현은 소통의 행위를 구성하는 행위의 극히 일부이다. 만약 소
통을 축소하여 표현만으로 자유를 규정한다면 이는 주권을 보호하
여야 할 헌법의 목적을 위배하는 것이다. 표현으로서 개인은 자유와
권리를 실현시킬 수 없다. 한국 사회에서는 더욱 그러하다는 사실을
우리는 논의하였다. 소통은 표현들이 상호 교차하는 상호 작용의 과
정이다. 소통과정에서 표현의 자유만을 허용한다면 이는 소통의 불
완전한 자유만을 보장한다는 자유의 결핍을 공식화하는 것과 다르
지 않다. 그런데 현재 우리나라 헌법은 소통의 상호작용적인 본질
을 담아내지 못하고 '표현'의 자유만을 보장하고 있다. 이는 표현의
자유를 무력화시키면서 개인의 표현의 자유까지 침해하게 할 수도
있다. 표현의 자유를 보장하는 헌법 제21조의 핵심적 조항인 1항에
서, "모든 국민의 언론, 출판의 자유와 집회·결사의 자유를 가진다."

라고 하며 이는 결코 침해될 수 없는 기본권으로 확정하고 있다. 그러나 언론이나 출판, 집회와 결사의 자유는 개인의 의견과 주장을 법이 허용하고 있는 미디어와 집회 공간에서 "표현"할 수 있지만 이 표현이 다른 개인에게 노출되어 전달되고 공유될 수 있는 가능성과 방식은 오로지 우연적인 조건 속에 방치하고 있다. 표현하기만 하면 소통이 된다는 무책임한 자유 규정이다. 표현은 하되 소통되지 않아도 된다면 그것은 자유를 보장하는 것이 아니라 자유를 형식화하거나 오히려 자유의 침해를 허용하는 불법적인 소지를 담고 있다. 우리가 앞서 논의하였던 자유의 불평등성, 임의성, 고립성, 대리성, 시장화 등이 일관되게 증명하는 사실은 현재 개인의 표현의 자유는 그러한 자유를 향유할 수 있는 자들의 것이며 그러한 자유를 향유하는 자들이 표현의 자유의 법과 제도를 운용하며 통제한다는 것이다. 즉, 그들의 "표현"이 독점적으로 다른 이들에게 드러나게 방치하고 있으며 그들의 "표현"으로 다른 이들의 표현의 규칙과 방식 및 자격이 결정되는 불평등한 결과를 양상하고 있다.

시민들 간의 소통을 통해 정부의 핵심적인 정책을 결정하는 숙의 과정이 언론과 표현의 자유가 지향하는 민주적 정치 과정이다. 그렇지만 정부는 이 소통의 과정을 무기력하게 하는 데, 일조하고 있다. 현재 개인의 표현의 자유는 검열되거나 금지되지 않더라도 언제든지 취소되고 박탈되는 조건에 처해 있음을 확인하였다. 더 나아가, 표현의 자유가 있지만 소외된 이들의 소외 상태와 조건들은 다른 시민들에게 전달되고 공유될 자유가 없어 우리가 통상적으로 일컫는 소외와 불평등의 문제들은 실제로는 우리의 상상 너머에 있는 무지의 영역으로 남아 있다. 우리에게 알려진 소외와 불평등은 극히 일부이며 그마저도 관념적인 수준일 가능성이 크다. 상호 소통의 기본 조건이 성립되기 힘든 상황이다. 표현은 자유이지만 소통은 제한적이라면 사회적 소외와 불평등의 문제의 성격과 해법은 왜곡될 수밖에 없다. 즉, 본질적인 소외의 문제는 해결되지 않은 채 불평등은 심화되는 것이다.

또한, 표현의 자유가 시장의 자유와 조화롭게 공존할 것이라는 관념도 불평등한 자유의 현실을 외면하고 시민들의 소통 자유를 보장해주지 못한다. 공영방송 체제가 강제로 민영화되어 언론과 표현의 자유가 침해되고 개인의 자유가 위축될 것이 분명하지만, 헌법은 이를 표현의 자유를 '위해' 방치하고 있는 형국이다. 개인의 사적 거래는 무한 보장되고 언론 시장의 자유는 결코 침해될 수 없기에 시장에서 언론이 거래되더라도 시민은 이를 바라만 보아야 한다. 일부 시민이 이를 반대한다고 "표현"하더라도 언론 시장은 침묵하거나 왜곡하게 되면 그 표현은 표현되지 못한 상태나 마찬가지이다. 개인들 간의 소통의 자유를 표현의 자유로 축소시켜 놓은 상태에서 거대 사적 자본이 지배하는 언론의 표현의 자유가 개인의 표현의 자유를 소멸시키는 이 구조의 원인을 해소하는 헌법 개정이 시급하다. 포털과 SNS 등 새로운 미디어 플랫폼이 등장할 때마다 소외와 혐오와 배제의 표현들로 인해 개인의 자유가 침해되는 것은 기술과 이용자들의 편견 탓이 아니다. 미디어 기술의 발전과 초거대 미디어 자본의 결합으로 무한히 확장되는 미디어를 통해 표현의 자유 공간도 무한히 확장되고 있다. 하지만 개인들의 표현이 난무하는 이곳이 개인 간의 소통의 자유로운 공간이라고 주장하는 이는 아무도 없다. 점차 미디어나 기업과 조직 및 단체, 또는 기업화한 이용자들의 '콘텐츠'가 개인들의 표현을 압도하고 있으며 개인들의 혐오와 표현들이 다른 개인들의 표현을 조롱하고 상업적 이익에 유리한 표현들이 알고리즘에 의해 더 증폭되고, 심지어는 자유롭게 표현하는 개인들을 데이터화하여 사적으로 전유 되고 있다. 헌법이 보장하고 있는 개인의 사생활의 비밀과 통신의 비밀 같은 기본적 권리도 침해되고 있다. 증가하고 있는 디지털 미디어들에서의 표현의 자유 공간이 개인들이 자유를 보장해 주고 있다는 증거들은 점차 희미해지고 있다. 이 미디어들에서 시민들은 서로 만나 그들의 소통의 조건, 테크놀로지, 시스템 등의 문제가 무엇인지 결정할 아무런 권리가 주어져 있지 않다. 오로지 그들에게 주어진 미디어에서 표현만 할 자유만 있기에, 표현이 가능한 이들, 표현이 능숙한 이들, 표현을 거대화하고 표현을 증폭시킬 수 있는 이들, 그리고 이 표현을 통해 상업적인 이익과 정치적 이익을 체계적으로 축적할 수 있는 이들의 자유만 재생산된다. 이 미디어에서 개인들이 다른 개인들의 표현들에 대한 인식과 태도를 다른 개인들과 만나 표현하고 공유하여 공동의 표현 공간으로 구성하고 조직할 자유란 존재하지 않는다. 그렇기 때문에, 향후 어떠한 혁신적인 미디어가 나오더라도 개인들의 진정한 자유는 결코 실현되지 못하거나 오히려 위태롭게 될 것이다.

법과 제도가 권력을 가진 이들에게 더 유리하게 설계되어 있을 경우, 이를 개정하고자 하는 그 순간, 단숨에 개정의 필요성과 실효성 '논란'이 제기되고 개정 의도에 대한 '의혹'이 일어난다. 이 의심의 언어들은 당연히 권력에 가까이 있는 이들로부터 생겨나며 엘리트들의 입을 통해 확산된다. 언론은 그들의 말의 권력에 어떠한 영향을 줄 것인지 저울질하며 담론 형성 과정에 적극적으로 개입한다. 그러나 법·제도의 변화를 요구하는 시민의 열망은 '비이성'적이고 '감정'적인 충동으로 비하되며 담론 형성과정에서 너무나도 쉽게 소외된다. 법과 제도의 변화를 위한 담론 공간들은 치열한 권력의 쟁투 공간이지만, 그 공간은 시민들의 말과 글로 채워지지 않으며 말과 글의 권력을 지닌 자들에 의해 독과점 되어 있는 상태이기 때문이다. 법과 제도의 변화가 미치는 범위가 넓을수록, 기존의 권력을 조절하고자 할수록, 담론 권력의 쟁투 과정에서 시민을 대표하거나 대리한다고 주장하는 권력과 엘리트들의 목소리가 일반 시민의 목소리를 압도하는 정도도 강해진다. 헌법 개정과 관련해서는 두말할 나위도 없다. 헌법은 법체계상 하위 모든 법의 체계와 질서를 규정하는 기본 법칙이고 그 법에 따라 규율되는 권력의 크기와 행사 방식을 규정한다. 단순한 헌법의 개정만으로도 실질적으로 권력의 내용과 작동 방식을 바꿀 수 있다.

　일반 시민과 달리 권력자들에게 헌법은 구체적이고 정교한 방식으로 그들의 권리를 보장하는 안락한 집과 같다. 헌법은 권력을 가진 이들에게 있어 결코 관념적이지도 모호하지도 않다. 권력의 집에서 그들은 미로와 같은 법을 요리하며 자신들의 권력을 유지하고 강화시킨다. 그리고 그 집의 구조와 도구를 변경하고자 할 때 그것이 무엇을 위함이며 어떻게 변화시키는지, 변화의 양상이 어떻게 될지, 정확하게 이해한다. 하지만, 이와 반대로 권력으로부터 소외되어온 일반 시민은 헌법 개정을 통해 자신들의 주권이 어떻게 변화할지, 주권을 어떻게 강화할 수 있으며, 그것을 구체적으로 어떻게 법제화시킬지 파악하는 데, 어려움을 겪는다. 대다수 시민, 특히 사회경제적으로 소외된 이들에게 있어 법과 제도는 안락한 권력의 집과는 거리가 멀다. 반대로 이들에게 법과 제도는 그들을 규율하는 감시의 집일 뿐이다. 그들은 자신들의 집의 구조와 도구를 변경시킬 방법과 과정에 대해서 무지하며 그들에게 주권이 있다는 사실도 종종 잊는다. 하물며, 주권 보호와 강화를 위한 헌법을 개정하자는 주장은 그들의 상상력 밖에 있을 것이다. 시민들의 언어에서 법은 이처럼 생경하며 법을 통한 주권적 권리 실현이 가능하다는 주장은 생경하다.

그런 시도가 있다고 하더라도 그 시작과 과정은 오로지 그들을 대표하거나 대리하는 정치권력과 언론 및 엘리트들의 말과 글로써 제시된다. 시민들은 헌법을 포함한 법 개정의 논의를 위한 사회적 공론장의 경기장에서 오로지 관람하거나 기껏해야 '찬반'과 의견을 표명할 뿐 기회가 주어졌을 때 '여론'이라는 이름으로 공론장의 한 켠을 차지할 수 있을 뿐이다. 모든 권력은 시민으로부터 나오지만, 현실은 그 권력이 시민에 의해 실현되지 못하고 기존의 언론과 표현의 권력을 가진 이들에 의해 대리되어 수행되고 있다. 현재의 헌법은 시민의 권력을 제한하고 기본권이 실현될 가능성을 제한하고 있으며 시민의 말과 글의 권력을 보장하기 위해 추가적인 조치가 필요한 때임을 진지하게 성찰해야 할 때이다.

이제는 헌법 개정을 통해 소통의 권리를 보장해야 한다. 가장 최근에 논의된 개정안은 낡은 표현의 자유의 패러다임에 갇혀 오히려 소통의 권리를 제한하는 현실을 방치한다. 소통의 기본적 조건과 과정에 대한 이해를 전혀 반영하지 못하여 자유적 기본권과 사회적 기본권 모두를 위태롭게 하며 시민의 자유와 권리를 침해하는 상황들이 반복되고 있다. 표현의 자유를 소통의 권리 개념으로 재정립하여 이를 헌법의 기본권으로 제정해야 한다. 사회적 불평등과 소외의 심화, 언론과 미디어에 의한 개인의 자유 침해의 증대, 국가에 의한 시민의 참여 형식화 등은 일부 하위법과 제도의 조정만으로는 극복될 수 없다. 현재의 언론과 표현의 자유 개념을 바탕으로 한 이러한 시도들은 또 다른 제도의 형식화, 권리의 형해화를 낳았다. 이 과정에서 시민들의 불평등과 소외는 지속해서 심화되고 있다.

현재의 불평등과 소외 및 자유의 침해 문제들을 극복하기 위해서는 기존의 표현의 자유 개념을 소통의 권리 개념으로 대체해야 한다. 사회적 소통과정에서 특정 언론과 집단 및 단체만이 표현의 효과를 독과점하고 있으며 시민들은 단절되어 있거나 고립되어 있는 상태에서 독백적으로 표현할 뿐이며, 종종 적극적으로 서로를 배제하거나 혐오한다. 언론과 표현의 자유를 소통의 권리로 전환하기 위해 소통의 기본적 원칙들을 확인하여 이를 토대로 해당 헌법의 개정 작업을 해나가야 한다. 언론과 시민과의 관계를 전면적으로 새롭게 구성하기 위해 지금 우리에게 요구되는 것은 급진적인 소통 공간의 창출이며 그것의 핵심적 조직 원리로 '평등성', '수행성', '상호성'이 되어야 한다. 평등성은 저널리즘의 실천 규범이나 언론과 미디어의 조직 원리로 거의 부각되지 않는 규범이다. 하지만 무한 소외가 재생산되는 소통 구조의 근원적 결핍은 바로 평등성에 있으며 동등한 참여를 통한 수행적 소통 권리의 회복을 통해 시민이 다른 동료 시민과 신체적으로 그리고 언어로서 대면하며 무한의 대안적 소통 실천의 장communicative sphere—정치적 실천장으로 전이 가능한 담론의 장—들을 창출할 수 있어야 한다. 부르디외적으로 표현하자면, 독점을 위한 자격접합의 정치를 결정하는 '표준' 언어를 '시민적' 언어로 대체시키고 그 안에서 시민들이 고안하고 고양시키는 표현의 아비투스들, 다양한 시민들의 조합에서 창출되는 말투들의 극단적 다양성의 원리를 재정립해야 한다. 단순한 표현의 자유 허용이 오히려 시민들의 탈정치화, 반정치화를 심화시킨다면, 평등한 시민들의 표현의 자유는 분리된 개인의 단독적인 권리가 아니라 다른 시민과의 "공동의 행위to act in concert"를 할 수 있는 능력을 고양시킬 수 있다. 능력이든, 공정성이든, 시민성이든 주류 사회가 획정하는 한 가지 방식의 출현 방식은 그 준거에 벗어나는 모든 이들의 삶을 불안정한 상태에 둔다는 의미를 은폐하는 기만적인 정치적 언표가 될 가능성이 농후하다. 동시에 능력주의나 시장의 자유 그리고 자유주의적인 모호한 공정성과 시민성 원리들이 지배적인 소통 구조에서 표현의 언어들은 주류 엘리트들의 관점과 이상만을 투영한다. 우리는 그 결과가 언론, 제도, 시민으로부터 서로의 단절과 무한 소외의 확장임을 확인하였다. 그렇기 때문에 이러한 무한 소외의 소통 구조와 단절하고 평등한 자격적합의 정치 원리로 사회를 조직하기 위해서는 언론과 미디어 공간을 평등성에 기초하여 시민들에게 직접적인 소통의 상호주관적인 수행권리를 분배해야 한다.

평등성이 단순히 선언적인 규범이 아니라 직접적인 실천 규범이 되기 위해서는 다른 생명들과 생물학적으로 함께 "출현할 권리"(Butler, 2015)가 보장되어야 한다. 개인이 표현하는 표현의 가치와 의미 및 기대 수준들을 다른 개인과 공유할 수 있을 때, 그리고 그 표현을 다른 개인에 의해 평가받고 선택되기 위한 가능성의 기회를 가질 수 있는 표현의 '수행성'이 보장되어야 한다. 시민이 단순히 표현할 자유를 가지지 않고 이 표현이 다른 개인에게 의미 있게 표현될 자유가 있을 때 시민 권력의 기초인 정치적 행위자의 권능이 생긴다. 이 수행성은 평등성의 실현 조건이다. 이를 통해 언론과 미디어의 조직과 운영에 있어서 자격적합의 정치의 기존 과정과의 단절, 시민의 평등한 참여, 시민과 시민과의 직접적인 대면과 소통장의 활성화와 조직화로 구체화 시킬 수 있을 것이다. 평등성이 아무런 수행성—행동과 실천의 정치적 외연화 가능성—을 갖지 못한 채 과정 또는 상징적 차원에서 조직된다면 이는 기존의 대리 또는 대표하는 자격적합 정치와의 연속성을 유지하는 것이며 결국 소통 구조를 위계적이고 권위적인 상태로 남겨두는 것이다. 언론과 미디어 공간 속에 직접적인 소통의 장을 만든다는 것은 기존에 시민들에게 허락된 권리가 아니기에 바로 이를 요구하는 것 자체가 수행성의 성격을 가지고 있다. 즉, 평등성은 그것의 실현을 요구할 때 수행적인 성격을 지니고 있다고 할 수 있다.

또한, 평등성을 수행하는 것은 결코 개인 또는 특정 공동체의 단독적인 목소리의 실현 의지로만 이루어져서는 안 된다. 버틀러는 윤리적인 평등성의 수행은 "상호주체적인 대결의 조건" 속에서 "우리의 목소리 또한 타인에게 인식되어야 하고" 동시에 "타자를 '위해' 존재하는 한 방식"이어야 하며 "우리가 온전히 기대할 수도 없는 관점을 가진 다른 이를 위한 존재"해야 한다 (p. 114). 이는 언론과 미디어의 평등한 수행적인 소통의 장이 나와 다른 시민들 간의 '사이 공간In-between space'으로서 박탈당한 이들이 박탈을 경험하지 못하였거나 다른 유형의 박탈 그리고 개인화한 박탈의 상황을 직면하여 관계에 기초한 대안들을 지속적으로 생성할 수 있어야 한다는 것을 의미한다.(Butler, 1990) 평등한 개인들이 다른 이들과 '상호작용'할 수 있는 수행적 조건이 표현의 자유에 기입되어야 하며 이는 오로지 소통의 자유라는 개념 속에서 가능하다.

여기서 우리는 바디우의 정치 철학적 성찰을 통해 언론과 시민의 관계를 평등성에 기초해 재구성하려는 기획이 단순히 낭만적이거나 허황된 이상이 아니라 반드시 실현되어야 할 정치 기획임을 확인할 필요가 있다. 바디우(Badiou, 2018)는 실뱅 라자뤼스의《이름의 인류학Anthropoligie du Nom》을 통해 오늘날 실패하는 정치를 새롭게 구상하고자 하였다. 그의 사유에서 우리가 참조하여야 할 것은 《이름의 인류학》이 암시하듯이 기존의 정치가 규정하는 시민의 이름, 복수의 의견들로 대체되는 시민의 이름, 대상화된 시민의 이름들 모두를 폐기하기거나 포기하는 것에서 정치를 기획하여야 한다는 것이다. 기존의 정치-언론-자본의 제도 속에서 부여된 시민의 이름들은 시민들의 사유 속에서 만들어진 것도 아니며 시민들의 사유를 가능하게 하는 방식으로 조직되지도 않는다. 그렇기 때문에 시민들을 위한다고 하는 모든 정치의 이름들은 결국 기존의 지배적인 정치에 종속되거나 그것의 증식에 기여하게 될 뿐이다. 이 경우 시민은 수동적으로 "여론에만 관계되는 것은 명백하다. 여기서 공공연하게 지워져버린 것은 정치의 투쟁적 정체성 확인이다."(p. 25) 대리하고 대표되는 언론과 시민의 관계에서 규정되는 시민들의 이름—시청자, 소비자, 이용자 등—을 결정짓는 것은 순전히 기존의 정치-언론-자본의 연대이기 때문에, 시민이 새로운 정치의 언표를 갖고 시민의 규정을 스스로 검토할 수 있기 위한 새로운 이름의 공간을 언론과 미디어 속에 조직해내야 한다. 그렇기 때문에, 이제 우리는 헌법을 개정하여 모든 시민이 기본권의 보장을 위하여 평등하게 서로의 의사를 확인하고 공유하며 공통의 의견을 형성할 소통의 권리 조항을 만들어야 한다. 소통의 자유의 원리들이 서로 상호 조응하면서 표현의 자유가 야기하고 있는 소외와 불평등 그리고 기본권 침해의 가능성을 줄여 나가야 한다. 나는 이 글을 통해 구체적인 헌법의 조문과 조항들을 제시하지는 못하지만, 헌법의 조문과 조항들이 구성해야 할 소통의 자유가 어떠한 가치와 원리들을 지향해야 하는지를 제안하는 것으로 마무리하고자 한다. 그리고 부족한 논의와 구체적 법조문의 구성은 이 글이 마치는 지점에서 미디어와 커뮤니케이션학계를 포함해 법학자들과 함께해 나갈 수 있기를 기대해본다.

언론자유의 딜레마와 저널리즘의 역설

정준희

자유주의의 미궁 속 언론자유의 딜레마

그리스어 기원에 의하면 두 가지di 명제lemma를 뜻하는 딜레마 dilemma는 흔히 두 갈래 길 위에서 이러지도 저러지도 못하는 난감한 상황을 표상한다. 어느 쪽 길을 선택하든 바람직하지 못한 결과가 빚어짐을 알기 때문이다. 진퇴양난이라는 우리말 표현이 정확히 이에 상응한다. 지금까지 우리가 살펴본 언론자유는 역설적인 개념이기도 하지만 동시에 딜레마적인 개념이기도 하다. 언론자유를 절대적으로 옹호하자니 그것의 남용으로 인한 문제를 더 이상 감당하기어렵다. 그렇다고 언론자유를 제한하려 하다가는 말 그대로 빈대 잡으려다 초가삼간 다 태워버리는 우를 범하기 십상이다.

우리가 고민을 시작하던 2021년 하반기만 해도 언론자유는 과잉해 보였다. 모든 이가 동등한 수준의 언론자유를 누릴 수 없다는 건

예나 지금이나 다를 바 없지만, 적어도 저열한 언론 집단에 의해 그리고 혐오 표현을 일삼는 패륜적 무리들에 의해 수시로 오용되고 또 남용되고 있다는 사실만은 분명했다. 그런데 그로부터 1년이 흐른 2022년 시점에서 언론자유는 정반대로 매우 급속히 위축되고 있는 중이다. 정상적 권력 감시 기능을 수행하는 언론의 목에 시퍼런 칼을 들이대는 일을 이리도 주저 없이 행하는 권력이 이렇게나 쉽게 다시 등장하다니. 그렇다. 우리는 순진했다. 어떤 국가이든 레비아탄leviathan의 이빨을 숨기고 있으며, 권력자는 언제든 폭군이 될 수 있음을 잠시 망각했는지도 모른다. 제퍼슨Jefferson이 스스로 "신문 없는 통치자와 통치자 없는 신문"이라는 딜레마를 의도적으로 설치한 뒤, 굳이 선택한다면 차라리 후자의 길을 걷겠다고 말한 이유가 여기에 있다. 이미 제1장에서 이정훈이 지적했던 바를 좀 더 선명하게 표현하자면, '견제 받지 않는 폭군을 키우느니 폭군 없는 난장판을 견디는 게 그나마 낫다.'는 일종의 대비적 강조어법인 셈이다.

2021년 당시의 우리 생각도 제퍼슨의 이 깊은 뜻과 크게 다른 건 아니었다. 하지만 폭군 없는 난장판의 정도가 너무 심해져서 그냥 두고 볼 수는 없었다. 게다가 건강하지 못한 자본을 후견인 삼아 스스로도 하급 폭군이 되려는 듯한 언론의 패악이 제퍼슨이 그렇게도 막고 싶어 했던 국가 폭정에 가까워진 상황이라고까지 할만 했다. 촛불혁명을 정점으로 우리 사회의 민주적 견제 장치와 저항적 시민 사회가 잘 작동하고 있음을 확인하며 안심했고, 그것의 뜨거운 맛을 본 관료사회와 사법부는 물론, 그렇게나 '국제표준global standards'을 강조해온 전문가 집단이 더 이상 권력의 폭주를 방치하지는 않을 거라는 믿음도 내심 없지는 않았다. 하지만 이런 생각이 매우 안이한 것에 불과했다는 걸 확인하는 데 불과 1년도 걸리지 않았다. 민주적 절차를 준수하며 시민 다수가 선택한 권력 안에 폭정의 씨가 들어 있었고, 그것이 발아해서 무섭게 줄기를 뻗을 때조차 우리 민주주의 제도는 고작 이가 빠진 전정가위만 만지작거리고 있을 따름이었다. 언론자유의 과잉을 정면으로 비판해보려는 우리의 의지가 언론자유를 탄압하려는 자들의 손을 들어주는 결과를 빚을지도 모른다는 위기감이 엄습했다. 역시 제퍼슨의 선택에 대한 자유주의적 해석이 옳았던 걸까? 설혹 언론자유가 철철 흘러넘치는 것처럼 보인다고 해도, 그것이 폭군의 야욕을 잠재우기에는 언제나 부족한 법일까? 그러니 언론자유의 남용을 방치하는 위험을 감수한 채, 언론자유를 침해할 수 있는 일말의 제도적 가능성이라도 찾아 완전히 없애버리는 게 차라리 나은 걸까?

그러나 우리는 딜레마 안에서 그나마 덜 나쁜 쪽으로 걸음을 옮기는 고전적 자유주의의 경로가 아니라, 딜레마 자체를 허무는 탈자유주의적인 경로가 문제를 더 근본적으로 해결할 수 있는 길이라고 보았다. 민주주의를 보호하고 시민의 표현자유를 대행할 것을 기대하며 언론기관의 자유를 증대시킬수록 시민의 자유가 오히려 위축되고 민주주의의 작동에 혼란이 발생하는 이 언론자유의 역설은 본질적으로 자유주의 안에 내재한 철학적이고 정치학적인 역설에 토대를 두고 있다고 판단했다. 그런 면에서 언론자유의 딜레마 역시 자유주의가 설계한 현실 민주주의의 정치경제적 딜레마로부터 발생한다고 보았다. 우리의 사회체제가 적어도 상당 부분은 자유주의에 의해 조율된 형식적 민주주의 정체(政體, polity)와 자본주의 시장경제라는 일종의 매트릭스matrix 안에 갇혀 있는 한, 언론자유의 딜레마는 분명 실재하는 딜레마이며 우리는 그 미로를 빠져나올 길을 찾을 수 없다. 덜 나쁜 선택을 고민하기보다 그 딜레마 자체를 거부해야 한다. 미로 안에서 헤매기보다 담을 타고 올라서야 한다.

아테네 출신의 건축가 다이달로스(=자유주의의 설계자)는 크레타 국왕 미노스(=근대 국가)의 명에 따라 괴물 미노타우르스(=폭정)를 가둘 목적의 미궁迷宮 라뷔린토스(=언론자유를 포함하는 시장의 자유 체제)를 건설했지만, 오히려 그 안에서 길을 잃은 건 애꿎은 시민들(=현대 민주주의)이다. 미노스의 딸 아리아드네가 건네준 실타래를 이용하여 미로를 빠져나온 테세우스의 방법을 따를 것인가, 아니면 다이달로스의 아들 이카로스처럼 날개를 지어 날아오를 것인가? 앞의 방법은 그나마 안전하지만 무척 많은 시간이 든다. 뒤의 방법이 더 빠르고 근본적이나 너무 높이 날아올라 밀랍이 태양 볕에 녹아버리면 속절없이 추락하고 만다. 우리의 정치 현실과 언론 현실이 '폭정과 난장판' 사이를 오가며 진자운동을 하다가, 그래도 언젠가는 그 중간 어디선가 멈추리라는 기대는 순진한 것이다. 설혹 대단히 희박한 확률로 그게 일어난다고 하더라도, 기껏해야 요행수일 뿐이다. 주로는 자본의 농간으로 점점 더 심해지는 난장판을 향해 가다가, 종종 그것을 타파한다는 명분으로 등장하는 포퓰리스트 파시즘의 폭정으로 방향을 바꾸면서, 어지러이 왕복운동을 하는 진자의 양쪽 한계만 더욱 더 극단으로 밀고 갈 가능성이 훨씬 크다. 그래서 우리는 일단 담장 위에 올라서서 미궁의 모양을 내려다볼 필요가 있었다.

우리가 경험한 지난 1년의 부조리는 폭정의 가능성을 덮어버릴 만큼 언론자유를 충분히 흘러넘치게 해야 할 이유를 입증하는 게 아니라, 세계사적으로 보면 대략 300년, 한국사적으로만 보면 지난 30년을 시뮬레이션 해왔던 자유주의 매트릭스의 불안정한 코딩coding 결과를 방증하는 것일 뿐이다. 평범한 시민과 정상적 언론의 자유를 탄압하는 폭정이 언제든 등장할 수 있기 때문에 더 많은 언론자유를 보장하기 위해 더 추가적인 조치를 취해야 하는 것만은 아니다. 실은 현재의 언론이 자신의 자유를 제대로 쓰지 않아서, 폭정을 폭로하고 제어하는 데 그리고 타인의 언론자유를 옹호하는 데 사용하지 않아서 발생하는 문제이다. 더 근본적으로는, 법조권력, 자본권력, 플랫폼권력, 언론권력 등과 같은 특권집단이 언제든 우리 사회를 폭군에 의한 참주정(僭主政, tyranny)이나 그들만의 귀족정(貴族政, aristocracy)으로 이끌 수 있도록 되어 있는 자유주의적 기획의 한계이다. 따라서 중우정(衆愚政, mobcracy)으로 타락하지 않되, 특권 계급의 형성을 저지하고 덕성을 갖춘 시민이 스스로를 통치하는 민주공화정(民主共和政, democratic republic)을 위한 새로운 사회설계가 필요하다.

그런 관점에서 보자면, 그간 허술하게 기획된 자유주의의 교실 안에서 언론 분야의 개념적 반장 노릇을 해온 언론자유는 이제 그만

'일그러진 영웅'이길 그만두어야 한다. 예속을 거부하는 절제된 자유가 시민사회와 공론장에 흘러들게 하려면 공영매체의 실질적 공공성과 언론 일반의 최소한의 공공성을 강화하는 제도를 구축할 필요가 있다. 그와 동시에, 형법에 의한 명예훼손 처벌 조항이나 자의적 피의사실 공표 권한 등과 같이 권력이 행정권이나 사법권을 사용하여 억압 대상을 선별할 수 있는 수단을 제거하는 것이 필요하다. 요컨대 개혁적 자유주의의 미덕을 완성하면서, 공화주의 등을 포함한 탈자유주의적 기획을 추진하는 것 속에 이 매트릭스가 배태한 자유의 딜레마를 벗어나는 제3의 길이 열려 있다.

매트릭스 파훼하기

미궁의 담장 위에 서서 내려다본 매트릭스는 일단 한국식 유사 자유주의에 의해 생성된 껍질을 갖고 있다. 그런데 이러한 종류의 자유주의는 사실상 철학적 유의미성이나 정치 이론적 체계성을 띤 이념이라 볼 수 없는 반공주의에 기울어 있다. 우리 언론의 이념적·실천적 토대, 그리고 그들 상당수가 표방하는 언론자유 역시 자유지상주의와 권위주의가 편의적이고 선별적으로 결합된 기묘한 혼종에 불과하다. 서구 자유주의 프로그램으로부터 '포팅(porting; 원래 설계된 바와 다른 컴퓨팅 환경에서 동작할 수 있도록 프로그램을 이식하는 과정)'해온 한국 사회체제의 매트릭스에는 서구의 원본보다 더 큰 불안정성이 내포해 있는데, 우리가 지금 마주하고 있는 왜곡된 자유, 그리고 그에 호응하는 수상한 언론자유는 이로부터 주기적으로 발생하는 괴이쩍은 버그에 가깝다. 이것을 '괴이쩍다'고 말하는 이유는, 자유주의 매트릭스의 작동 부산물로서 나타나는 '네오'라는 하얀 버그와 그에 대항할 '스미스 요원'이라는 검은 버그와는 달리, 매트릭스의 '설계자Architect'조차 이해하기 어려울 수준의 코드적 기괴함을 갖고 있기 때문이다. 지금 이곳의 권력이 밥 먹듯이(아니 술 먹듯이?) 외쳐대고 있는 자유가 그러하다. 차마 '주의'라고 이름 붙여주기 계면쩍을 만큼 얕고 비체계적이며 일관성마저 없어서 정색하며 비평하고 비판하기조차 민망할 지경이다.

　그 허술한 매트릭스 껍질의 내부에, 우리가 진지한 비판의 대상으로 삼는 언론자유와 그 본향으로서의 자유주의liberalism가 있다. 앞선 제2장에서부터 제4장에 이르기까지 우리들이 반복적으로 호명해낸, 밀턴Milton, 홉스Hobbes, 로크Locke, 밀J. S. Mill, 벌린I. Berlin으로 이어진 자유주의의 원본 계보이다. 대한민국에는 얼마 없는 보수적 자유주의, 그리고 정치적 진보 일각에서 보이는 포스트모더니즘적 자유주의 등은 결국 자유주의의 강력한 자장 안에 놓여 있어서 그에 대한 비판은 원본 자유주의에 대한 비판으로 갈음할 만하다. 자유주의의 고전적 열화劣化 버전인 자유지상주의libertarianism와 그것의 계승자이자 자유주의의 현대적 열화 버전인 신자유주의neo-liberalism에 대한 비판 역시 필요한데, 사실상 자유지상주의나 신자유주의는 소리만 거창했지 나름의 안정적 매트릭스를 구현하는 데에는 실패한 프로그램에 불과하다. 이들 역시 엄밀한 비판의 대상임은 물론이지만,

더 깊은 성찰과 비판은 영미와 유럽사회를 구축한 고전적 자유주의와 현대적 자유주의(혹은 사회자유주의)를 향해 있다.

　언론자유의 원류 속에 내재된 역설을 파헤치고 그에 관련된 오독을 비판하는 1장의 이정훈과 2장 송현주의 논의는 사회자유주의와 신공화주의 사이에서 일정한 대안을 모색하고 있다. 이들이 보기에 한국의 언론자유 문제는 자유주의의 한계를 극복하기 위한 큰 걸음을 내딛지 못해서라기보다, 미국의 수정헌법 제1조의 본질에 무지하거나 편의적으로 오독해서 발생하는 오류, 혹은 이미 대한민국 헌법 속에 각인된 개혁적 자유주의에 충실하지 못해서 반복되는 한계가 더 크다. 차라리 미국 수정헌법1조의 역사에서처럼, 지난 300년의 고전적 자유주의가 폭정의 '여지'와 자유의 '격차'를 우직하게 줄여온 역사적 궤적을 뒤따를 수라도 있었다면 현재보다는 문제가 덜했을 것이다. 적어도 선택적 언론자유의 덫을 제거하고, 언론자유 지반의 평탄화와 모범적 언론기관의 직업적 제도화 정도는 달성할 수는 있었을 것이기 때문이다. 또는 사회자유주의가 목표했던 것처럼, 국가가 좀 더 적극적으로 나서서 자유의 격차를 메우고, 직업적 언론 스스로와 시민사회 전반이 동참하여(한편으로는 미디어 공공영역의 강화, 다른 한편으로는 전문직 언론의 품질 규준과 자발적 응답성 강화 등의 방식을 통해) 더 큰 책임을 공유하는 미디어 체제를 형성하는 것도 한 방법이다. 이들 저자가 목적의식적으로 제시하지는 않았지만, 시민 '모두'를 위한 비지배적 자유, 즉 나뿐 아니라 남도 타인의 자의적 의지에 예속되지 않을 수 있도록 할 대칭적 자유를 추구하는 (신)공화주의neo-republicanism적 전환을 모색하는 것 역시 중요하다. 자유주의가 야기해온 '사적 지배dominium'의 위험을 배제하기 위해서는 법의 지배와 헌정주의라는 공화주의적 가치가 존중되어야 하는 한편, 개인에 대한 집단의 과도한 우선성으로 인해 '공적 지배imperium'로 흐를 가능성이 있는 (구)공화주의의 문제점을 자유주의적 가치인 시민사회의 견제력을 통해 제어해야 한다고 본다(Petitt, 1999). 자유주의와 공화주의의 고전적 대립을 뒤집어 상보적 연결로 재배치한 이 논의는 결국 민주주의라는 꼭짓점을 통해 하나의 삼각형으로서 완성된다. 그리고 이들 저자가 보기에 대한민국 헌법은 이미 자유주의를 넘어 공화주의로 향해 가기 위한 여러 요소를 심어두었다.

4장 김영욱과 5장 채영길의 논의는 이들보다 더 전향적인 변화를 주창하고 있다. 김영욱은 "자본의 자유를 시민의 자유 위에 둔 체제"를 타파해야 한다고 말한다. 국가의 위협으로부터 벗어나기 위해 시장을 택한 언론은 필연적으로 타락할 수밖에 없다는 것이 그의 시각이다. "언론의 자본 되기와 자본의 언론 되기가 결합하여" 민주주의의 발전을 저해하는 것이 그 결과물이다. 게다가 이런 문제는 디지털 플랫폼이 열어놓은 주목경제attention economy 속에서 더 심화된다. "언론을 소유하고 자유롭게 시장 경쟁에 참여할 수 있는 자유"로 편협해진 언론자유는 '주목'을 염원하는 디지털 미디어 환경과 만나 인권으로서의 본질적 언론자유를 침해하면서 이성적인 공론의 장을 형성하는 데 방해가 되고 있다. 이 문제를 풀기 위해서는 언론 공급 차원에서는 언론조직과 시민조직이 공적인 지배구조 하에서 집합체

assemblage 혹은 혼성체hybrid를 만들고, 언론 수요 차원에서는 '주목노동'의 통제권을 확보하기 위한 수용자조합의 결성 및 그를 통한 실천이 필요하다. 말하자면 평범한(혹은 자기 영역에서 전문성을 갖춘) 시민과 직업적 언론인이 협력하여cooperative 생산하는 저널리즘 부문을 확대하는 한편, 자신들의 '주목'을 값지게 사용할 독자 조합을 결성하고 질 나쁜 저널리즘에 대해서는 '주목 파업attention strike'을 조직하자는 의미이다. 이는 기존의 표현자유를 넘어 바르고 충분한 의견을 형성할 권리로서 언론자유의 의미를 확장한다. 채영길의 논의가 바로 정확히 이 지점에서 연결된다. 그는 표현의 자유를 넘어 '소통할 권리'로 나아가야 한다고 말한다. 표현은 소통의 일부분에 불과하다. 소통이 아닌 독백은 무능력하고, 존중이 아닌 혐오로서의 표현은 소통의 권리를 침해한다. 언론과 시민의 관계를 평등성에 기초를 두어 재구성하려는 기획이 결코 허황된 이상이 아니라 반드시 실현될 정치적 기획임을 강조하는 그는, 기존 정치가 시민을 수동적 청중으로 전락시키고 단지 '여론'이라는 모호한 주체로 환원하는 것에 대해 명시적으로 반대한다. 정치-언론-자본이 연합하여 자기들 멋대로 시민을 호명하는 체제를 벗어나 시민 스스로 자신의 이름을 부르고 그것을 사회적 소통 과정 속에 흘러 넣을 수 있도록 하기 위해서, 소통의 권리를 새로운 헌법 조항을 통해 규정해야 한다는 것이 그의 주장이다. 요컨대 방어권적 자유권의 기존 규정을 확대하거나, 새로운 종류의 사회권으로서 소통의 권리를 헌법에 각인시킬 필요가 있다는 것이다.

3장 정준희의 논의는, 기존 자유주의 매트릭스와 그 속의 언론자유 개념을 촘촘히 비판하고 재정립하는 1~2장과, 자유 아래 덮여 있는 평등과 정의의 문제를 환기하기 위해 시장에 의해 독점된 언론자유 그리고 언론이 포함된 특권집단 카르텔에 의해 수동적으로 호명되고 마는 시민을 각성시키려 하는 4~5장 사이에 다리를 놓고 있다. 언론자유 개념은 국가와 시민, 국가와 언론 사이에서는 여전히 후자를 위해 '절대적'으로 보호되어야 할 규범이지만, 언론과 시민 사이에서는 전자에 치우친 자유 규범이 아니라 후자에 기울어진 '책임' 규범에 의해 보정되어야 한다는 것이 그의 주장이다. 그럼에도 불구하고 우리 언론은 국가에 의해 억압받는 다른 언론과 취약한 시민을 위해서 자신에게 주어진 자유를 사용하지 않으며, 자신의 주인인 시민과 자신의 자유를 가능케 하는 민주주의를 위한 책임을 다하지 않는다. 이와 같은 규범적 혼란은 디지털 미디어 환경이 초래한 정보무질서의 원인을 규명하고 이를 해결하기 위한 실천의 답보 상태로 이어진다. 언론 문제의 알파이자 오메가인 것처럼 추앙되는 언론자유 개념은 이런 상황을 정확히 포착하는 수단으로서 한없이 부족하며, 문제해결로 나아가는 교두보를 제공하지 못한다. 따라서 언론자유 개념은 신뢰, 자율, 책임 개념에 의해 보완되거나 대체될 필요에 직면해 있다. 현재의 정보무질서와 우리 사회에 주기적으로 발호하는 폭정은 '자유의 위기'가 아니라 '신뢰의 위기'로 인해 발생하며, 이는 다시 자유의 불평등한 배분을 심화시키고, 지성적 신뢰와 책임을 반지성주의적 불신과 자기 확신 그리고 무책임으로 대체한다. 한국 사회의 자유주의는 제대로 완성되지도 못한 채, 잘못 이식된 자유주의의 무지와 원본 자유주 안에 내포된 한계로 인한 이중적이고 배가된 고통을 우리에게 안기고 있다.

저널리즘의 모순, 그것의 변증법

언론자유의 딜레마, 그리고 그 본질적 배경으로서의 자유주의의 딜레마는 저널리즘의 모순을 낳고 심화시킨다. 저널리즘을 구성하는 가장 기초적인 요소가 "시민을 위한 봉사"라고 강조되지만(Kovach & Rosenstiel, 2021), 저널리즘은 시민을 위해 봉사하지도 그렇다고 소비자를 위해 봉사하지도 않는다. 언론이 실질적으로 봉사하는 것은 소유주이자 자본이고, (그들의) 이념이나 정파 혹은 이해관계이며, 언론 자기 자신이다. 물론 시민은 어떤 단일하고 순수한 집합체인 것은 아니어서, 시민 가운데 특정 소비자나 특정 광고주를 위해 충실히 봉사하고 있으니 그 역시 시민을 위한 저널리즘이라 말해도 과히 틀린 것은 아니다. 그러나 저널리즘이 봉사해야 할 시민은 민주공화정의 시민이고, 그 시민이 속한 민주공화정이다. 민주공화정의 작동을 저해하는 특권집단은 물리적 시민을 구성하는 개인일 수는 있지만 그들의 이해관계는 저널리즘이 봉사해야 하는 시민의 공익이 아니다. 물론 이미 시민을 향해 있는 언론도 있다. 그러나 그들의 존재는 상대적으로 미약하고, 자유주의적 전문직 저널리즘의 이상을 제대로 실천하지도 반대로 그 한계를 타파하지도 못한 채, 머리를 돌려 시민 속으로 더 깊숙이 발걸음을 옮기지 못하고 있다.

시민은 이러한 저널리즘의 모순을 모르지 않는다. 시민을 위해 봉사해주리라 기대하여 부여한 제도적 자유와 특권을 시민의 공익에 반하는 사익을 위해 사용한다는 것을 이미 진작부터 눈치 채고 있다. 그것이 저널리즘에 대한 신뢰를 철회하고 위임했던 권한을 환수하려는 구체적인 행동으로 이어지고 있기도 하다. 디지털 미디어 환경은 이런 추세를 더욱 가속화하고 실물화할 수 있는 강력한 무기도 제공해주었다. 그러나 아직은 반시민적 특권집단의 자원이 훨씬 크고 그에 더욱더 바싹 달라붙고 있는 언론의 힘이 무력화되지는 않았다. 일정수의 시민은 민주공화정을 위해서가 아니라 민주주의의 외피를 쓴 귀족정 혹은 심지어 참주정을 위해 투표함으로써, 자유주의의 한계를 돌파하려는 정치적 기획을 뒤로 물리고 자유주의의 모순만 더 심화시키는 반민주적 선택을 주도하기도 한다. 이 때문에 저널리즘의 모순은 극복되기보다는 가중되는 경로로 나아가고 있다. 그만큼 저널리즘의 모순을 간파한 시민의 실천 역시 여전히 파편적이기 일쑤이다. 종종 기성 저널리즘에 대한 반감을 그릇되게 표출하면서, 새로운 저널리즘 형성을 통한 신뢰의 재형성보다는 차라리 반지성주의적 확신을 선택하는 경우마저 있다.

저널리즘의 모순이 반反저널리즘을 낳는 것은 어찌 보면 필연적이고 또 그만큼 자연스러운 변증법이다. 그러나 그것에만 머물러 있으면 변증법적 진화가 아니라 사회정치적 퇴행으로 이어질 뿐이다. 저널리즘의 모순은 정thesis과 반anti-thesis의 충돌로 인한 저널리즘의 물리적 상쇄(즉, 소멸)보다는 새로운 저널리즘의 합성synthesis으로 나아가는 게 바람직하며 또 그럴 가능성이 대체로 높다고 우리는 믿는다. 언론자유에 대한 요구와 사회적 책임에 대한 요구가 일종의 상쇄간섭(destructive interference; 상이한 파동이 만나 서로를 없애버리는 효과를 낳는 간섭, 소멸간섭이라고도 함)이 아니라 오히려 정보와 소통의 신뢰라는 새로운 파동을 증폭시키는 일종의 보강간섭constructive interference 효과를 산출하도록 하는 게 이 모순의 생산적 귀결을 지향하는 해법이다. 디지털 시대의 민주공화정에 걸맞은 새로운 정보 질서를 위해 우리 언론학자와 정치, 그리고 시민 지향의 언론과 그것의 소외된 객체가 아닌 생산적 주체로서의 시민이 나서야 한다.

참고문헌

여는 말. 탄탈로스의 형벌, 혹은 물난리 속의 마실 물 같은 언론자유

Mill, J. S. (1859/2001). *On Liberty*. Kitchener, Ontario: Batoteche Books.

Schmitt, C. (1934). The Führer Protects the Law: On Adolf Hitler's Reichstag Address of 13th July, 1934. *Deutsche Juristen-Zeitung 39* (1 August, 1934). English translation by C. R. Picker & J. P. McCormick. https://arplan.org/2019/06/15/schmitt-fuhrer-law/

1장. 언론의 자유는 언론을 위한 특권인가, 모두를 위한 자유인가

West, S. R. (2014). Press exceptionalims. Harvard Law Review, 127(2434), 2434-2463.

2장. 언론자유라는 도그마와 언론의 책무

김정민·황용석 (2021). 언론보도로 인한 손해배상청구 관련 시계열 데이터 분석. <미디어와 인격권>, 7(1), 67-104.

남재일·박재영 (2020). 한·미 탐사보도 성격 비교 연구. <언론과학연구>, 20(3), 5-45. 이재진 (2005). 저널리즘 영역에 있어서의 알권리의 기원과 개념변화에 대한 연구. <언론

과학연구>, 5(1), 231-64.

Berlin, I. (2002) Two Concepts of Liberty, *Liberty*, H. Hardy(ed.), Oxford: Oxford University Press.《이사야 벌린의 자유론》(2006). 박동천 옮김, 아카넷.

Chomsky, D. (2006) 'An Interested Reader': Measuring Ownership Control at the New York Times, *Critical Studies in Media Communication*, 23(1), 1 - 18.

Dennis, E. & Merrill, J. (2001). *Media debates: Issues in mass communication*. New York: Wadsworth.

Emerson, T. (1976). Legal Foundation of the Right to Know. *Washington University Law Quarterly*, 1976(1). 1-14.

Hobbes, T. (1994), *Leviathan*. Cambridge, UK: Hackett Publishing Company.《리바이어던》(2008). 진석용 옮김, 나남,

Kovach, B. & Rosenstiel, T. (2014). *The Elements of Journalism*. New York: Three Rivers Press.

Meiklejohn, A. (2004). *Free Speech and Its Relation to Self-Government*. New Jersey: The Law Book Exchange.

Mill, J. S. (1859). *On Liberty*. London: John W. Parker & Son.

Milton, J. (1644). *Areopagitica*, A Speech of Mr. John Milton for the Liberty of Unlicenc'd Printing to the Parliament of England.

Pettit, P. (1997). *Republicanism: A Theory of Freedom and Government*, Oxford Clarendon Press.《신공화주의: 비지배 자유와 공화주의 정부》(2012). 곽준혁 옮김, 나남.

제3장. 언론자유 개념의 사회학적 실패 또는 자기과장

대한민국헌법. (헌법 제10호, 1987. 10. 29.). 법제처 국가법령정보센터.

김동환. (1924. 10. 24.). 북청(北青) 물장수. <동아일보>

Carlson, M. (2017). *Journalistic Authority*. New York, NY: Columbia University Press.

Carlsson, U. (eds.) (2013). *Freedom of Expression Revisited: Citizenship and Journalism in the Digital Era*. Göteborg, Sweden: Nordicom.

Luhmann, N. (2000). *The Reality of the Mass Media*. Trans. by K. Cross. Stanford, CA: Stanford University Press.

Merrill, J. C., Gade, P. J., & Blevens, F. R. (2001). *Twilight of Press Freedom: The Rise of People's Journalism*. Lawrence Mahwah, NJ: Erlbaum.

Nordenstreng, K. (2007). Myths about press freedom. Brazilian Journalism Research 3(1).

15-30.

4장. 언론자유의 패러독스와 시장 모델의 실패

김승수 (1989). 한국자본주의 언론생산의 본질. <사회비평>, 18권 3호, 116-153.

김영욱 (2018). 디지털 프로모션에서 생산소비자와 감시의 작동 원리: 디지털 노동에 대한 감시
사회의 착취 구도 해석. <커뮤니케이션 이론>, 14권 4호, 5-57.

김영욱 (2022). 디지털 미디어와 커뮤니케이션 정치경제학. 그레이엄 머독·김영욱·서명준·
이진로·임동욱·최은경 (편), <디지털 시대 커뮤니케이션 정치경제학>.
서울: 컬처룩.

문상현 (2020). 비즈니스 모델의 붕괴와 신문의 위기. 한국언론정보학회 (편),
<저널리즘 모포시스> (30-58쪽). 서울: 팬덤북스.

박영흠 (2020). 뉴스 조직 내부의 통제와 좌절된 전문직주의. 한국언론정보학회 (편),
<저널리즘 모포시스> (59-84쪽). 서울: 팬덤북스.

배정근 (2013). 시장지향적 언론의 형성과 성격에 관한 비교 연구: 한국과 미국의 신문을
중심으로. <미디어와 공연예술연구>, 8권 1호, 143-174.

Althusser, L. (1994). Ideology and ideological state apparatuses: Notes towards an
investigation. In S. Zizek (Eds.), *Mapping ideology* (pp. 100-140). London: Verso.

Berlin, I. (1969). *Four essays on liberty*. New York: Oxford University Press.

Berlin, I. (2002). *Liberty*. New York: Oxford University Press.

Bennett, W. L. (1990). Toward a theory of press-state. *Journal of Communication, 40*(2),
103-127.

Bennett, W. L. (2015). Indexing theory. *The International Encyclopedia of Political
Communication*, 1-5.

Calabrese, A., & Fenton, N. (2015). A symposium on media, communication and the limits of
liberalism. *European Journal of Communication, 30*(5), 517-521.

Carlson, M. (2015). When news sites go native: Redefining the advertising-editorial divide
in response to native advertising. *Journalism, 16*(7), 849-865.

Carlson, M. (2017). Legitimating knowledge through knowers: New sources. In Journalistic
authority: Legitimating news in the digital era (pp. 122-142). New York: Columbia
University Press.

Carpentier, N. (2022). The dislocation of the empty signifier freedom as a tool in global political
struggles: A case study on RT's mini-series How to Watch the News.

Javnost: The public, 29(1), 66–81.

Couldry, N. (2012). *Media, society, world: Social theory and digital media practice*. Cambridge, UK: Polity.

Davis, A. (2002). *Public relations democracy: Politics, public relations and the mass media in Britain*. Manchester, UK: Manchester University Press.

Dawes, S. (2022). Voice, capabilities and the public sphere: Assessing the legitimacy and efficacy of media freedom. *Javnost: The public, 29*(1), 1–16.

Fenton, N., & Titley, G. (2015). Mourning and longing: Media studies learning to let go of liberal democracy. *European Journal of Communication*, 30(5), 554–570.

Freedman, D. (2014). *The contradictions of media power*. London: Boomsbury.

Fuchs, C. (2012). Dallas Smythe today – The audience commodity, the digital labor debate, Marxist political economy and critical theory: Prolegomena to a digital labor theory of value. *tripleC, 10*(2), 692–740.

Fuchs, C. (2015). The digital labor theory of value and Karl Marx in the age of Facebook, Youtube, Twitter, and Weibo. In E. Fisher & C. Fuchs (Eds.), *Reconsidering value and labor in the digital age* (pp. 26–41). London, UK: Palgrave McMillan.

Fuchs, C. (2020). *Marxism: Karl Marx's fifteen key concepts for cultural and communication studies*. New York: Routledge.

Glasser, T. L., Varma, A., & Zou, S. (2019). Native advertising and the cultivation of counterfeit news. *Journalsim, 20*(1), 150–153.

Habermas, J. (1991). *The structural transformation of the public sphere. An inquiry into a category of bourgeois society*. Cambridge, MA: MIT Press.

Hallin, D. C. (1989). *The uncensored war: The media and Vietnam*. Berkely: University of California Press.

Hearns-Branaman, J. O. (2016). *Journalism and the philosophy of truth: Beyond objectivity and balance*. New York: Routledge.

Herman, E. S., & Chomsky, N. (1988). *Manufacturing consent: A political economy of the mass media*. New York: Pantheon Books.

Hesmondhalgh, D. (2017). Capitalism and the media: Moral economy, well-being and capabilities. *Media, Culture & Society, 39*(2), 202–218.

Jhally, S. (1987). *The codes of advertising: Fetishism and the political economy of meaning in the consumer society*. London, UK: Frances Pinter.

Jung, J., & Kim, Y. (2012). Causes of newspaper firm employee burnout in Korea and its impact on organizational commitment and turnover intention. *The Internationa*

IJournal of Human Resource Management, 23(17), 3636–3651.

Kunelius, R. (2013). Notes of free speech, the public sphere and journalism in 2013. In U. Carlsson (Eds.), *Freedom of expression revisited: Citizenship and journalism in the digital era* (pp. 27–44). Göteborg, Sweden: Nordicom.

Marx, K., & Engels, F. (2012). *The communist manifesto*. New Haven, CT: Yale University Press.

McChesney, R. W. (2004). *The problem of the media*. New York: Monthly Review Press.

Merrill, J. C., Gade, P. J., & Blevens, F. R. (2001). *Twilight of press freedom: The rise of people's journalism*. Mahwha, NJ: Routledge.

Mill, J. S. (2003). *On liberty*. New Haven, CT: Yale University Press.

Milton, J. (2008). *Areopagitica*. Rockville, MD: Arc Manor.

Mosco, V. (2016). Working (or not) in the cloud: Chains of accumulation and chains of resistance. In R. Maxwell (Eds.), *The Routledge companion to labor and media* (pp.18–29). New York: Routledge.

Mosco, V. (2017). *Becoming digital: Toward a post-internet society*. London: Emerald Publishing.

Mouffe, C. (2000). *The democratic paradox*. London and New York: Verso.

Mouffe, C. (2011). *On the political*. New York: Routledge.

Mouffe, C. (2013). *Agonistics: Thinking the world politically*. London: Verso Books.

Nerone J. (ed.). (1995) *Last rights: Revisiting four theories of the press*. Urbana, IL: University of Illinois Press.

Nerone, J. (2012). The historical roots of the normative model of journalism. *Journalism, 14*(4), 446–458.

Nielson, R. K. (2017). The one thing journalism just might do for democracy: Counterfactual idealism, liberal optimism, democratic realism. *Journalism Studies, 18*(10), 1251–1262.

Nordenstreng, K. (2013). Deconstructing libertarian myths about press freedom. In U. Carlsson (Eds.), *Freedom of expression revisited: Citizenship and journalism in the digital era* (pp. 45–60). Göteborg, Sweden: Nordicom.

O'Neill, O. (2014). The rights of journalism and the needs of audiences. In J. Lewis & P. Crick (Eds.), *Media law and ethics in the 21st century* (pp. 35–45). London: Palgrave.

Potzsch, H., & Schamberger, K. (2022). Labor struggles in digital capitalism: Challenges and opportunities for worker organization, mobilization, and activism in

Germany. *tripleC*, 20(1), 82-100.

Pettit, P. (1997). *Republicanism: A theory of freedom and government*. New York: Oxford University Press.

Phelan, S., & Dawes, S. (2018). *Liberalism and neoliberalism*. In Oxford research encyclopedia of communication. https://doi.org/10.1093/ acrefore/9780190228613.013.176

Pickard, V. (2019). *Democracy without Journalism? Confronting the misinformation society*. New York: Oxford University Press.

Rauch, J. (2011). The origin of slow media: Early diffusion of a cultural innovation through popular and press discourse, 2002-2010. Transformations (20). Retrieved from https://www.transformationsjournal.org/issue-20/.

Reese, S. D. (2021). *The crisis of the institutional press*. Cambridge, UK: Polity.

Reese, S. D. (2022). The institution of journalism: Conceptualizing the press in a hybrid media system. *Digital Journalism*, *10*(2), 253-266.

R ø nning, H. (2013). Freedom of expression is not a given right. In U. Carlsson (Eds.), *Freedom of expression revisited: Citizenship and journalism in the digital era* (pp. 13-26). Göteborg, Sweden: Nordicom.

Russell, A. (2019). 'This time it's different': Covering threats to journalism and the eroding public sphere. *Journalism*, *20*(1), 32-35.

Schudson, M. (2020). *Journalism: Why it matters*. Cambridge, UK: Polity.

Sen, A. (2009). *The idea of justice*. Cambridge, MA: The Belknap Press.

Skinner, Q. (2012). *Liberty before liberalism*. Cambridge University Press.

Smythe, D. W. (1977). Communications: Blindspot of Western Marxism. *Canadian Journal of Political and Social Theory, 1*(3), 1-27.

Soloski, J. (2019). The murky ownership of the journalistic enterprise. *Journalism, 20*(1), 159-162.

Song, H., & Jung, J. (2021). Factors affecting turnover and turnaway intention of journalists in South Korea. *Journalism & Mass Communication Quarterly*, 1-27.

Syvertsen, T., & Enli, G. (2020). Digital detox: Media resistance and the promise of authenticity. *Convergence, 26*(5-6), 1269-1283.

Terranova, T. (2000). Free labor: Producing culture for the digital economy. *Social Text, 18*(2), 33-58.

Tuchman, G. (1972). Objectivity as strategic ritual: An examination of newsmen's notions of objectivity. *American Journal of Sociology, 77*(4), 660-679.

Woodstock, L. (2014). Media resistance: Opportunities for practice theory and new media research. *International Journal of Communication, 8*, 1983-2001.

Wyatt, S., Thomas, G., & Terranova, T. (2002). They came, they surfed, they went back to the beach: Conceptualising use and non-use of the internet. In S. Woolgard (Eds.), *Virtual society? Technology, cyberbole, reality* (pp. 23-40). Oxford: Oxford University Press.

Zelizer, B., Boczkowski, P. J., & Anderson, C. W. (2022). *The journalism manifesto*. Cambridge, UK: Polity Press.

5장. 표현의 자유에서 소통의 권리를 위한 헌법 개정

윤성현. (2020). 대의민주주의를 넘어, 하이브리드 민주주의는 가능한가? -새로운 민주적 거버넌스 모델을 위한 시론-. 〈공법연구〉, 49(2), 1-51.

조소영. (2018). 언론기본권과 개헌. 〈언론과 법〉, 17(2), 1-38.

신고리 5·6호기 공론화위원회. (2017.10.20.). 신고리 5·6호기 시민참여형조사 보고서. 채영길. (2020). 사회경제적 불평등 사회에서 한국 언론학 연구의 경향. 〈커뮤니케이션 이론〉, 16(4), 46-100.

최은숙. (2022). 《어떤 호소의 말들》, 창작과 비평

남보라·박주희·전흔잎. (2021). 《중간착취의 지옥도》, 글항아리.

Badiou, A. (2018). Abrégé de métapolitique. 김병욱·박성훈·박영진 역. 《메타정치론》, 이학사.

Butler, J. (1990). Gender Trouble Feminism and the Subversion of Identity. 《젠더 트러블: 페미니즘과 정체성의 전복》 조현준 역, 문학동네.

Butler, J. (2015) Notes Toward a Performative Theory of Assembly. 김응산·양효실 역, 《연대하는 신체들과 거리의 정치: 집회의 수행성 이론을 위한 노트》, 창비.

맺는 말. 언론자유의 딜레마와 저널리즘의 역설

Petitt, P. (1999). *Republicanism: A Theory of Freedom and Government*. Oxford, England: Oxford University Press.

Kovach, B. & Rosenstiel, T. (2021). *The Elements of Journalism: What Newspeople Should Know and the Public Should Expect*. 4th Ed. New York, NY: Crown